AF454267

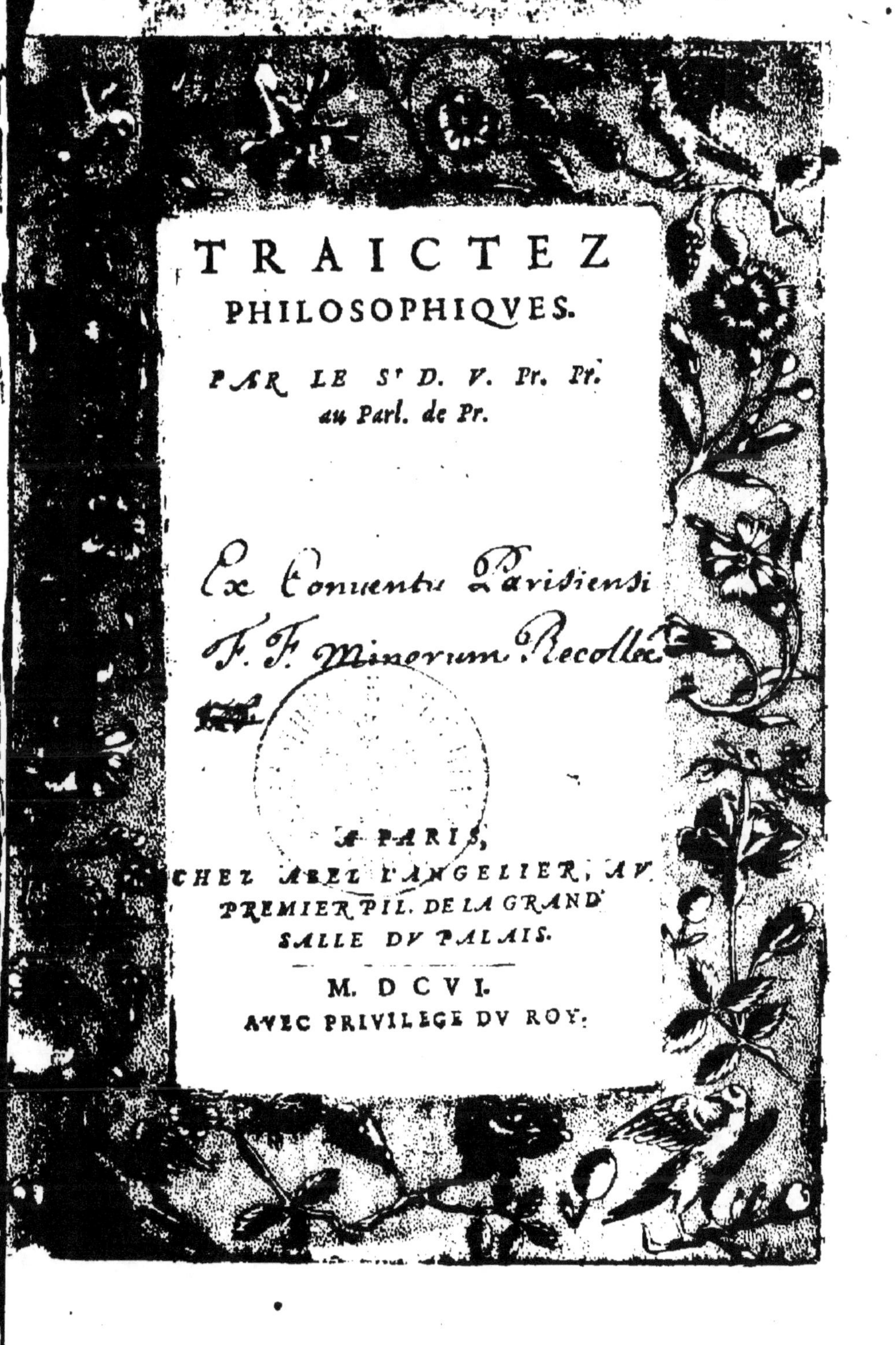

TRAICTEZ
PHILOSOPHIQVES.

PAR LE Sr D. V. Pr. Pr.
au Parl. de Pr.

Ex Conuentu Parisiensi
F. F. Minorum Recollec-
torum.

A PARIS,
CHEZ ABEL L'ANGELIER, AV
PREMIER PIL. DE LA GRAND'
SALLE DV PALAIS.

M. DC VI.
AVEC PRIVILEGE DV ROY.

TRAICTEZ PHILO-
SOPHIQVES.

EXTRAICT DV PRIVILEGE DV ROY.

PAr grace & Priuilege du Roy, il est permis à Abel l'Angelier Marchand Libraire iuré en l'Vniuersité de Paris, d'imprimer ou faire imprimer *le Recueil des Harangues & traictez du* S*r* *du Vair, Pr. Pr. au Parl. de Prs.* Et sont faictes tres-expressés defences à tous Imprimeurs & Libraires, d'imprimer ny vendre desdits liures, partie ou portion d'icelle, ni extraire quelque piece ou tout, en quelque sorte & maniere que ce soit, sinon de ceux qu'aura imprimé ledit l'Angelier, iusques au temps & terme de six ans, sur peine de mille escus d'amende, moitié applicable au Roy, l'autre moitié audit l'Angelier, & de confiscations de tous les liures qui se trouueront: outre voulons qu'en mettant ce present extraict des Priuileges au commencement oud la fin desdits liures, il soit tenu pour deuëment signifié, comme plus amplement est declaré és lettres Patentes, donnees à Paris le 22. iour de Mars 1606.

Signé,

Par le Roy en son Conseil.

RENOVARD.

E

LA
PHILOSOPHIE
MORALE DES
STOIQVES.

IL n'y a rien au monde qui ne tende à quelque fin. Les choſes meſmes inſenſibles ſ'auancent, ce ſemble, & ſ'accommodent à l'vſage auquel elles ſont propres, & y eſtant appli-
quées, monſtrent quelque aggrément, &
ſemblent reſſentir la perfection de leur
eſtre. Les choſes qui ont action, ſ'y meu-
uent d'elles-meſmes, tellement que nous
voyons, & tous les animaux en general, &
chacun d'eux en ſon eſpece, ſuiure auec ardeur & contention, ce pourquoy ils ſont
nez, & ſe reſiouyr euidemment en la iouyſſance de ce qu'ils cherchent, quand ils l'ont
trouué. Que fera donc l'homme, à qui la
nature outre l'inclination qu'ont les cho-

ſes mortes a donné les ſens, outre les ſens
qu'ont les autres animaux, a donné le diſcours & la raiſon, pour cognoiſtre & choiſir
de ce qui ſe preſente ce qui eſt plus exçellét,
& plus propre à ſon vſage? Ne pouuons-nous
nous pas conclure qu'il a ſa fin, qui luy eſt
propoſee comme vn dernier but, à laquelle
tendent ſes actions, & que comme l'heur de
toutes choſes eſt leur perfection, & la perfection la iouïſſance de la fin, auſſi la felicité de
l'homme conſiſtera en l'acquiſition & iouïſſance de ce qui luy eſt propoſé, & à quoy tendent ſes actions? Or la fin de l'homme, & de
toutes ſes penſees & de tous ſes mouuemens,
c'eſt le bien. Et de faict, il n'y en a pas vn entre vous, pour ſi differents que vous ſoyez
d'humeur & de vacatió, qui ne deſire le bien,
& ne fuye le mal, & qui interrogé pourquoy
il fait cecy ou cela, ne reſponde que c'eſt
pource qu'il penſe bien faire. Et ores qu'en
nos actions il ſen trouue beaucoup plus de
mauuaiſes que de bonnes, ſi eſt-ce que la generale intention qui nous conduit eſt touſiours de paruenir au bien. Mais comme
celuy qui tire au but, ſi ſa viſee eſt empeſ-
chee, ou par la maladie de l'œil, ou par le
vice de l'air, ou ſil prend vne choſe pour
l'autre, quelque deſir qu'il ait de le toucher, il ne peut qu'il ne ſen eſloigne : auſ-

fi nous pour ne pas bien cognoiſtre où eſt
ce en quoy conſiſte noſtre bien, & prendre ſouuent ce qui eſt autour de luy pour
luy-meſme, nous eſlongnons fort nos a-
ctions particulieres de noſtre generale intention. Le bien en verité n'eſt pas expo-
ſé icy en veüe à tout le monde : la nature
n'en a ſemé çà bas que de foibles eſtincelles,
qui toutesfois appliquees purement à nos
eſprits, s'enflamment en vne pure lumiere,
& le font cognoiſtre tel qu'il eſt. Il le faut
donques chercher & nous le trouuerons,&
& le trouuant nous le recognoiſtrons. Car
comme le vray ſe preſentant à noſtre entendement, y eſt receu auec vn grand contentement, auſſi le bien ſe preſentant à noſtre
volonté y ſera recueilly auec grand plaiſir,
comme ſon naturel object. Ie penſe que
pour definir proprement le bien, on peut
dire que ce n'eſt autre choſe ſinon l'eſtre &
l'agir ſelon la nature. Elle eſt ſi ſage maiſtreſſe, qu'elle a diſpoſé toutes choſes au meilleur
eſtat qu'elles puiſſent eſtre, & leur a donné
le premier mouuement au bien, & à la fin
qu'elles doiuent chercher, de ſorte que qui
la ſuiura, ſans doute l'obtiendra.

Or naturellemét l'homme doit eſtre com-
poſé de façon, que ce qui eſt de plus excellent en luy y commande, & que la raiſon

vſe de tout ce qui ſe preſente, ſelon qu'il
eſt plus ſeant & plus à propos. Le bien
donques de l'homme conſiſtera en l'vſage
de la droicte raiſon, qui eſt à dire en la vertu, laquelle n'eſt autre choſe que la ferme
diſpóſition de noſtre volonté, à ſuiure ce
qui eſt honneſte & conuenable. Nous ne
trouuerons perſonne qui n'aduoüe cela
pour bien, mais beaucoup en trouuerons-
nous, qui diront qu'en cela ſeul ne peut
pas conſiſter le bien de l'homme, & qu'il
luy faut vn corps ſain & diſpos, des commoditez ſans leſquelles la vie ne peut pas
ſubſiſter, aumoins ne peut-elle pas eſtre heureuſe. Mais ſi ce que nous auós poſé au commencement eſt vray, & que la fin de chaque choſe ſoit ſon bien, & ſon bien ſa fin,
& que ces deux choſes ſe conuertiſſent tellement l'vne en l'autre, que l'vne ne puiſſe
eſtre que l'autre ne ſoit, on ne peut dire
que ny la ſanté, ny le corps ſoient le bien de
l'homme, veu qu'elles ne ſont point ſa fin:
car il ne les poſſede que pour ſ'en ſeruir à
autre choſe, & la plus-part du temps, il eſt
malheureux auec tout cela: ſinon que lon
vouluſt aduoüer pour heureux, ceux à qui
les richeſſes & la ſanté ſeruent, comme elles ſont à beaucoup, à nourrir leurs vices, &
fomenter leurs paſſions. Elles ſeruent, dira

on, pour y paruenir, ce font des moyens di-
fpofez, fans lefquels on ne peut arriuer à ce
bien principal, & par confequent comme
neceffaires à fon acquifition, doiuent auffi
eftre reputees biens. Pour refpondre à cela,
ic diray que c'eft tres-mal & tres-impropre-
ment parler, que d'appeller bien ce qui fert
pour acquerir le bien, & ce qui eft le fujet &
la matiere du bien. Car la vertu, que nous
auons monftré eftre le vray bien, eft de telle
nature qu'elle fe fert indifferemmét de chofes contraires, & fait du bien auec la pauureté, comme auec les richeffe's, auec la maladie, comme auec la fanté. Nous loüons celuy qui fupporte l'indigence auec patience,
la maladie auec conftance, comme nous faifons l'autre qui donne liberalement fes
biens, qui trauaille honneftement en fanté.
Tellement que fi vous voulez appeller bien
les richeffes, pource qu'elles feruent à la
vertu, appellez auffi la pauureté bien : car
elle y fert, voire dauantage. Or d'appeller
de mefme nom des chofes fi contraíres, il
n'y auroit apparéce quelconque. Donques
toutes ces chofes demeureront comme in-
differentes, qui font renduës bonnes ou
mauuaifes, felon que l'efprit de l'homme en
fçait bié vfer, & fans lefquelles il ne laiffe pas
de pouuoir paruenir à fa fin, qui eft d'eftre

compofé felon la droicte raifon, & bien vfer
de tout ce qui fe prefente, & par confequent
de iouyr de fon bien . Si nous voulons bien
cognoiftre en quoy confifte noftre bien, re-
gardõs en nous ce qui le cherche. Car il faut
qu'il foit le bien de cefte partie-là. Rien ne
cherche le bien d'autruy, finon qu'il foit cõ-
joint au fien . Or n'y a-il nul doute qu'en
nous le principe & mouuement de nos
actions ne foit l'entendement & la volonté, le bien donques que nous cherchons
doit eftre leur perfection, leur repos & leur
contentement . Que fi nous y mettons les
richeffes & la fanté, & que nous les eftimions nos biens, & par confequent maux
leurs cõtraires : que faifons nous autre chofe que de declarer que nous ne pouuons
auoir d'heur en ce mõde, & que noftre efprit
eft icy en vne gehenne perpetuelle? Car il
aura toufiours deuant les yeux la mort & la
douleur, que vous eftimez maux, defquels
l'vn luy eft fouuent prefent, l'autre le menace toufiours. Si ce font maux, la crainte en
eft iufte, fil eft toufiours en crainte, comme
fera-il heureux? Confeffons donques ou que
l'homme n'a point de bien propofé en ce
monde, auquel il puiffe paruenir, ou que ce
bien-là depend entierement de la vertu. Il
faut que la fin que lon propofe aux chofes

ſoit proportionnee à leur force, autrement ſi elle leur eſtoit impoſſible, au lieu d'eſtre leur bien, elle ſeroit leur tourment. Ce ſeroit le trauail des Danaïdes, qui rempliſſent des vaiſſeaux percez. Si de toutes les ſciences il n'y en a pas vne qui ſe propoſe vne fin, à laquelle elle ne puiſſe paruenir par ſes preceptes, penſerons-nous que la nature, qui eſt la mere des arts & des ſciences, euſt propoſé à l'hôme, qui eſt ſon chef-d'œuure, vne fin qui ſoit hors de ſa puiſſance? La volonté, diſons-nous, eſt ce qui cherche noſtre bien: le vouloir bien reglé, ne veut que ce qu'il peut: il ne ſ'empeſchera donc point de ce qui n'eſt point en noſtre puiſſance, comme d'auoir de la ſanté, des richeſſes, des honneurs. Si en cela conſiſtoit noſtre biẽ, il n'y faudroit plus employer le diſcours ny la volonté, il le faudroit chercher par vœux & par ſouhaits: car c'eſt choſe qui deſpend de mille accidens qui ne ſe peuuent preuoir, qui ne ſont point en noſtre puiſſance, & dont la fortune eſt la maiſtreſſe. Quelle apparence y a-il, ie vous prie, que la nature ait creé l'homme le plus parfait de tous ſes ouurages, pour faire en ſorte que ſon bien, qui doit eſtre ſa perfection, deſpende non ſeulemẽt d'autruy, mais de tant de choſes, qu'il ne les peut iamais eſperer toutes

fauorables, & qu'il soit là perpetuellement
beant comme vn Tantale apres les eaux? La
nature vous offre pour bien, d'auoir l'esprit
disposé à vser des choses qui vous sont presé-
tees, & vous passer de celles que vous ne pouuez auoir. Aimez-vo' mieux courir à la Fortune, & attendre de sa main trompeuse vostre bien, que de le vous donner vous-mesmes? C'est vne loy diuine & inuiolable, pu-
bliee dés le commencemét du monde. Quo
si nous voulós auoir du bien, il faut que nous
nous le donniõs no'-mesmes. La nature en
a mis le magazin en nostre esprit, portós y la
main de nostre volonté, & nous en pren-
drons telle part que nous voudrons. Si elle
est droicte & bien reglee, elle tournera tout
à bien, comme Midas tournoit en or tout ce
qu'il touchoit. Nous ne trouuerons accidét
si fascheux en nostre corps ny en nos richesses, dont nous ne tirions du repos & du contentement d'esprit. Que si nous pouuons
contenter celuy-là, nous auons trouué nostre fin. Car quand bien nous voudrions
tant relascher de la seuerité de ceste secte,
que de confesser que le corps ou les biens,
qui ne sont que les instrumens de la vie, fis-
sent partie de l'homme, & peussent par
leur qualité alterer celle de l'ame, si ne
deurions-nous iamais aduoüer que la perte

qui se fait, ou és biẽs ou és corps, empeschaft
l'heur & la felicité de l'homme, quand l'efprit iouït de son bien & de son contentement. Des choses qui font composees de
plusieurs parties, la plus noble dõne le nom,
& la loy aux autres, & de la qualité de celle-
là denomme l'on le refte. Qui doutera doncques quand l'efprit fera heureux, que tout
l'homme ne le foit? Ainfi dit-on que la re-
publicque eft heureufe apres vne grande victoire, bien quell'y ait perdu quelques-vns
de fes citoyens : pour ce que fon heur fe mefure en la perfonne de l'eflat ou du Prince,
au bien & feruice duquel tout le refte fe doit
accommoder. De forte que les particuliers
mefmes fe glorifient de leurs playes, les aiment & les vantent quand ils les ont receuës
pour conferuer l'eftat, ou le fouuerain. Voudrons nous donc donner au corps vn autre
fentiment, ou autre defir que celuy par lequel il rapporte au contentement de l'efprit
tout ce qui luy arriue ? Voudrons nous tellement attacher noftre ame au corps, que fon
bien foit efclaue dans fes membres, & depende d'eux? que felon qu'il fera bien ou mal
difpofé, qu'il faille que l'efprit s'en fente, &
qu'il fe die heureux ou malheureux? Si la nature euft voulu que l'heur & la perfection de
l'homme defpendift de fon corps & de fes

biens, elle euſt dóné à tous de meſmes corps,
à tous de meſmes biens, car cela faiſant partie de leur nature euſt deu eſtre ſemblable en
tous, & paſſer de l'eſpece en l'indiuidu: mais
au contraire les ayant tous rendu de fort dif-
ferente cõdition, & pour le corps & pour les
biens, elle leur a à tous donné vne ſemblable
puiſſance de bien vſer de leurs corps & de
leurs biens quels qu'ils ſoiét: de ſorte que l'a-
ction de l'eſpꝛit ſe peut rendre auſſi glorieuſe
& auſſi honorable en vne façon qu'en l'autre. Voire quaſi ſon excellence reluit d'auantage & merite plus de los, quãd deſtitué d'inſtrumens il paruient neantmoins de ſoy-
meſmes à ſa fin. Ainſi à mon aduis eſtimeriez
vous d'auantage vn patron de nauire, qui au
trauers des flots & des tempeſtes meneroit à
port vn vieil vaiſſeau tout creuaſſé, deſgarny
de voiles & de cordages, que celuy qui y auroit cõduit vn nauire tout neuf, bien eſquip-
pé de toutes choſes, ayãt le vent en pouppe,
& la maree fauorable. Nous cõclurons donques par là ce propos, que puiſque l'heur de
l'homme depéd de ſon bien, que ſon bien eſt
de viure ſelon ſa nature, que viure ſelõ ſa nature c'eſt de n'eſtre point troublé de paſſiõs,
& ſe comporter enuers toutes choſes qui ſe
preſentent ſelon la droite raiſon; il nous faut
pour eſtre heureux purger noſtre eſprit des

paſſions, & apprendré comme nous nous deuons affectionner enuers ce qui ſe preſente.
Or ce qui peut le plus pour nous mettre en
ce chemin, & nous apprédre à auoir les mouuemens de l'eſprit droits, & la vólóté reiglee
par la raiſon, c'eſt la Prudence, qui eſt à mon
aduis & le cómencement, & la fin de toutes
les vertus. Car nous faiſant exactemét, & au
vray cognoiſtre la códitió & qualité des choſes qui s'offrent à nous, elle nous apprend ce
qui eſt ſelõ la nature ou non, ce que nous deuons ſuiure ou fuir. Elle nous oſte les fauſſes
opinions qui nous troublent, nous rend nos
naturelles affections, & à ſa ſuite viennent
toutes les autres vertus, deſquelles elle eſt la
mere, la nourrice, & la garde tout enſemble.
O que la vie de l'hóme ſeroit heureuſe, ſi elle
eſtoit touſiours conduite par ceſte guide-là!
Mais helas! d'autant que ceſte vertu eſt belle,
d'autant eſt elle rare. Elle eſt en nos eſprits
comme les veines d'or en la terre, qui ſe treu-
uent en peu d'endroits. C'eſt à mon aduis ce
grand, ce magnifique, & impenetrable bouclier que Vulcain forgea pour Achille, &
dans lequel il graua le ciel, la terre, l'oceã, les
nuës, les aſtres, les foudres, les villes, les armees, les cócions, & les cóbats, brief tout ce
qũiſe peut voir au monde: ayant par là voulu
faire entédre, que la cognoiſſãce des choſes

rend l'esprit de l'homme plus inuulnerable
que le bouclier ne fait son corps. Mais comme Achille alla à l'escole de Chiron pour se
rendre capable de porter ce bouclier, aussi
vous faut-il venir à celle de la Philosophie
pour sçauoir vser de la Prudence. Si nous l'es-
coutons, elle nous enseigne que la Prudence
a deux vsages, l'vn, de nous auancer au bien,
& l'autre de reculer le mal de nous. Mais
pour ce que nous n'apportons pas à la Philosophie nostre esprit net, ains des-ja mal disposé & occupé de fascheuses & populaires
humeurs, & que nous y venons comme au
medecin, il faut que nous faciõs cõme ceux
qui pensent les playes, lesquels auant qu'y
mettre aucun appareil, en tirent les corps e-
stranges, & que nous commécions par oster
de nos esprits les passions qui s'y esleuent, &
esblouïssent de leur fumee l'œil de la raison.
Autrement les preceptes des meurs & saines
affections ne profiteroient non plus à nostre ame, que l'abondance des viandes à vn
corps impur, que vous offensez d'autãt plus,
que plus vous le nourrissez. Nous appellons
passions vn mouuement violent de l'ame, en
sa partie sensitiue, qu'elle faict ou pour suiure
ce qui luy semble bon, ou fuir ce qui luy semble mauuais. Car bien qu'il n'y ait qu'vne
ame en nous, cause de nostre vie, & de toutes

nos actions, laquelle eſt toute en tout, & toute en chaſque partie ; ſi a-elle des puiſſances
merueilleuſemét differentes, voire contraires les vnes aux autres, ſelon la diuerſité des
vaiſſeaux & inſtrumens où elle eſt retenuë,
& des obiets qui luy ſont propoſez. En vn
endroit elle fait croiſtre, en l'autre elle re-
mue, en l'autre elle sét, en l'autre elle deſire,
en l'autre elle imagine, en l'autre elle ſe ſou-
tient, en l'autre elle diſcourt : ne plus ne
moins que le ſoleil qui tout vn en ſon eſſence, departant ſes rayons en diuers endroits,
eſchaufe en vn lieu, & eſclaire en l'autre, fōd
la cire, ſeiche la terre, diſſipe les nuës, tarit les
eſtancs. Quand les parties où elle eſt encloſe
ne la retiennent & occupent qu'à proportion de leur capacité, & ſelon qu'il eſt neceſſaire pour leur droit vſage, ſes effects ſont
doux, benins & bien reiglez: mais quand au
contraire les parties prennent plus de mouuement & de chaleur qu'il ne leur en faut,
elles s'alterent & deuiennent dommageables, comme les rayons du ſoleil, qui vagans
à leur naturelle liberté eſchaufent doucement & tiedement; s'ils ſont recueillis & reü-
nis au creux d'vn miroir ardent, bruſlent &
conſument ce qu'ils auoient accouſtumé de
nourrir & viuifier. Or la nature a donné au
ſens cette force & cette puiſſance tiree de

l'ame, de s'appliquer aux chofes, en tirer les formes, & les embraffer ou reietter, felon qu'elles leur femblent agreables ou fafcheufes, & qu'elles confentent ou s'accordent à leur nature. Et ce pour deux raifons. L'vne, afin qu'ils fuffent côme les fentinelles du corps, & qu'ils veillaffent pour fa conferuation : l'autre & la principale, afin qu'ils fuffent comme les meffagers & couriers de l'entendement, & partie fouueraine de l'ame, & pour feruir de miniftres & d'inftrumens au difcours & à la raifon. Mais leur dônant cette puiffance, elle leur a auffi prefcrit fa loy & fon commandement, qui eft de fe contenter de recognoiftre & donner aduis de ce qui fe paffe, fans vouloir entreprendre de remuer les plus hautes & plus fortes puiffances, & mettre tout en à l'arme & confufion. Car en vne armee fouuent les fentinelles pour ne fçauoir pas le deffein du chef qui leur commande, peuuent eftre trompees, & prendre pour fecours les ennemis defguifez qui viennent à eux, ou pour ennemis ceux qui viénent à leur fecours : auffi les fens pour ne pas côprendre tout ce qui eft de la raifon, font fouuent trôpez par l'apparence, & iugét pour amy, ce qui nous eft ennemy. Quand fur ce iugemét, & fans attendre le commandement de la raifon, ils viennent à remuer la

puiſſance concupiſcible & l'iraſcible, ils font
vne ſédition & vn tumulte en noſtre ame,
pēdant lequel la raiſon n'y eſt non plus ouie,
ny l'entendement obey, que la loy ou le magiſtrat en vn eſtat troublé de diſſenſion ciuile. Or en ce trouble les paſſions qui mutinēt
noſtre ame & troublent le repos de noſtre
eſprit, s'eleuent premierement en la partie
concupiſcible, qui eſt à dire, à l'endroit où
l'ame exerce cette faculté d'appeter ou reietter les choſes qui ſe preſentēt à elle, comme propres ou contraires à ſon aiſe, ou à ſa
conſeruation. Elles s'eſmeuuēt donques ſur
l'apparéce ou d'vn bien ou d'vn mal. Si c'eſt
d'vn bien preſent, & dont elle entre en iouïſſance, nous appellons ce mouuemēt là plaiſir ou volupté, ſi c'eſt qu'il ſoit à venir, & que
nous en ſoyons eſlongnez, nous l'appellons
deſir ; ſi c'eſt d'vn mal preſent, & dont nous
reſentions deſia l'incommodité & le deplai-
ſir, en ce que nous en ſommes eſmeus vers
autruy, nous le nommons haine ou horreur,
en ce que nous en ſommes eſmeus vers nous-
meſmes, nous le nómons faſcherie. Si ceſte
faſcherie eſt à l'occaſion de ce qui nous touche, nous l'appellons douleur, ſi à l'occaſion
du mal d'autruy, pitié, ſi à l'occaſion d'vn ap-
parent bien où nous pretendions part, ialouſie, ſinon, enuie. Si c'eſt d'vn mal à venir, nous

l'appellons crainte. Voilà la premiere bande
des seditieux qui troublent le repos de nostre
ame, desquels encore que les effects soient
tres-dangereux, si ne sont-ils pas à beaucoup
pres si violens que de ceux qui les suiuent.
Car ces premiers mouuemens là formez en
ceste partie, par l'obiect qui se presente, passent incontinent en la partie irascible, qui
est à dire en cet endroit ou l'ame cherche les
moyens quelle a d'obtenir ou euiter ce qui
luy semble bon ou mauuais. Et lors, tout ainsi comme vne rouë qui est desia esbranlee,
venant à receuoir vn nouueau mouuement,
va auec vne grande vistesse; aussi l'ame desia
esmeuë de la premiere apprehension adiou-
stant vn second effort au premier, se manie
auec beaucoup plus de violence qu'auparau-
uant, & sousleue des passions bien plus puis-
santes & plus difficiles à dompter, d'autant
qu'elles sont doubles, & ja accouplees aux
premieres, se liant & soustenant les vnes les
autres par vn mutuel consentement. Car les
premieres passions qui se formét sur l'object
du bien apparant, entrant en consideration
des moyens de l'acquerir, excitent en nous
ou l'espoir ou le desespoir : & celles qui se forment sur l'object du mal, font naistre la peur
& le courroux. Lesquelles quatre passions
sont estrangement fortes & violentes, &
renuersent

renuersent entierement la raison qu'ils trouuent desia esbranlee. Voila à mon aduis les
vents d'où naissent les tempestes de nostre a-
me. La cauerne dont ils sortent, n'est, côme
ie vous ay desia dit, que la fausse opinion que
nous auons que les choses qui se presentét à
nous sont bonnes ou mauuaises. Car leur at-
tribuant ceste qualité, qu'elles n'ont point,
nous les fuyons ou recherchons auec vehemence, & de là naissent nos passions. Doncques
pour estouper ceste cauerne, asseurer le
repos de nostre ame, & empescher qu'elle ne
s'esbranle autrement qu'elle ne doit, souue-
nons nous de ce que nous auons prouué au
commencement de ce discours, Que le bien
de l'homme & la perfectió de sa nature consiste en vne droicte disposition de sa volonté
à vser des choses qui se presentét selon la raison ; & son mal au contraire en vne vicieuse
& desreiglee disposition, d'en abuser. Car a-
uec la premiere il fera son profit, receura du
contentement de tout ce qui luy pourra arriuer, & s'establira vn repos d'entendement
ferme & immobile comme vn rocher parmy
les flots. Et auec la seconde, tout ce qui luy
suruiendra, luy nuira, & tournera à son dommage & tourment. Or ceste disposition de
volonté, est en nostre puissance, & par consequent nostre bien & nostre mal. Quäd don-

ques il se presentera à nous quelque object,
afin que nous ne nous en troublions point
comme d'vn bien ou d'vn mal qui nous suit,
regardōs si c'est chose qui soit en nostre puissance, ou non. S'il est en nostre puissance, il
nous peut estre ou bié ou mal. Mais en ce cas
nous ne nous en deuons nullement passion-
ner: car tenant nostre volonté droicte nous
le rendons bien, & le conseruons tel. S'il est
hors de nostre puissance, il ne nous est ny bié
ny mal, & par consequent nous ne le deuons
ny chercher ny fuir. Nous auons en nostre
puissance, l'approuuer, l'entreprendre, le desirer, & le fuir, & en vn mot toutes nos actiōs.
Car nostre volonté a la force & l'authorité
de les reigler & conduire par la raison, au lieu
où elles doiuent paruenir pour nostre bien.
Comme de disposer tellemét nostre opinion
qu'elle ne preste consentemét qu'à ce qu'elle doit, & ce qui sera examiné, ou par le sens
ou par le discours, qu'elle adhere aux choses
euidemment vrayes, qu'elle se retienne &
suspéde és douteuses, qu'elle reiette les faus-
ses. De reigler tellement nostre desir qu'il ne
suiue que ce qui est selon la nature, & ne fuïe
que ce qui luy est contraire. Hors de nostre
puissance sont, nostre corps, nos richesses, la
reputation, & en vn mot tout ce qui ne depend point de nostre volonté. Et cela, de

quelque façon qu'il nous arriue, n'est iamais
contraire à nostre nature, pource qu'aduenant ou par l'ordre vniuersel & continuel des
choses, & entresuitte ordinaire des causes,
nous ne le deuons point trouuer estráge, ou
aduenant par vne prouidence particuliere
qui les fait ainsi arriuer, nous deuons sçauoir
que la nature no⁹ y a assubiectis. Outre qu'elle nous a donné vne puissance en l'ame pour
nous accommoder à tout ce qui nous suruiét
de dehors, & en bien vser:qui monstre qu'elle ne nous a pas faict seulement propres à vne
chose, mais à tout ce qui se peut presenter.
Tellemét que nous n'en deuons rien, ny desirer ny fuir, tant pource que c'est vne folle
& vaine affection de vouloir ce que l'on ne
peut, que pource que de quelque façon qu'il
nous puisse arriuer, il nous peut estre bien, &
sujeć de belles & loüables actions. Or si nous
nous pouuons commander cela de ne rien
desirer, ny fuir de ce qui est hors de nostre
puissance, mais auec vne affection temperee, le receuoir selon qu'il aduient; nous
ferons exempts de toutes perturbations,
nous serons libres, nous serós heureux, nous
ne serons iamais frustrez de ce que nous aurons desiré, nous ne serons iamais empeschez en ce que nous aurons entrepris, nous
ne haïrons personne, nous ne nous plain-

drons de personne, nous n'aurons peur de
personne, nous ne nous courroucerons contre personne : car personne ne nous pourra
faire mal. Si au côtraire nous fuyons ou desirons ce qui est hors de noftre puiffance, nous
decherrons fouuent de nos efperances, & de
nos fouhaits, tumberons en ce que nous ab-
horrons, nous ferons troublez, nous ferons
tourmentez. Il n'y a perfonne fi mal aduifé
qui ne côfeffe, qu'il vaut mieux auoir ce que
l'on defire que d'en eftre priué, eftre exempt
de paffion que d'en eftre troublé : qui niera
donques que cefte reigle ne foit bône, faine
& naturelle, par laquelle nous obtenôs tout
ce que nous defirons, ne defirant que ce que
nous pouuons? Et par laquelle nous ne nous
paffionnons de rien, mettant le bien & le
mal en noftre puiffance, nous dônant l'vn, &
reculant l'autre de nous quand nous voulons? Donques en toutes chofes qui fe pre-
fenteront à nous, afin de n'en eftre point
troublez ny paffionnez, confiderons incontinent, fi elles font en noftre puiffance ou
non ; fi elles font en noftre puiffance, tenons
noftre volôté droicte, pour les guider & conduire à leur vray & naturel vfage, & ce faifant
nous en receuerons le bien : fi nous trouuons
qu'elles ne foient point en noftre puiffance,
ne nous en efmouuons point, & ayons touf-

iours en main ce mot, comme vn tres-salutai-
re aduertissomét: Cela ne me touche point:
c'est à dire, ce n'est ny mon mal ny mõ bien:
par consequent ie ne dois ny le chercher ny
le fuir, mais selõ qu'il m'arriuera m'y accommoder, & l'appliquer au meilleur vsage qui
puisse estre. Que si nous nous sentons emou-
uoir d'auantage, & quelqu'vne des passions
cy dessus nõmees s'esleuer en nous, par l'object des choses qui sont hors de nostre puissance: considerons incontinent la nature de
ce qui se presente, & à quelle fin elle nous est
donnee: Puis examinõs la passion à laquelle
nous cõmençons à pancher, quels effects elle
nous peut apporter: De là commençons à
regarder en nous mesmes quelle vertu luy
est opposee, & quelle puissãce là nature a mis
en nous pour la reigler. Car cõme la passion
vient de dehors dedans nous, & y entre auec
l'image du subject qui s'offre, aussi la nature
nous a remparé au dedans contre cet effort,
d'vne puissance pour y resister, si nous nous
en voulõs seruir. Pour fortifier ceste puissance ayons quelques beaux preceptes, & cour-
tes sentences touchãt chasque passion, dont
nous puissions couurir la raison, & arrester
comme par vne tranchee, les premiers & sou-
dains mouuemens de l'ame, qui la voudroiét
forcer. Et pour rédre les preceptes plus forts

& plus difficiles à fauſſer, garniſſōs les encor’
des beaux & loüables exemples de ceux qui
ſe ſont genereuſement comportez en ſemblables occaſions. Car l’exemple de la vertu
des autres eſt vn gage à ſa noſtre, & leur loüā-
ge nous eſt vne exhortatiō à leur reſembler.
Dōques s’il s’y preſente quelque ſujet de volupté pour le corps, comme de viandes frian-
des & delicates, ſi toſt que nous nous en ſentirons eſmouuoir, repreſentons nous que cela n’eſt point des choſes qui ſont en noſtre
puiſſance, & par conſequēt ny noſtre biē ny
noſtre mal, ainſ choſes indifferétes. Ce ſont
choſes que la nature nous a dōnees pour noſtre nourriture, dont l’vſage moderé entretient le corps, & le rend propre & habile inſtrument à l’eſprit : au contraire l’exces & le
debort debilite le corps, luy apporte de grādes & faſcheuſes maladies, qui ſont les ſupplices naturels de l’intéperance. Si vne fois
nous laſchons la bride à l’appetit pour ſuiure
l’abondance ou la delicateſſe, nous ſerons en
perpetuelle peine : les choſes ſuperfluës nous
deuiédront neceſſaires : noſtre eſprit deuiendra ſerf de noſtre corps : nous trouuerons que
nous ne viurōs plus que pour māger. Il nous
faut donc temperer ce plaiſir-là par vn vſage
moderé, & apprendre que la ſobrieté tient le
corps ſain & l’eſprit pur. Et partant formons

nous cefte reigle d'vfer dès viandes pour la
neceffité de noftre nourriture, de ne nous
pas accouftumer à celles qui font delicates,
de peur qu'en eftant priuez, noftre corps en
deuiéne indifpofé, & noftre efprit fafché, au
contraire vfer d'ordinaire des plus groflieres
tant pource qu'elles nous rédent plus forts&
plus fains, que pource qu'elles sõt plus aifees
à trouuer. C'eft vne faueur dont nous deuõs
remercier la nature, qu'elle a rendu les chofes neceffaires pour noftre vie, faciles à trouuer,&fait que celles qui font difficiles à auoir
ne nous font point neceffaires. I'admire certes la voix d'Epicure,mais ievoudrois qu'elle
fuft fortie d'vne autre bouche, afin qu'vn fi
genereux mot ne fuft point fouïllé par les
delices de fes autres opiniõs:Mõ cœur,dit-il,
s'efuanoüit d'aife, mõ corps tref-faut de plaifir,dece que contét de pain & d'eau,ie reiette toutes les autres delicateffes. Puis qu'Epicure fe glorifie de mefprifer les delices, que
doiuent faire les Stoïques? Ne doiuent-ils
pas honorer & reuerer la fobrieté, comme
le fondement de toutes les autres vertus,
comme celle qui eftoufe les autres vices
au berceau, & les fuffoque en la femence? Les Curies & les Fabrices ont obtenu de belles victoires, mais elles ne font
point fi renommees que leur frugalité.

Leurs faits d'armes ont bien asseuré pour vn
temps l'Estat Romain contre les ennemis
estrangers, mais leur sobrieté a esté vne loy
sur laquelle ils ont formé l'esprit & le courage
de ceux qui ont depuis dôpté tout le mô-
de: les figues & les carrottes qu'ils prefererét
aux richesses des Samnites, ont esté trouuees
de plus excellent goust à la posterité que les
delices d'Apicius ne furét en son siecle. Ces
raisons-là peuuét aussi seruir au plaisir exces-
sif que nous prenons aux habillemens ou ba-
stimens, & autres choses qui ne regardent
que l'vsage du corps: car si nous ne moderons
le contentement que nous y cherchons par
la necessité naturelle, l'opinion nous empor-
tera à vn precipice où nous ne trouuerôs ny
fonds ny riue. Par exemple, nous ferons nos
souliers de velours, puis de drap dor, en fin de
broderie de perles & de diamans, nous basti-
rons nos maisons de marbre, puis de iaspe &
de porphire. Obseruons y donc ceste reigle,
que les habillemés soient suffisans pour nous
defendre du chaud & du froid, les bastimés
du vent & de la pluïe, & n'y desirôs autre chose, si nous l'y trouuons ne nous en esmou-
uons point. Il semble que la raison ait plus
de peine à se defendre du plaisir que nous
prenôs à la veuë & iouïssance des choses belles, que de celles dont nous venôs de parler.

Il semble que ce qui porte sur le visage les faueurs de la nature imprimees en vne rare &
excellente beauté, ait quelque legitime
puissance sur nous, & que tournant nos yeux
à soy, il y tourne aussi nos affections, & les y
assujettisse malgré nous. Mais quoy? si nous
faut-il souuenir que c'est chose qui est hors
de nous, que c'est vne grace que la nature a
fait à ce qui l'a & non à nous: que c'est chose
dont l'vsage tourne aussi tost à mal qu'à bié:
au bout de là, que ce n'est qu'vne fleur qui
se passe de iour à autre, ce n'est quasi que la
couleur d'vn corps. Si vous vous laissez
transporter à ceste fieureuse & furieuse pas-
sien, où en serez-vous? vous ne serez plus à
vous, vostre corps aura mille peines à chercher le plaisir, vostre esprit aura mille gehennes à seruir vostre desir. Quand ce desir crois-
sant sera deuenu amour, cest amour crois-
sant deuiendra fureur. Remparons-nous
donc contre ceste passion, & gardons de
ne nous laisser piper à ses appas. D'autant
plus elle nous mignarde, d'autant plus des-
fions nous-en, & soyons de bonne heure ad-
uertis qu'elle ne nous veut embrasser que
pour nous estrangler: elle ne nous propose
la liberté & la licence, que pour nous asser-
uir: elle ne nous appaste de miel, que pour
nous saouler de fiel; elle nous propose vne

apparence de plaifir qui paſſe en vn moment, & nous laiſſe vn regret qui demeure eternellement. Compoſons donc noſtre eſprit, de façon que recognoiſſant en la beauté la delicate main de la nature, nous la priſions comme nous faiſons le ſoleil & la lune, pour l'excellence qui y eſt. Que ſi la loy nous en permet quelque plus particuliere iouyſſance, que ce ſoit à la fin que la nature deſire, & ſans que nous perdions l'vſage de la raiſon, qui doit touſiours commander en nous : & nous ſouuenons touſiours que l'immoderé vſage de ce plaiſir, vſe le corps, amolliſt l'ame, & affoibliſt l'eſprit. N'en vſons point ſil eſt poſſible auant que d'eſtre mariez : car outre qu'il efface la pudeur en la ieuneſſe, il fait perdre la douceur qui ſe trouue en mariage à ceux qui n'en ont point vſé auparauant, qui eſt la ſoudure de l'amitié coniugale, & nous nourrit en la licence d'vn vague & deſreglé accouplement. Sur tout ne faiſons iamais pour paruenir à ce plaiſir, choſe qui ſoit deshonneſte. Repreſentons-nous les inconueniens qui ſont arriuez à ceux qui ſ'y ſont trop addonnez, deſquels les vns y ont perdu leur fortune, les autres la vie, les autres l'eſprit. Songeons au contraire, combien nous aurons plus de plaiſir de vaincre la vo-

lupté que de la posseder ; & que la continence d'Alexandre a esté trouuee plus belle &
plus loüable par la posterité, que les beaux &
excellents visages de la femme & des filles
de Darius. Les yeux de Cleopatre ont triom-
phé de Cesar & d'Antoine ; & ceux d'Au-
guste, de Cleopatre. Encores ceste sorte de
volupté-là est-elle accompagnee de quelque plaisir qui touche le corps, & semble-elle
en cela aucunement naturelle: mais le desir
des biens & des honneurs, & la delectation
que nous auons à les posseder, n'a racine sinon qu'en l'opinion. Ie ne sçay qui nous a
ainsi trompez à l'imposiriõ des noms, d'auoir
appellé bien, ce qui ne depéd point de nous.
Celuy-là a bien attaché nostre heur à vn
chable pourry, & ancré nostre felicité dans
vn sable mouuant. Car, qu'y a-il au monde
si incertain & si inconstant que la possession
de tels biens qui vont & viennent, passent &
s'escoulent, comme vn torrent? Vrayement
comme vn torrent, ils font du bruit à l'arriuee, ils sont pleins de violence, ils sont troubles, l'entree en est fascheuse, ils disparois-
sent en vn moment, & quand ils sont es-
coulez, il ne demeure que de la bourbe au
fonds. O richesses, qui verroit aussi bien la
roüille des ennuis que vous engédrez dãs les
cœurs des hommes, comme lon voit l'esclat

& la splendeur de voftre or & de voftre argent, vous feriez autant haïes comme vous aimees. Ceux qui vous aiment n'ont certes qu'vne vertu, c'eft d'eftre fort conftans à celer leur peine, de peur de defcouurir leur honte; que fi leur ennuy auoit acquis liberté de fe plaindre, comme la fortune pourroit-elle refpondre aux accufations de tant de gens, à qui elle a tant donné de maux fous ce tiltre de biens? Ie penfe de vray qu'elle n'auroit qu'vne excufe, qui eft de les auoir donnees à ceux qui les defiroient. Cognoiffons donques les richeffes pource qu'elles font, pour des prefens de la fortune, qu'elle ne no° fait que prefter, pour des biens qui ne font ordinairement qu'aux mefchans, pour des biens qui ne font biens, que quand ils ont acquis vn bon maiftre, pour des biens qui permettiffent fouuent les bonnes mœurs, & n'amendent iamais les mauuaifes, pour des biés fans lefquels tant de fages ont rendu leur vie heureufe, pour des biens auec lefquels tant de mefchans ont eu vne mort malheureufe. Cognoiffons ce que nous apporte ce defreglé defir d'en auoir. C'eft vne gangrene en noftre ame, qui auec vne venimeufe ardeur confume nos naturelles affections, pour nous remplir de virulentes humeurs. Si toft qu'elle feft logee en noftre cœur, l'hon-

neſte & naturelle affection que nous deuons
à nos parens, à nos amis, à nous-meſmes ſ'en-
fuir, tout le reſte comparé à noſtre profit ne
nous ſemble rien, nous nous negligeons à la
fin nous-meſmes, & meſpriſons noſtre corps
& noſtre eſprit pour ces biens-là, & côme on
dit ordinairement, nous vendons noſtre
cheual pour auoir du foin. La nature ſemble en la naiſſance de l'or auoir aucunement preſagy la miſere de ceux qui le deuoient aimer : car elle a faict qu'és terres
où il croiſt, il ne vient ny herbes, ny plan-
tes, ny fleurs, ny choſe qui vaille, comme
nous annonçant qu'és eſprits où le deſir de
ce metail naiſtra, il ne demeurera nulle ſcin-
tille d'honneur ny de vertu. Chaſſons donc
ce furieux deſir loing de nous, & laiſſant les
folles opinions du vulgaire, qui poiſe les
biens dans les balances des orfeures, ſui-
uons le vœu & le conſeil de la nature, qui
les meſure à l'aulne de la neceſſité. Elle nous
apprendra que noſtre bien ne procede pas
des richeſſes, non plus que la chaleur que
nous ſentons ne vient pas de nos habillemens, mais ſortant de nous eſt conſeruee
en eux. Ce qui ne ſortira pas iuſques à
eux demeurera en nous. Et noſtre vertu,
bien que la fortune luy couppe les aiſles,
n'en ſera pas moindre, elle aura moins

de mouuement, mais plus de repos & plus de
contentement. Il y en a qui nous veulent
corrompre par de molles opinions, pour attacher noftre foing à acquerir des richeffes.
Ils nous difent, fi ie ne prens garde d'acquerir des biés, ie n'auray point de moyé d'aider
mes amis, de feruir à mon païs. Mais refpondons leur fagement, qu'il faut que chacun
ferue la republique de fon meftier. Celuy du
philofophe, c'eft de rendre fes concitoyens
modeftes & obeïffans, quand il le fera, pro-
fitera-il peu à fes amis & à fon païs? Outre
tout cela, ie leur diray: donnez-moy vn honnefte moyen d'acquerir des richeffes, ie ne
les refuferay pas. Comme ie ne les fouhaite
point, auffi ie ne les abhorre pas: que fi vous
ne me pouuez monftrer ceft honnefte moyé
là, pourquoy me preffez-vous de les rechercher autrement ? Apprenons à chercher
fans paffion ce que la nature defire, & nous
trouuerons que la fortune ne nous en fçauroit priuer. Le vray & plus court moyen de
f'enrichir, c'eft de mefprifer les richeffes.
Pour eftre riche, il ne faut pas croiftre nos
moyens, mais diminuer nos defirs: qui eft
content, il eft riche, cefte richeffe-là, il fe la
donne qui veut. Ainfi Bias fe fift-il riche,
abandonnant fes biés que lon luy auoit permis d'emporter de fa ville, par la compofi-
tion faicte auec les ennemis, & difant qu'il

portoit tout son bié auec soy, c'estoit volontiers sa vertu. Ainsi Diogenes deuint non
seulement opulent, mais plus grand qu'Alexandre, quand il refusa son argent, & luy de-
manda pour tout bien, qu'il se retirast de son
soleil. Vrayement il en arriue quasi autant à
tous ceux qui nous offrent des biens de la
fortune: car ils nous ostét ceux de la nature.
Et cela voyons-nous clairemét en ceux qui
se laissent-appaster par les hôneurs, que nous
appellons, & mener au vent de l'ambition:
car ils trouuent incontinent qu'au lieu de la
lueur, ils n'ont que de la fumee. Le vray honneur est l'éclat d'vne belle & vertueuse actió,
qui rejaillit de nostre consciéce, à la veüe de
ceux auec qui nous viuons, & par vne reflexion en nous-mesmes, nous apporte vn tesmoignage de ce que les autres croyét de no⁹,
qui se tourne en vn grand contentemét d'e-
sprit. Or cela depéd de nous. La nature nous
concilie ce bien-là : toutes & quátes fois que
nous le voulós, nous l'auós. Mais le laissant,
nous embrassons l'ombre pour le corps,
& attachons le contentement de nostre
esprit, à l'opinion du vulgaire : nous renon-
çons volontairement à nostre liberté pour
suiure la passion des autres, & nous contrai-
gnons de nous desplaire à nous-mesmes,
pour complaire à ceux qui nous regardent,
nos affections sont penduës aux yeux d'au-

truy : nous n'aimons plus la vertu, qu'entant qu'elle plaist au vulgaire : si nous faisons quelque chose de bien, ce n'est pas pour l'amour du bien, mais pour en auoir l'honneur. Nous ressemblons aux tonneaux qu'on perce, on n'en peut rien tirer qui ne leur donne du vent. Mais quelles bornes a ceste passion-là? La vieillesse la meurit-elle? nenny : les dignitez la contentent-elle? nullement. C'est vn gouffre qui n'a ny fonds ny riue : non, c'est le vuide que les Philosophes n'ont peu encores trouuer en la nature : c'est vn feu qui s'augmente auec la nourriture qu'on luy donne. Ceux qui ont voulu flatter l'ambition, ont voulu faire accroire qu'elle seruoit à la vertu comme d'vn degré pour y monter : pource, disoient-ils, que pour l'ambition lon quitte les autres vices, & en fin lon quitte l'ambition mesmes, pour l'amour de la vertu. Mais tant s'en faut. Si l'ambition cache les autres vices, elle ne les oste pas pour cela, ains les couue pour vn temps sous les trompeuses cendres d'vne malicieuse feintise, auec esperance de les renflammer tout à faict, quand ils auront acquis assez d'authorité pour les faire regner publiquement auec impunité. Les serpents ne perdent pas leur venin pour estre engourdis par le froid, ny l'ambicieux ses vices pour

les

les couurir par vne froide dissimulation:
quand il est paruenu où il se demandoit, il
fait sentir ce qu'il est. Et quand l'ambition
quitteroit to⁹ ces autres vices, si ne se quitteroit elle iamais soy-mesme, iuste seulemét en
cela qu'elle suffit à sa propre peine, & se met
elle-mesmes au tourment. La roüe d'Ixion
est le mouuement de ses desirs, qui tournent
& retournent continuellement de haut en
bas, & ne donnent aucun repos à son esprit.
Affermissons donc nostre ame contre ces
fascheux mouuemens-là, qui troublent ainsi
nostre repos & nostre contentement. Com-
posons nos affections, de façon que la lueur
des hôneurs n'esblouïsse point nostre raison,
& plantons de belles resolutions en nostre
esprit, qui luy seruent de barriere contre les
assauts de l'ambition. Premierement per-
suadons-nous qu'il n'y a vray honneur au
monde que celuy de la vertu. Que la vertu
ne cherche point vn plus ample ny pl' riche
theatre pour se faire voir que sa propre conscience. Plus le soleil est haut, & moins fait il
d'ombre; plus la vertu est grande, moins
cherche-elle de gloire. Gloire vrayement
semblable à l'ombre qui suit ceux qui la
fuyent, & fuit ceux qui la suiuent. Remet-
tons-nous deuant les yeux, que nous venons
en ce monde comme à vne comedie, où

nous n'auõs pas à choifir le perfonnage qu'il
nous faut ioüer, mais feulement à bien ioüer
celuy qui nous fera donné : Si le poëte nous
charge du perfonnage d'vn Roy, il le faut
bien reprefenter, fi d'vn faguin, de mefmes.
Car il y a de l'honneur à bien faire l'vn &
l'autre, & du deshonneur à le mal faire. Il
faut que nous vfions des honneurs comme nous faifons des viandes en vn ban-
quet, où nous vfons de celles qui font feruies
deuant nous, & n'eftendons pas le bras à l'autre bout de la table, ny n'arrachons pas les
plats d'entre les mains des maiftres d'hoftels.
Si le refmoignage de noftre vertu, fi l'vtilité
de noftre païs, fi la faueur de nos amis, nous
prefente quelque charge, dont nous foyens
capables, acceptons-la modeftemèt, & l'exerçons fincerement, eftimás que c'eft Dieu
qui nous a là pofez en fentinelle, à fin que les
autres repofét fous noftre foing. Ne rechet-
chons autre recompenfe de noftre labeur,
que la confcience d'auoir bien faict, & defirons que le refmoignage en foit pluftoft graué dans le cœur de nos concitoyens, que fur
le front des œuures publiques. C'eft quelquesfois vn plus grand honneur de n'auoir
pas ce que lon a merité, que de l'auoir. Il
m'eft bien plus honorable (difoit Caton)

que chacun demande pourquoy lon ne m'a
point dreſſé de ſtatuë en la place, que ſi
lon demandoit pourquoy lon m'en a dreſſé.
Bref, tenons pour maxime, que le fruict
des belles actions eſt de les auoir faites, &
que la vertu ne ſçauroit trouuer hors de ſoy
recompenſe digne d'elle. Sans doute l'ambition eſt vne bien douce paſſion, qui ſe cou-
le aiſément és eſprits les plus genereux, &
ne ſen tire qu'à peine : nous penſons deuoir embraſſer le bien, & entre les biens
nous eſtimons l'honneur plus que tout : voilà pourquoy nous le courons à force. Mais
encores vous aſſeure-ie que les autres paſſions qui naiſſent en nous par l'object d'vn
mal apparant que nous fuyons & abhor-
rons, deſcendent plus auant en noſtre
cœur, & ſen leuent plus difficilement.
Comme la crainte, qui eſt l'apprehenſion
d'vn mal à venir, laquelle nous tient perpetuellement en ceruelle, & deuance les
maux dont la fortune nous menace. Certainement c'eſt vn des plus rudes inſtru-
ments dont l'opinion nous tourmente:
car comme elle ne peut rien ſur nous,
qu'en nous trompant & ſeduiſant, & que
nous voyons plus clair en ce qui eſt preſent qu'en ce qui eſt à venir, elle ſe ſert de

l'aduenir, se jette dedans, comme dans vn
lieu nuble & obscur, & choisit ceste saison
comme les larrons font la nuict, à fin d'entreprendre sans estre recogneus. Elle nous
tourmente lors auec des masques de maux
qui n'ont qu'vne simple apparence, qui n'ont
rien en soy qui nous puisse nuire que l'apprehension que nous en auons, laquelle nous
rend mal ce qui ne l'est point, & tire mesmes
du mal de nostre bien, pour nous en affliger.
Tant en voyons nous tous les iours, qui crai-
gnans de deuenir miserables le sont deuenus, & ont tourné leurs vaines peurs en certaines miseres. Combien y en a-il qui ont
perdu leurs amis pour s'en desfier, combien
qui sont deuenus malades de peur de l'estre?
Tellement que lon peut dire, que la crainte
n'est qu'vn poids de recharge, pour nous faire trebucher en ce que nous fuyons le plus
que nous pouuons. Esloignons de nous la
crainte, & nous en esloignerons le mal : au
moins ne le sentirons-nous point iusques à
ce qu'il nous touche, & quand il viendra à
nous, il ne sera iamais si fascheux que nous le
craignons. Si nous auions de tous les maux
à choisir, duquel nous voudriós estre exépts,
il n'y en a point, à mon aduis, que nous deus-
siós tant euiter que la crainte : Pource que
des autres la peine ne dure non plus que la

cauſe, mais la crainte ſe forme indifferem -
ment de ce qui eſt, & de ce qui n'eſt pas, de ce
qui peut-eſtre ne ſera pas, voire de ce qui ne
peut eſtre du tout. O ingenieuſe paſſion, qui
d'vn mal imaginaire tire vne viue & vraye
douleur? Ainſi en faiſoit le peintre Parra-
ſius, qui mettoit ſes ſerfs au tourment, pour
pouuoir plus proprement imiter les façons
plaintiues & dolentes du fabuleux Promethee. Pourquoy ſommes-nous ſi ambicieux
en nos maux que de courir au deuant, & les
deuancer de penſee? Prenons loiſir de les
attendre, & peut-eſtre ne viendront-ils pas
iuſques à nous : mille impreuoyables rencontres peuuét parer le coup que nous craignons. Nos craintes ſont auſſi ſujettes à ſe
tromper que ſont nos eſperances. Hé quoy!
que craignós-nous? ce qui eſt en noſtre puiſſance? non. Car nous y pouuons remedier.
Ce qui eſt hors noſtre puiſſance? Et pourquoy, puis qu'il n'eſt point mal? Dequoy
nous ſeruira donc ceſte crainte, ſinon d'vn
ſupplice volontaire? Au contraire, ſi nous
pouuons auoir l'eſprit ferme contre ce
mouuement-là, nous remedierons à beaucoup de choſes que noſtre eſtonnement
empire, & fait tomber ſur nous. De beaucoup de mauuais effects que la crainte nous
apporte, i'eſtime celuy-là tres-pernicieux,

qui eſt, qu'ordinairement elle nous fait haïr ce que nous craignons. Car la haine eſt vne tres-faſcheuſe paſſion, & qui nous trouble eſtrangement. Voyez vn peu quand nous auons pris vne choſe en haine, comme ceſte affectiõ-là ſe nourrit en nous, & y croiſt ſans eſtre ny labouree ny arrouſee, & comme elle nous fait abhorrer ce que nous haïſſons. Et que haïſſons-nous? riẽ certes de ce que nous deuons: car ſil y a quelque choſe à haïr en ce monde, c'eſt la haine meſmes, & ſemblables paſſions contraires à la nature de ce qui doit commander en nous. Il n'y a au monde que cela de mal pour nous. Nous haïſſons les hõmes, nous haïſſons les affaires, ou pource que nous en craignons du mal, ou pource que nous penſons en auoir receu, ou pource que la nature de nos ſens a quelque contrarieté & contre-paſſion à la choſe haïe. Qu'y a-il au monde qui nous tourmente plus que cela? Par vne telle paſſion nous mettons en la puiſſance de ce que nous haïſſons, de nous affliger & vexer. La veüe nous en eſmeut les ſens, la ſouuenance nous en agite l'eſprit, & veillant & dormant nous nous le repreſentons, auec vn deſpit & grincement de dents, qui nous met hors de nous, & nous deſchire le cœur, & par ce moyen receuons en nous-meſmes la peine du mal que nous voulons à auxy. Fermons donc la porte de noſtre ame à ceſte faſcheuſe paſſion. Et à fin de luy oſter tout pretexte d'entrer chez nous, par vn meſcontentement des choſes qui ſe preſentent, propoſons-nous de bône heure vne regle qui eſt vraye : c'eſt que toutes choſes ont deux anſes, par leſquelles on les peut prendre. Si nous les prenons par l'vne, elles nous ſemblent griefues & peſantes; ſi nous les prenons par l'autre, nous les trouuons legeres, & aiſees à ſupporter. La nature nous peut dire ce que diſoit le philoſophe à ſes diſciples, Ce que ie vous preſente de la main droitte, vous le prenez de la gauche. Voſtre choix eſt touſiours au pis, ce qu'il y a de bon vous le laiſſez, ce qu'il y a de mal vous le prenez. Par exemple vous auez vn voiſin auec qui vous plaidez. Quand vous voudrez penſer à voſtre voiſin, vous ſongerez à ce procés, vous le blaſmerez & maudirez ſur ce ſujet. Voilà la mauuaiſe anſe. Prenez le par l'autre, & ſongez qu'il eſt homme comme vous, que Dieu vous a lié d'affection enſemble par ſemblance de nature, qu'il eſt voſtre concitoyé, que voꝰ eſtes cõmuns en meſmes loix, en meſmes téples, en meſmes autels, en meſmes ſacrifices, que vous eſtes voiſins, obligez de charité au ſecours & à l'aide l'vn de l'autre, tant de ſujets de bien-vueilláce n'eſteindrõt-

ils point vne petite vne femence de haine?
Vous auez vn frere qui vous a offenfez : Si
vous penfez à luy, vous penfez à celuy qui
vous a offenfez, & non à celuy qui eft conceu
en mefme ventre, allaicté de mefmes mam-
melles, nourry en mefme maifon, & qui doit
eftre vne moitié de vous. Prenons donc les
chofes par la bonne anfe, & nous trouuerons
qu'il y a à aimer en tout ce que no' haïffons.
Car il n'y a rien au monde qui ne foit pour le
bien de l'homme. Que fil y a quelque chofe
de vicieux en ce que nous haïffons, c'eft le
mal du vicieux, & non pas le noftre. Et fi d'a-
uanture il nous offenfe, nous auons plus de
fujet de le plaindre que de le haïr. Car il eft le
premier offenfé, & en reçoit le premier, & le
plus grand dommage, parce qu'il perd en cela l'vfage de la raifon. Quelle plus grãde perte fçauroit-il faire au monde? Tournõs donc
en tels accidens la haine en pitié, & mettõs
peine de rendre dignes d'eftre aimez, ceux
que nous voudrions haïr. Ainfi en fit Licur-
gue, quãd on luy eut abandõné celuy qui luy
auoit creué l'œil. Il le mena chez luy, & la
peine qu'il en exigea, ce fut qu'il l'inftruifit
fort foigneufement à la vertu, & puis le
rendit à fes concitoyens, qui le trouuerent
deuenu au lieu d'vn temeraire & iniu-
rieux, vn bon, honnefte & modefte citoyen.

Comme nous auons à fuir la haine, auſſi deuons nous euiter l'enuie, car elles font ſœurs
germaines, quaſi de meſme teint & de meſme port, & ont des effeéts egalement perni-
cieux. Car l'enuie foufleue en noùs vn regret du bien que les autres poſſedent, qui
nous ronge fort le cœur, & nous tourmente
cruellement. Miſerable paſſion certes, &
telle que toutes les gehennes des plus inge-
nieux tyrans n'en ont iamais ſurpaſſé la cruauté. Car puis qu'elle tourne le bien d'autruy à fon mal, quelle fin trouuera-elle à ſon
tourment, quand ſes maux & les biens d'autruy ſeront accouplez pour la gehenner?
fuyons-là donques comme vne beſte farou-
che, qui nous rongeroit continuellement le
cœur, & nous oſteroit la iouïſſance de tout
le bien qui nous pourroit arriuer. Car pendant que les enuieux regardent de trauers le
bien d'autruy, ils laiſſent gaſter le leur, & en
perdent le plaiſir. Mais pour nous diminuer
ceſte enuie, conſiderons ce que nous eſtimons bien en autruy, & ce que nous enuions
aux autres : nous trouuerons que tout pris
enſemble, il n'y a rien que nous vouluſſions
pour nous. Car ie voy que la plus-part du
temps nous enuions aux autres des richeſſes, des honneurs, & des faueurs : mais qui
nous diroit, vous en aurez autant pour le

meſme prix, nous n'en voudriõs pas. Pour les
auoir il faut flatter, il faut endurer des af-
fronts, des iniures, il faut perdre ſa liberté.
L'on n'a rien pour riẽ en ce mõde. Vous faites profeſſion d'honneur & de vertu: cela ne
ſe peut acheter que par la perte de ces autres
choſes-là, qui s'acquierent par vne honteuſe
patience. Les richeſſes, les dignitez, les faueurs ſe donnent à ceux qui complaiſent, &
s'accõmodent aux voluptez ou aux paſſions
d'autruy. C'eſt la loy, ou pour le moins, la
couſtume du monde. Elle y eſtoit auant que
vous fuſſiez nez, pourquoy trouuez vo° mauuais de l'y voir obſeruee? Celuy-là vend ſa liberté, il en reçoit le prix en vn eſtat, ou office, pourquoy le luy enuiez vous? vous qui ne
voulez pas vendre la voſtre, vous voudriez,
volontiers auoir le drap & l'argent, auoir le
contr'-eſchãge que ceſtuy-cy a eu pour ſa liberté, & neantmoins conſeruer la voſtre. Le
droit des gens ne le permet pas, choiſiſſez ou
la marchandiſe ou le prix. Ie vay au marché,
i'en voy vn qui tire à la bourſe, il baille vn de-
nier & emporte vne laictue; moy qui ne baille rien, ie n'emporte riẽ, & neantmoins ie ſuis
d'auſſi bõne condition que luy: il a ſa laictue,
& moy i'ay mon argent. Ie voy mon voiſin
qui reuient d'vn feſtin: ſi ie ne cõſidere ſinon
qu'il a fait bonne chere, i'aurois regret que io

n'y ay esté cōme luy: mais quād ie pense qu'il a fallu qu'il ait flatté le maistre de la maison, i'aime mieux n'auoir pas faict si bōne chere, & n'auoir gardé ce qui est du deuoir d'vn honneste homme. Gardons nous bien donc, si nous desirons quelque repos en ce monde, d'estre enuieux de ce que nous estimons le bien d'autruy. Si c'est vn vray bien qui luy soit arriué, nous nous en deuons resiouïr, car nous deuons desirer le bien les vns des autres. Se plaire au bien d'autruy, c'est accroistre le sien. Le mesme deuons nous obseruer pour la ialousie, car elle est quasi toute semblable & de nature & d'effect, sinon qu'il semble que l'enuie ne cōsidere le bien, qu'en ce qu'il est arriué à vn autre, & que nous le desirerions pour nous : & la ialousie est du nostre propre, auquel nous craignons qu'vn autre participe. C'est vne sotte & fascheuse passion : c'est du fiel qui corrōpt tout le miel de nostre vie : car elle se mesle ordinairemēt és plus douces & plaisantes actions, lesquelles elle rend si aigres & si ameres que rien plus : elle change l'amour en haine, le respect en desdain, l'asseurance en defiance. Faictes estat que quiconques viura ialoux, viura miserable. Le seul moyen pour l'euiter c'est de se rendre digne de ce que lon desire. Car la ialousie n'est qu'vne defiāce de soy-mesme, & vn tesmoignage de nostre peu de merite.

Ce fut à mon aduis vne genereuse response
que celle de l'Empereur Aurelius à Fauſtine,
qui luy demandoit ce qu'il feroit ſi Caſſius
qui luy faiſoit la guerre, gaignoit la bataille:
Ie ne ſers point, dit-il, ſi mal les Dieux, qu'ils
me vueillent enuoyer vne telle infortune.
Que ceux qui craignent de perdre la part
qu'ils ont en l'affection d'autruy, diſent de
meſmes : ie n'honore pas ſi mal ſon amitié
qu'il m'en vueille priuer. La confiáce de noſtre merite eſt vn grand gage de la volonté
d'autruy: qui pourſuit quelque choſe auec la
vertu, eſt bien aiſe d'auoir vn compagnon à
la pourſuitte : car il ſert de relief & d'eſclat à
ſon merite. L'imbecillité ſeule craint la rencontre, pour ce qu'elle penſe qu'eſtant com-
paree auec vn autre, ſon imperfection paroi-
ſtra incontinét. Qui eſt-ce qui voudroit courir ſeul au ieux Olympiques? oſtez l'emula-
tion, vous oſtez la gloire, vous oſtez l'eſperon
à la vertu. C'eſt vn grand cas que toutes les
choſes qui ſont en autruy, nous ſeruent ainſi
ou à bien ou à mal, ſelon que nous ſommes
diſpoſez à les receuoir, & en vſer. Voila le bié
d'autruy qui nous donne de la ialouſie &
nous tient en ceruelle : le mal d'autruy d'autre coſté nous fait quelquefois telle pitié,
que nous en ſommes tout hors de nous, & en
perdons le iugement. Soit que par vn ſecret

confentement nous participions au mal les vns des autres, foit que nous craignions en nous mefmes, ce qui arriue à nos voifins, nous foufpirons auec eux, & compatiffons à leur mal. Il eft bon de le faire autant qu'il eft de befoin, pour nous efueiller à les fecourir & aider. Car la loy de l'humanité le commande: mais non pas pour adopter leur douleur, & noircir noftre efprit de leur fumee. Or les remedes neceffaires à cefte fafcherie que nous auons du mal d'autruy, & que nous appellons pitié, nous font cómuns à cefte autre fafcherie que nous appellós douleur, qui eft le fentiment dú pretendu mal en nous mefmes. Car les maux, que nous appellós, nous eftans arriuez fleftriffent incontinent noftre ame, fi nous n'y prenons garde, la tirét à vne langueur, lacheté, & decouragement eftrange, lequel nous ofte l'vfage du difcours, & le moyen de pouruoir à nos affaires. C'eft bien en ceft endroit que nous deuons nous fouuenir de ce qui eft en noftre puiffance, & n'eftimer mal que ce qui eft cótraire à la parfaicte difpofition de noftre volonté. Car par ce moyen nous trouuerons que le plaifir & la douleur fe puifent en mefme fource, & qu'il n'y a que la façon de tourner noftre vafe, qui le rempliffe de l'vn ou de l'autre. Nous rendons toutes chofes bonnes ou mauuaifes par

l'vsage, nous faisons deuenir les richesses
mauuaises, quãd nous nous en seruons pour
executer de mauuaises passions, nous faisons
deuenir la pauureté bonne, quand nous l'ac-
compagnons de frugalité & patience : nous
faisons l'aise & le repos miserable, quãd nous
en deuenons fetards & paresseux : nous rendons le trauail & la peine douce, quand nous
acquerons de l'honneur à bien seruir nostre
païs. Prenons donc toutes choses cõme nous
deuons, & nous trouuerons que nous tire-
rons de la commodité de tout. Car il n'y a
accident au monde qui nous puisse arriuer,
auquel la nature n'ait preparé vne habitude
en nous pour le receuoir, & le tourner à nostre contentement. Donques en tout ce qui
a accoustumé de nous affliger, considerons
deux choses, l'vne la nature de ce qui nous
arriue, l'autre la nature de ce qui est en nous.
Par ce moyen vsans des choses selon la nature, nous n'en receurons aucune fascherie. La
fascherie estãt vne maladie de l'ame, est contraire à la nature, nous ne deuons donc point
permettre qu'elle entre chez nous. Ce qui
nous offése plus, c'est la nouueauté de ce qui
nous arriue. Nous le voyons clairement, en
ce que les choses les plus fascheuses, se rendent douces par l'accoustumãce. Les forçats
pleurét quãd ils entrét en galere, au bout de

troismois ils y chantent : ceux qui n'ont pas
accouſtumé la mer, palliſſẽt meſmes en tẽps
calme, quand on leue l'ancre, & les mattelots
rient durãt la tẽpeſte. L'accouſtumãce donc
y fait tout. Mais ce que l'accouſtumance apporte au vulgaire, la meditation l'apporte au
Philoſophe. Car à force de péſer aux choſes,
elle les luy rẽd familieres & ordinaires. Conſiderons donques exàctement la nature de
toutes les choſes qui nous peuuẽt faſcher, &
nous repreſentons ce qui nous y peut árriuer
de plus ennuyeux & inſupportable, cõme les
maladies, la pauureté, le bãniſſemẽt, les iniures, & examinons en tout cela ce qui eſt ſelon
la nature, ou de cõtraire à elle. Noſtre corps
eſt malade : ce n'eſt pas nous qui ſommes of-
fenſez, mais noſtre corps : car l'offenſe diminue de l'excellence & de la perfection de la
choſe, & la maladie peut donner ſujet & occaſion à vne patience, & tolerance loüable
plus beaucoup que la ſanté. Où il y a plus
d'occaſion de loüange, y a-il moins de bien?
d'autãt que l'eſprit eſt plus que le corps, d'autant les biens de l'vn ſont-ils auſſi plus grands
que ceux de l'autre. Si le corps eſt l'inſtrumẽt
de l'eſprit, qui ſe plaindra quãd l'inſtrument
s'vſera en ſeruãt celuy à qui il eſt deſtiné? Noſtre corps eſt malade, ce n'eſt riẽ de nouueau,
puis qu'il eſt cõpoſé, il eſt ſujet à eſtre alteré.

Ouï, mais la douleur des maladies se fait sentir, & nous fait crier malgré que no° en ayôs.
Elle se fait sentir, ie le côfesse, mais sentir au
corps. Elle nous fait crier, si nous voulons. La
douleur n'est intolerable que pour ceux qui
le pensent, il y en a qui la supportent en ses
pointes les plus aiguës. Possidonius discourant en la presence de Pôpee, estoit fort per-
secuté des gouttes, côme elles le pressoient le
plus fort, tu as beau faire, dit il, douleur, ie ne
confesseray iamais que tu sois mal, & pour-
suiuit son discours, sans faire aucune mine
de la sentir. Ie vous prie dictes moy quels
nouueaux remedes auoit trouué ce Philoso-
phe-là contre la douleur ? quels cataplasmes
contre les gouttes ? quels vnguents ? la cognoissance des choses, la resolution de l'esprit. Il s'estoit bien proposé, que le corps est
fait pour seruir à l'ame, & que si l'ame s'affli-
geoit pour ce qui arriue au corps, elle serui-
roit au corps. Si elle ne se doit point affliger
de ce qui arriue au corps, combien moins de
ce qui arriue en nos biens ? Car la perte des
biens est beaucoup moins sensible que celle
de la santé. L'vn & l'autre est hors de nous,
mais le corps en est plus pres que les biens.
L'homme vient nud & s'en retourne nud
de ce monde : peut-il dire quelque chose vrayement sienne de ce qu'il n'apporte ny
n'emporte

n’emporte auec foy ? Les biens de la terre
font comme les meubles d’vne hoſtellerie,
dont nous ne nous deuons foucier, que tant
que nous y fommes. Ouy, mais me dira quelqu’vn, les perdant, ie mourray de faim. Si ce
fouci que vous en auez vous doit troubler
l’efprit, il vous feroit plus defirable de mourir de faim auec vne ame tranquille, que viure riche en tourmét & inquietude. Il vous
faut faire eſtat, que les pertes que vous fai-
ĉtes, c’eſt le prix du repos & contentement
de voſtre efprit. Si vous les employez là, vous
ne les perdez pas. Si vous ne les y employez,
vous perdez & les biens & l’efprit tout enfemble. Voulez-vous fçauoir, combien ces
playes-là font aifees à guerir? voyez les cica-
trices des femblables qu’ont receu & foudé-
tant de grands & genereux perfonnages, qui
fe font rit de telles pertes, & qui en ont mefmes remercié Dieu. Oyez Zenon, qui difoit
que le iour qu’il fiſt naufrage, il eut les vents
merueilleufement fauorables: car ils le iette-
rent au port de la philofophie, où il paſſa le
reſte de fa vie doucement & tranquillement
à l’abri des tempeſtes ciuiles, à couuert de
mille cuifans ennuis, qui tourmentent ceux
qui font enueloppez aux affaires. Sçauez
vous comme les pertes nous feront bien aifees à endurer? accouſtumons nous à n’aimer

les choſes que pour ce qu'elles ſont. Si nous aimons vne eſcuelle de terre aimons la comme telle , & qui ſe peut caſſer , quãd elle viédra à ſe caſſer, nous n'en ſerons plus faſchez. raſſõs des plus petites auxpl⁹grãdes, des plus viles au plus cheres , & en faiſons autant. Si nous aimons nos enfans, aimons les comme hommes, c'eſt à dire ſujeꝯs à la mort, & quãd ils viédrõt à mourir, nous ne nous en eſtonnerons, ny ne nous en faſcherons point. L'opinion nous tourmente plus beaucoup que la choſe meſmes, & l'opiniõ ſe forme fort par les termes dont nous vſons és accidens qui nous ſuruiennent : car nous appellons vne choſe par le nom d'vne autre , nous nous l'imaginõs ſemblable à ceſte autre là, & l'image & idee en demeure telle en noſtre eſprit. Adouciſſons donques les termes le plus que no⁹ pourrõs. Pour ce ſi vn de nos enfãs viét à mourir, ne diſõs pas, i'ay perduvn de mes enfans, mais ie l'ay rendu à Dieu, qui me l'auoit preſté. Si nous perdõs de nos autres biés, diſons en autãt. Que s'il vous ſuruient quelque deſpit en l'eſprit de ce qu'vn meſchant vous aura oſté vos biens, dittes incontinét envous meſmes, que me chaut il par quí Dieu reprene ce qu'il m'auoit preſté ? Au reſte ſouuenez vous quel iugement vous faiſiez de ſemblables pertes que celles que vous faites quand elles ſont arriuees à d'autres , & conſiderez

cōbiē vous en esticz peu esmeus, cōme mesmes vous blasmiez & mesprisiez leurs plaintes. Pensez que le iugement que vous auez
fait d'eux est vn preiugé contre vous, lequel
vous ne pouuez refuser. Ce que nous iugeōs
en la cause d'autruy, est tousiours plus iuste
que ce que nous iugeōs en la nostre. Si le gar-
çō de nostre voisīn luy casse vn verre, & bien
vo⁹ dites, voila vn verre cassé. Si sō fils meurt
& biē il estoit mortel, que n'en dites vous au-
tāt du vostre sans crier, tempester, accuser les
Dieux & les hōmes, d'vne chose qui est ordinaire? Ce que vous auez preueu vous arriue,
pourquoy vous en estōnez-vous? Il me semble quant à moy que si nous sōmes aussi pre-
uoyās que nous deuons, & pouuons estre, que
nous ne nous estonnerons de rien, mais principalement de ce que nous appellōs iniures.
Car representons nous quels ont esté, quels
sont, & quels doiuēt estre les meurs & les humeurs des personnes auec lesquelles il nous
faut conuerser au mōde, & nous nous resou-
drōs, ce me semble, bien tost à beaucoup endurer de leur indiscretion. Le commun
des hommes en est là, il prend plaisir à mal-
faire, & ne mesure sa puissance que par le desdain & l'iniure d'autrui. Tant peu il y en a qui
prennent plaisir à biē faire. Faisons donques
estat que de quelque costé que nous nous

tournons, nous trouuerons qui nous offenfe-
ra, par tout où nous trouuerons des hommes
nous y trouuerons des iniures. Mais faifons
qu’elles ne nous furprennent point, tenons
nous en garde contre elles, regardons les venir. En quelque lieu que nous aillós, quelque
chofe que nous entrepreniós, confiderós auparauãt comme nous y deuós eftre traittez.
Voulons nous aller aux eftude s? propofons-
no⁹ tout ce qui s’y fait, l’vn crie, l’autre pouffe, l’autre iette de l’eau à fes cõpagnons, l’autre defrobe vn mãteau: fi nous auõs bien preu-
ueu cela, lors qu’il no⁹ arriuera, nous ne nous
en ferõs que rire. Si no⁹ allõs vifiter vn grãd,
& que nous nous imaginions qu’il nous fera attendre à fa porte, que quãd nous pëferõs
entrer, on nous fermera l’huis au nez, que no⁹
le trouuerons empefché, qu’il ne voudra pas
parler à nous, ou qu’il nous fera mauuaife mine, quand cela nous arriuera, nous n’en ferons ny eftonnez ny efmeus. Il y a encore vne
autre chofe qui adoucit fort les offenfes.
C’eft quãd nous excufons nous mefmes ceux
qui nous les ont faites, & que nous prefumõs
qu’ils en ont eu quelque occafion. Par exẽple, fi vous appellez voftre valet, & qu’il ne
vous refponde pas, penfez qu’il ne vous a pas
entẽdu. Il n’a pas efté où vous luy auez com-
mandé, eftimez qu’il n’a pas eu le loifir, & ain-

si des autres. Mais principalemēt deuōs nous
en matiere d'iniures, nous seruir de la cōmo-
dité qu'elles nous presentēt:car cōme iln'y a
sorte d'herbe pour veneneuse qu'elle soit, laquelle temperee & appliquee à propos, n'ait
quelque salutaire vsage, ainsi en est-il des iniures. Nous en tirons pour le moins du profit en deux sortes:l'vne,qu'elles nous font cognoistre ceux qui nous les font , pour les
fuir vne autre fois:l'autre qu'elles nous monstrent nostre infirmité,&l'endroit par lequel
nous sommes batables, à fin de le remparer.
Tellement que quád vous verrez vn homme
qui mesdira de vous, concluez c'est vn hōme
malin,il ne faut pas que ie me fie en luy.Puis
examinez s'il dict vray , ou en tout ou en
partie,& amédez le defaut qui est en vous, à
fin qu'vn autre n'ait subject de vous en dire
autát ou plus. Quelle plus belle vengeance
peut on prendre de ses ennemis, que de profiter de leurs iniures. Mais la derniere defen-
se,& le plus fort rempart, que nous puissions
auoir contre tels accidents,c'est ceste resolution là , Que nous ne pouuons receuoir mal
que de nous mesmes : si nostre raison est telle qu'elle doit estre,nous sommes inuulnera-
bles. Et pour ce nous dirons tousiours auec
Socrates : Anitus & Melitus me peuuent
bien faire mourir, mais ils ne sçauroient me

mal-faite. Celuy qui sera preparé contre
les iniures des hommes, le sera aussi côtre le
bannissemét: car ordinairemét arriue-il aux
honnestes gens par l'iniure des hômes. Mais
pource que c'est vne apparéce de mal dôt l'o-
piniô est ône fort nos esprits, & s'en sert pour
en tirer ceste aigreur de facherie & de tristesse, contemplons le à part, & voyons si de pres
il est aussi fascheux comme il semble de loin.
Qui nous a appris que nous soyons naiz pour
demeurer en vn lieu ? quel plus grand des-
plaisir nous pourroit - on faire, que de nous y
confiner ? Voyez par toutes les villes du
monde, contez des habitãs qui y demeurent
combien il y en a qui soient naturels, & vous
trouuerez que la plus part de hommes sont
volontairement bannis de leur païs: toute
terre est païs à l'homme sage, ouplustost, nulle terre ne luy est païs. Son païs est le ciel où
il aspire, passant icy bas seulement comme
par vn pelerinage, & s'arrestant aux villes &
aux prouinces côme en deshostelleries. Aus-
sine voyôs nous de la terre que dix ou douze
lieux d'vne veuë; mais la face de ce grãd ciel
paré de tant de beaux astres, se monstre tous-
jours à nous, & à fin que nous le puissiôs tout
voir, tourne côtinuellemét au tour de nous.
Pourquoy faut il donques auoir tãt de regret
à perdre le lieu où nous sommes nez? Il estoit
en la puissance de nostre mere d'aller accou-

cher aütre part, & nous faire cháger de pais.
C'eſt rencõtre que nous naiſſiõs ça ou là, &
partãt il n'en faut pas tãt faire de cas. Põpee
voyant la laſcheté de courage des Romains
qui eſtoiét auec luy au camp de Pharſale, qui
retournoiét les yeux & la penſee vers la ville
de Rome,& regrettoient leurs maiſons, ſou-
ſpirãt comme bannis de leur pais, Mes amis,
diƐ-il, le païs des gens de bien eſt où eſt leur
liberté. Rutilius le mõſtra bié à Sylla. Eſtant
r'appellé d'exil, il ne voulut iamais reuenir à
Rome, & aima mieux porter le deſert & la
ſolitude d'vne iſle, que la face d'vn tyrã en ſa
ville. Toute terre nourrit les hommes, toute
terre leur porte des parés: car la nature no' a
tous cõjoints de sãg & de charité, toute terre
porte des amis à la vertu, car elle ſe les concilie elle-meſme. Qu'auons nous dõques à regretter, au chágemét de noſtre demeure? Le
meſme ciel, les meſmes elemés nous demeurent. Si nous ne perdons le courage, l'exil ne
nous fait rien perdre. Si vous vous pouuiez
reſoudre à ce que ie vous ay propoſé , pour
euiter ces premieres paſſiõs là, ce ſeroit aſſés,
& ie n'aurois beſoing d'employer d'auãtage
de diſçours pour vous preparer cõtre les autres. Car ſi vo' ne receuiez iamais en vo' celles qui naiſſét en la partie cõcupiſcible del'a-
me, vo' ne ſeriez iamais atteís de celles qui ſe

forméet en l'irafcible. D'autant que celles-cy
qui font l'efperance & le defefpoir, la peur
& la colere, ne s'efleuent & ne fe remuënt en
noftre cœur, qu'apres que le defir & la fafcherie fe font formez en nous. Côme les premiers dôt nous auons parlé, naiffent par l'ap-
plication de l'objeêt, & de l'opinîon que nous
auons qu'il nous foit fauorable ou contraire:
ces fecôdes-cy viennent de la côfideratiô &
recherche que fait noftre ame des moyens
qu'elle a d'obtenir ou euiter ce qu'elle defire
ou fuit. Ce n'eft quafi qu'vn mouuemênt de
l'ame hors de foy, qui fe faiêt par le redouble-
mét de la premiere paffiô. Et pource comme
vn feu plus allumé elles sôt plusdifficiles à e-
fteindre: car elles gaignét incontinêt la plus
grande partie de l'ame, & donnent le bran-
fle à fes plus fortes puiffances. Or pour nous
en garder, cognoiffons les toutes par leur
nom & par les liurees qu'elles portêt, qui sôt
de tres-fafcheux accidens. Car la premiere
qui eft l'efperáce, allumãt de fon doux vent
nos fols defirs, embrafe en nos efprits vn feu
plein d'vne epeffe fumee, qui nous efbloüit
l'entendement, & emportant auec foy, nos
penfees, les tiennent penduës entre les nuës,
nous ofte tout iugement, & nous fait fonger
en veillant. Tant que nos efperáces durent,
nous ne voulons point quitter nos defirs.
Au contraire quand le defefpoir s'eft logé

chez nous, il tourméte tellemét noſtre ame
de l'opinió de ne pouuoir obtenir ce que no²
deſirons, qu'ilfaut que tout luy cede, & que
pour lamour de ce que nous penſons ne pouuoir obtenir, no² perdiõs tout le reſte. Ceſte
paſſion eſt ſemblable aux petits enfans, qui
par deſpit de ce que lon leur oſte vn de leurs
iouets,iettêt les autres dans le feu;elle ſe faſ-
che contre ſoymeſme,& exige de ſoy la peine
de ſon mal-heur. Le moyen de ſe garantir
de telles paſſions, c'eſt d'arreſter nos deſirs à
leur premiere naiſſance, s'ils ſont mauuais,
ne permettre pas qu'ils prennent plus gráde
eſcourſe. S'ils ſont des choſes bonnes,les té-
perer,& faire paſſer en vne douce & paiſible
affectió,ſans attendre de l'aduenir plus de faueur que la nature de la choſe,& l'inconſtáce
de la fortune ne permet:balançans touſiours
ce que nous eſperons auec ce que nous pouuõs craindre. Car le ſage ne doit non plus
viure en eſperance qu'en crainte : il ne doit
point mettre en la puiſſance de l'euenement
de rien oſter ny adiouſter à ſa fecilité. De
meſmes ne doit-il ſe deſperer de rien, tant
pour ce que ſes deſirs ſe doiuent borner par
ſa puiſſance, que pour ce que l'incertitude
des choſes releue auſſi bien les deſperees,
comme elle renuerſe les eſperees. Quant à
la peur, qui eſt vn trouble violent , par le-

quel l'ame effrayee se retire en soy-mesme, &
se debat, pour ne voir le moyen d'euiter le
dáger qui se presente, elle est fort dangereuse. Car outre le grãd descouragemét qu'elle
apporte, elle nous saisit d'vn tel estonnemét,
qu'il ne se trouue plus de discours en nous,
voire mesmes plus de sens. Nous auons les
yeux ouuerts, & ne voyõs pas: on parle à nous,
& nous n'escoutõs pas: nous voulons fuïr, &
nous ne pouuõs marcher. Elle nous arriue, à
la verité, de quelque disposition de la nature,
mais la delicate nourriture y fait beaucoup:
car pour n'auoir de ieunesse esté nourris à la
peine, & au trauail, nous apprehendons des
choses où il n'y a aucune raison. Pour nous
armer donc contre elles, il nous faut recourir à la prudence, & par son moyen recognoistre la nature des choses, où no⁹ ne trouuerons rien qui nous doiue tant estonner.
Car leuõs leur le masque de l'opiniõ, nous y
trouuerons la nature toute pure, qui nous est
amie. Auec cela il nous faut de longue main
accoustumer à ce que nous peut plus espou-
uanter, nous representer les dangers les plus
effroyables, où no⁹ pouuõs tõber, & de gayeté de cœur tenter quelque fois les hazards
pour y essayer nostre courage Deuancer ces
mauuaises aduãtures, c'est saisir les armes de
la fortune. Il nous est bien plus aisé de luy

refifter,quand nous l'affaillõs que quãd nous
nous defendõs d'elle , nous auons lors loifir
de nous armer, nous prenons nos aduanta-
ges, nous pouruoyons à la retraicte : où quãd
elle no' affaut,elle nous furpréd & nous choi-
fift comme elle veut. Il faut donques en l'af-
faillãt,que nous apprenions à nous defendre,
& que fouuent nous nous dõniõs de fauces
allarmes,que nous nous propofiõs les dãgers
qu'ont paffé les grãs perfonnages, que nous
nous fouuenions comme les vns ont euité les
plus grans, pour ne s'en eftre point eftonné;
les autres fe sõt perdus és moindres pour ne
s'y eftre pas bien refolus. Mais fur tout nous
faut il difpofer à ne point apprehender la
mort,& ne nous point effrayer quand elle fe
prefente. Car ceft là l'object ordinaire qui
nous trouble l'entendemét, nous fait perdre
tout iugemét, nous fait abandonner tout office, & tout deuoir,& fait que nous nous ou-
bliõs no' -mefmes. O que fi no' pouuõs gaigner ce point là fur nous,que la mort mefme
ne nous eftonne point,que nous ferons heureux! En ce point plus qu'en toute autre chofe, l'opinion fe bande contre la raifon, & nous
la veut effacer auec le mafque de la mort.
Combien qu'il n'y en ait qu'vne au monde, elle nous en peint d'infinies façons. La
mort,croyez, n'a rien defpouuentable: mais

nous auons enuoyé de lasches & poureux
espions pour la recognoiftre, ils ne nous en
rapportent pas ce qu'ils en ont veu, mais ce
qu'ils en ont oüi dire,&ce qu'ils en craignēt.
Nous no us en fions au vulgaire incōfideré,
qui nous dit que c'eft vn grand mal , & de-
croïons la philofophiequi nous enfeigne que
c'eft le port de la vie. Croïons en Socrates,&
nous ne la craindrons plus, croïons en Catō,
& nous irons au deuāt d'elle; croyōs en Arria
fēme de Petus, mourant pour tenircōpagnie
à fon mary , & ne point feparer leurs amours
liez enfemble par vne fi fainɗe & fi chafte
foudure, apres s'eftre ouuert le fein du premier coup de pognal,elle dit, Petus il ne m'a
point fait de douleur:elle dit à qui bien l'en-
tēd que la mort n'eft point vn mal , mais la
fin de to'maux à qui elle arriue. Cōme feroit
elle mal , puis qu'elle eft naturelle, cōme feroit elle facheufe puis qu'elle eft cōmune?Le
mefpris de la mort eft la vraye & viue fource
de toutes les belles & genereufes aɗions des
hommes. De là font deriuez les braues & libres parolles de la vertu , prononceant fes
fentēces par lavoix de tant de genereux perfonnages. C'eft l'efprit qui animoit Demetrius quād il fit refpōce à Neron,qui le mena-
çoit de le faire mourir,La nature t'enfera bié
autāt.C'eft le fondement de cefte inuincible

resolution d'Heluidius Priscus contre Vaspa-
sié. Vaspasien luy mãda qu'il ne vint point au
Senat, il luy fist respõce qu'il estoit en sa puissãce l'oster du nõbre des senateurs: mais que
tant qu'il en seroit, il iroit au Senat. Il luy re-
manda qu'il se trouuast donc au Senat, mais
qu'il se teust. Il luy fist responce, que lon ne
luy demãdast dõc point son aduis. Ouy, mais
dit-il, il faut par honneur que ie te le demande. Il faut dõc respondit Heluidius, que ie die
aussi ce que ma conscience me commãde. Si
tu le dis, ie te feray mourir. Vous ay-ie iamais
dit, respõdit-il, que ie fusse immortel? Vous
ferez ce que vous voudrez, & moy ce que ie
deuray. Il est en vous de me faire mourir, &
en moy de mourir constãmēt. O courageuse
voix digne d'estre ouïe de tous ceux qui doiuent defendre la iustice & la raison cõtre la
violence & la force! O viue image de cõstan-
ce, que vous estes vn braue & signalé exẽple
à tous ceux à qui vous paruiendrez! Ceux
qui seproposerõt à imiter la vie de tels person
nages, n'aurõt iamais le cœur saisi d'appre-
hẽsiõ, ains auec vn esprit indomtable cour-
rõt au trauers des flãmes, à la vertu & à la gloire. Mais fuïãt la peur, nous deuõs bié prẽdre
garde de ne pas tumber en la colere, laquelle
luy est cõme opposee & tient l'autre extremi-
té: car au lieu que la peur nous retire tout en

nous mefmes , la colere nous pouffe entierement hors de nous,& cherchant le moyen
de repouffer le mal qui no⁹ menace, ou nous
a defja atteint, fait bouïllir le fang en noftre cœur , & leue de furieufes vapeurs en
noftre efprit, qui nous aueuglēt & nous pre-
cipitent à tout ce qui peut contenter le defir
que nous auons de nous venger. Ce qui nous
chatouïlle plus en cette paffiõ , c'eft qu'il sē-
ble qu'elle foit iufte & qu'elle s'excufe fur la
malice d'autruy. Toutefois nous ne la deuõs
iamais receuoir. Car dõner à la colere la cor-
rectiõ de l'offence, ce feroit corriger le vice
par foy-mefme. La raifon qui doit commander en nous, ne veut point de ces officiers là,
qui font tout de leur tefte, fans attendre fon
ordonnãce. La violéce ne luy eft pas propre,
elle veut tout faire par cõpas, cõme la natu-
re.Elle eftime que ces mouuemés-là fi violés
ne procedent que de la foibeffe d'efprit de
ceux, aufquels ils arriuent, qui font comme
les petits enfans,& les vieillards qui courent
quand ils penfent cheminer. Mais quoy,me
direz vous, la vertu vera-elle l'infolence du
vice sãs s'en defpiter?luy laifferez-vous fi peu
de liberté qu'elle ne f'ofe courroucer contre
les mefchans? La vertu ne veut point de liberté indecéte , il ne faut pas qu'elle tourne
sõcourage contrefoy,ny que le mal d'autruy

la puisse troubler. Le sage doit aussi bien
supporter les vices des meschāts sans colere,
que leur prosperité sās enuie. Il faut qu'il endure les inconsideratiōs des temeraires auec
la mesme patience, que le medecin fait les
iniures du phrenetique. Il n'y a pas vne plus
grāde sagesse ni plus vtile au mōde, que d'endurer la folie d'autruy. Car autremēt il nous
arriue que pour ne la pas vouloir endurer,
nous la faisōs nostre, &en receuōs beaucoup
d'incōmodité. Nous en perdōs premieremēt
le iugement, puis nous nous offensons nous
mesmes, & precipitez par la colere nous no*
iettons au mal que nous fuyōs. Ceste passion
ressemble proprement aux grandes ruines
qui se rompent sur ce sur quoy elles tombēt.
Elle desire si violemment le mal d'autruy,
qu'elle ne prend pas garde à euiter le sien.
Outre qu'elle est inconsideree, elle est ordinairement iniuste, & pour dire vray, l'offence & la vengeance, n'est qu'vn mesme
peché, qui a diuerses excuses. L'vn & l'autre a vne mesme fin, qui est nuire à autruy.
Prenons donc soigneusement garde de ne
la laisser esleuer en nostre ame. Et pour ce
si tost que quelque chose nous piquera, dō-
nons nous loisir d'y penser. Car si nous pouuōs vne fois discourir, nous arresterons aisément le cours de ceste fieure d'esprit. Puis
considerons les actions des personnes cole-

res. Regardōs comme elles sont mal-séātes.
Songeons au contraire, combien la douceur
& clemence ont de grace, comme elles sont
agreables aux auttes, & vtiles à nous mefmes. C'est l'aimant qui tire à nous le cœur
& la volonté des hōmes. Accouftumōs nous
dōc à pardōner à tout le mōde. Que la grandeur de l'iniure ne nous retiéne point, au cō-
traire estimons, que plus elle est grande, plus
est elle digne d'estre pardōnee, & que plus la
vengeāce en seroit iuste, pl'la cleméce en est
loüable. Sur tout ceux que la fortune a colloquez envn haut degré d'honneur, doiuent
prendre garde, d'auoir les mouuements plus
remis & temperez : car comme leurs actions
sont de pl' d'importāce, aussi leurs fautes sōt
elles plus difficiles à reparer. Le ciel leur pre-
séte tous les iours vn exmple , & enseigne-
mét de fuir toute precipitatiō, leur monftrāt
que Saturne qui est le pl' haut des planettes,
va le plus lētemét. Ils difét aussi que Iuppiter
peut bien luy seul darder les foudres fauorables, & de bon augure, mais quand il est queftion de lācer les inuifibles & végeurs, il ne le
peut faire sans le confeil & affiftāce de douze
dieux. C'est grand cas que le plus grand des
dieux qui peut de luy-mesmes bié faire à tout
mōde, ne peut nuire à personne qu'apres vne
solennelle deliberation. La fageffe de Iuppiter

piter craint mefme de faillir, quád il eſt queſtion de ſe venger: il luy faut du conſeil qui le
retienne. Quand nous nous ſentirons donc
eſmeus de ceſte paſſion, recourós à nos amis,
& meuriſſós nos coleres entre leurs diſcours.
Car tant que nous ſommes eſmeus nous ne
pouuons rien faire à propos. La raiſon ne
nous ſert non plus entre les paſſions, que les
aiſles aux oiſeaux engluez par les pieds, c'eſt
pourquoy ſi nous voulons rendre noſtre ame
capable de belles & bien-ſeantes actions, il la
faut eſleuer de terre & la mettre en vn eſtat
paiſible & tranquille. Il la faut códuire à vne
diſpoſition ſemblable à ceſte plus haute partie de l'air, qui n'eſt iamais offuſquee des
nuees, ny agitee des tonnerres: mais à vne ſe-
renité perpetuelle. Il faut qu'elle ne ſoit iamais obſcurcie par la triſteſſe, ny eſmeuë par
la colere. Quand vne fois elle eſt conduitte
à ce point, il eſt fort aiſé de reigler ſes autres
actions & les mener à leur fin. Car lors elle
chemine pas à pas apres la nature, & ſe lie
par vne douce & temperee affection, aux autres parties du monde, deſquelles l'homme
eſt comme le neud, qui aſſemble les celeſtes
auec les terreſtres. Les effects de ceſt affectió
temperee de l'homme enuers les autres choſes du monde s'appellent offices: comme qui
diroit le deuoir & la façon dont il s'y doit có-

potter. Pour reigler ce deuoir & nous en enſeigner l'vſage, nous ne pouuons auoir vn meillcur maiſtre que la nature meſmes; laquelle a eſtably vn ordre & diſpoſition par tout, par lequel elle a ſouſmis les choſes les vnes aux autres, les enchaiſnát toutes enſemble par la liaiſõ du reſpect qu'elles ſe doiuẽt, lequel elle a graué ſur le front de chacune, comme les Princes font leurs faces ſur leurs mõnoyes, pour monſtrer qu'elles ſont du titre & loy qu'elles doiuẽt eſtre. Conſiderons dõc en chaſque choſe l'ordre de la nature, & nous trouuerõs incontinẽt de quel prix elle eſt, & pour cõbien nous la deuons prédre, & ce que nous luy deuõs de retour. Le biẽ eſtãt l'object de la volonté de l'hõme, où il eſt plus pur & plus entier, là doit-elle eſtre plus eſmeuë. Dõques la premiere & plus ferme affectiõ doit eſtre celle qui le lie auec l'autheur & principe de tout bien, ceſte affection eſt la pieté: par elle l'homme ſe reünit & conſolide à ſa premiere cauſe, comme à ſa racine, en laquelle tant qu'il demeure ferme & fiché il conſerue ſa perfection, au contraire quand il s'en ſepare, il ſeiche auſſi toſt ſur le pied. Le principal effet de la pieté, eſt de nous apprendre à cognoiſtre Dieu: car de la cognoiſſance des choſes procede l'honneur que nous leur portons. Il faut donques premierement que nous croyons qu'il eſt, qu'il a creé le monde

par ſa puiſſance, bôté & ſageſſe, que par elles
meſmes il le gouuerne, que ſa prouidence
veille ſur toutes choſes, voire les plus petites. Que tout ce qu'il nous enuoye eſt pour
noſtre bien, & que noſtre mal ne viét que de
nous. Car ſi nous eſtimons mal les fortunes
qu'il nous enuoye, nous blaſphemerós côtre
luy. Pource que naturellement nous hono-
rons qui bien nous faiɛ̃t, & haïſſons qui nous
faiɛ̃t mal. Il nous faut donc reſoudre de luy
obeïr, & prédre en gré tout ce qui vient de ſa
main. Sa cognoiſſance eſtant tres-parfaiɛ̃te,
ſa puiſſance tres-immenſe, ſa volonté tres-
charitable, que reſte-il à conclure ſinon qu'il
ne nous enuoye rien qui ne téde à noſtre biél
Et ores que nous ne comprenions pas quelquefois, le bien que nous deuons receuoir
de ce qu'il nous enuoye, ſi en deuons nous
touſiours eſperer, & eſtimer que côme ſouuent le medecin faiɛ̃t beaucoup de choſes
pour la ſanté du corps, qui ſemblent au commencement luy nuire, (comme quand il pic-
que l'œil pour faire voir celuy qui a perdu la
veuë:) ainſi Dieu en la conduitte de noſtre
vie nous ſauue par des moyens qui nous
ſemblent faſcheux & nuiſibles, & ſouuent
penetre noſtre cœur de poignátes afflictiõs,
pour rendre à noſtre eſprit ſa clarté. Sous
ceſte aſſeurançe, nous deuons nous com-

mettre & fous-mettre à luy, recognoiſſans
que nous ſommes entrez en ce monde non
pour commander, mais pour obeir: que nous
y auons trouué les loix toutes faites, leſquelles il faut ſuiure. Et pource deuons-nous
touſiours auoir en la bouche, comme vn enſeignement de ſage obeiſſance à l'ordonnance de Dieu, ces beaux vers de Clean-
thes:

Mon Dieu conduiſez-moy par la voye ordōnée
Ie ſuiuray volontiers, de peur qu'vn fort lien
Ne m'entraiſne meſchant, où en homme de bien
Ie pourrois arriuer ſuiuant la deſtinee.

Au reſte il ne luy faut dreſſer nos vœux ny
nos prieres, que pour obtenir de luy ce qu'il
a ordonné. Car demander quelque choſe
contre ſa prouidence, c'eſt vouloir corrompre le iuge, & le gouuerneur du monde. La
priere la plus agreable pour luy, & plus vtile pour nous, que nous luy puiſſiōs faire, c'eſt
qu'il contiéne nos affectiōs pures & ſainctes,
& qu'il preſide à noſtre volonté, à fin qu'elle
s'addreſſe touſiours au bien. Les ſacrifices
qu'il nous demande ſont vne vie innocente.
Il ne deſire pas nos biens, mais ſeulement
que nous nous rendions dignes des ſiens. Il
n'y a ſi petite offrande qui ne luy aggree preſentee par des mains pures & innocentes, il
n'y a ſi riche ny ſi ſomptueux ſacrifice, qui ne

luy defplaife quand il part de mains pollués
& contaminees. Apollon interrogé comme
luy auoit pleu le facrifice des cêt bœufs, que
lon luy auoit fait, fift refponfe,

D'Hermion m'a pleu la farine,
Qu'il m'a offert en fa terrine.

Comme fil euft dit, l'homme fage eft le
vray & feul facrificateur du grand Dieu, fon
efprit eft fon temple, fon ame en eft fon image, fes affections font fes offrandes, fon plus
grand & plus folennel facrifice, eft quand
vous l'imitez. Nõ qu'il ne faille obferuer les
ceremonies accouftumees au païs, auec vne
honnefte moderation, fans luxe & fans auarice, mais auec cefte opinion que Dieu veut
eftre feruy de l'efprit. Et pource nous dirons
pour conclurre ce propos, que la plus faincte
façon dont nous le puiffions honorer, & feruir, c'eft qu'apres que nous l'aurons orné de
tous les noms, de toutes les loüanges les plus
magnifiques, & les plus excellentes, que noftre efprit fe peut imaginer, nous tenions
pour conftant, & confeffions publiquemét,
que nous ne luy auons encores rien prefenté
digne de luy, mais que la faute en eft en noftre impuiffance, & infirmité, qui ne peut rié
conceuoir de plus haut. De l'honneur que
nous deuons à Dieu, defpend l'opinion que
nous deuons auoir qu'il eft prefent à toutes

nos actions, soit que nous soyons deuant luy,
soit que nous soyons auec les hommes. Pour
ce nous faut-il parler à luy comme les hommes nous oyans, & viure auec les hommes,
comme Dieu nous voyant. Mais sur tout deuons nous estre fort religieux, quand nous
l'appellons à tesmoing de la verité. Car l'obseruation du serment est la principale partie
de la pieté. Le serment n'est autre chose, que
l'image de ceste loy vniuerselle emanee de la
bonté de Dieu, pour contenir toutes les parties du monde en leur lieu, & les faire estre ce
qu'ils doiuent. C'est vn lien qui conioint les
hômes de volonté, c'est le garde & tuteur de
la constâce & verité, c'est comme le neud de
la societé ciuile, qui est reserré, & raffermy
par la reuerence du nom de Dieu tout puissant, lequel preside aux actions des hômes.
Ce sera bien à la verité le meilleur si vous
pouuez par le tesmoignage d'vne pure &
saincte vie acquerir tât de creâce, que vostre
parole asseure ceux à qui vous auez affaire, de
ne point vser de sermét : mais si vous ne vous
en pouuez exempter, si deuez vous prendre
garde d'en vser sobrement & le plus raremét
que vous pourrez. Car le trop frequét vsage
de quelque chose que ce soit, en apporte le
mespris. En tout cas gardez bien de vous en
seruir à autre fin que pour asseurer la verité,

vous réprefentant que Dieu eft affis là haut, comme protecteur des hômes fideles,&ven-geur des parjures. Or de l'hôneur deu à Dieu, premiere caufe de tout, il faut defcédre à ce-luy des puiffances celeftes, ordónces par luy pour le gouuernement du monde, efquelles il faut recognoiftre vne excellence & con-stance de vertu, & en leur perfection admi-rer la grandeur de leur createur, & honorer leur miniftere, qui eft employé à la conferua-tion, & protection des hommes. De là nous defcendons à la reuérence que nous deuons à ceux, par le moyen defquels, comme de ca-naux choifis de Dieu, nous paffons en ce mô-de. En ceft endroit nous trouuons la patrie toute la premiere, qui fous vn nom feint & compofé, comprend vne vraye & naturelle charité. Nous luy deuons par raifon plus d'affection qu'à tout le refte des chofes de ce bas monde. Pour ce qu'elle enueloppe en foit tout le refte, & contient en fon falut tout ce que nous aimons & cheriffons, & au contraire auec elle tout le refte fe perd. De cefte genereufe affection font forties tant de belles actions & fi glorieufes, de ceux qui ont employé leur vie pour la conferua-tion de leur païs, de ceux qui ont oublié leurs propres iniures de peur de les venger aux defpens du public, de ceux qui ont vo-

lontairement choifi vne dure & miferable
vie pour mettre leur païs en repos. Repre-
fentez-vous donc tous les iours que voftre
païs qui vous a mis en ce monde, & vous y a
conferué, vous redemáde les droicts de pieté, exige de vous le deuoir d'vn bon & fidele
citoyen, & vous y coniure par la terre de voftre naiffance, par les loix de voftre ville, par
la foy de la focieté ciuile, par le falut de vos
peres, de vos enfás, de vos amis, de vous mefmes. Ayez donc foing de voftre païs plus que
de tout le refte du monde, ne preforez iamais
voftre profit particulier à fon bien, & pour
euiter le mal qui vous menace, ne le reiettez
point fur luy. Le païs ferui de ce que vous luy
deuez, les peres & meres doiuét fuiure apres.
Car Dieu les ayãt choifi pour par leur moyé
vous difpenfer & departir la vie, comme il
les a aucunement rendus participans de fa
vertu, auffi a-il voulu qu'ils fuffent aucunement participans de fon honneur. Si Dieu
nous les a donnez fages & vertueux, nous les
deuons tenir comme des Dieux en terre, qui
ne nous font pas feulement donnez pour
nous moyenner la vie, mais pour nous la bea-
tifier par vne bonne nourriture, & fage in-
ftitution. S'ils font fafcheux & vicieux,
toufiours font-ils nos peres, & nous les faut
endurer, & puis qu'ils portent ce nom,

les feruir & fecourir de ce que nous tenons
d'eux, qui eſt de nos biens, de nos perſonnes,
de nos vies. Ce faiſant nous portons l'hommage à la nature, & luy rendons graces de
ſes biens. De nos peres nous deſcendons à
nos enfans, enuers leſquels bien que l'affection ne ſoit pas ſi pleine de reuerece, ſi l'eſt-
elle d'vn ſemblable, voire plus grand ſoing.
Car Dieu nous ayāt colloquez & mis comme en garde en ce monde, il ſemble qu'a-
uant que nous en deuions ſortir, nous ſoyons
obligez de ſubroger en noſtre place d'autres
miniſtres & ſeruiteurs de ceſte ſouueraine
puiſſance, pour la ſeruir en ce commun temple. La naiſſance des enfans n'eſt noſtre,
qu'en partie; beaucoup d'autres choſes que
nous y contribuent. Mais la nourriture &
inſtitution en eſt toute noſtre, laquelle nous
deuons à Dieu, à qui nous les preſentons, au
pays pour le ſeruice duquel ils ſont naiz, à
nous-meſmes qui deuons attendre de leurs
bonnes mœurs le ſupport & conſolation de
noſtre vieilleſſe. Nous deuōs donc ſoigneuſement veiller pour eux, & procurer autant
qu'il eſt poſſible, ce qui eſt de leur bien.
Apres les enfans ſuiuent les femmes, qui
vnies auec nous par la loy, & entrans en ſocieté auec nous ſous le cher gaige de la po-
ſterité qu'elles nous donnent, ont vne gran-

de & legitime part en nos affections. En leur
amitié s'adoucit toute la dureté de noftre
vie, par leur foing nous diminuons le noftre,
& repofons fous leur trauail. Rendons leur
donc vn refpect qui nourriffe & entretienne
celuy qu'elles nous portent, & fongeons à
leur bien & à leur repos, comme de perfonnes qui font part de nous-mefmes: mais fur
tout monftrós-leur que nous ne les honorós
pas, pour quelque plaifir que leur ieuneffe
& beauté nous apporte (de peur que cela ne
leur enfle le courage, & les rende trop fie-
res, & auffi que cefte affection fondee fur
vne chofe fi coulante & periffable, ne s'eftei-
gne incontinent;) ains pour la fidelité que
nous efperons d'elles, pour leurs fages &
modeftes mœurs, & pour le foing qu'elles
ont de leurs enfans communs. Et à fin de
leur donner dauantage de courage, mon-
ftrons-leur que nous ne voulons rien auoir
à part d'elles, ny biens, ny penfees, ny affections: car en cefte communion fe nourrit
la bien-vueillance & l'amitié, laquelle fe
perd & diffipe en la diuerfité de deffeings, &
de volontez. Cefte affection paffe de noftre femme à nos parens, auec lefquels la
nature nous a liez, coulant auec le fang
vne fecrette inclination & bien-vueillance à l'endroit de ceux, qui font fortis de

mesme tige : selon qu'ils nous sont plus pro-
ches, ceste affection est plus viue, & nous
oblige à de plus estroits deuoirs & seruices.
Donques pour obseruer en cela, comme en
toute autre chose, l'ordre que la nature nous
propose, comme le souuerain ornement de
tous ses ouurages, nous dispenserons l'affection que nous deuons à nos parens, selon
qu'ils nous touchent de plus pres, leur rendrons tout le seruice & le secours qu'il nous
sera possible. Iusques à la nature remüe de
sa propre main nos affections : il faut maintenant venir au mouuement que leur donne la vertu, laquelle nous lie d'amitié auec
les personnes sages & vertueuses. De tous
les biens que la societé ciuile nous apporte,
il n'y en a point que nous deuions plus estimer & cherir que l'amitié des honnestes gés:
car c'est la baze & le piuot de nostre felicité.
C'est-elle qui gouuerne toute nostre vie,
qui adoucit tout ce qui y est d'amer, qui
assaisône tout ce qui y est de doux. Elle nous
donne en la prosperité à qui bien faire, auec
qui nous resiouïr de nostre heur, en l'affliction qui nous secoure & nous console, en la
ieunesse qui nous monstre & enseigne, en la
vieillesse qui nous ayde & suruienne, en l'âge
d'homme, qui nous assiste & secôde. Comme
ceste possession est precieuse, nous deuons

bien y employer la prudence, à fin de l'acquerir telle qu'elle doit estre. Premierement deuons-nous rechercher entre les
hommes, ceux qui meritent le plus, les cherir & honorer comme nous, estans donnez
de Dieu, pour entrer auec nous en societé
de belles & loüables actions. Nous nous les
deuons concilier par honnestes occasions,
& quand nous les auons acquis, nous les
conseruer par soigneux offices. Car tous les
animaux, & principalement les hommes,
sont nez auec ceste inclination, d'aimer
tout ce qui leur profite. Toutesfois l'homme vertueux ne mesure pas ceste vtilité à
l'aulne des biens, que nous appellons, & des
richesses, mais à la commodité que luy donnent ses amis, de profiter en la vertu : & s'il
se rencontre que nous ayons quelque mail-
le à partir auec nos amis, touchant les biens,
les honneurs, & choses semblables, nous
leur deuons tousiours ceder: car tout cela ne
peut estre mieux employé, qu'à en acquerir
des amis. Vne seule raison pour toutes, nous
peut excuser de nous retirer d'auec eux, qui
est quand ils abandonnent la raison, & la
philosophie qui nous conjoint ensemble.
Encores le deuons-nous faire auec toute
modestie, & ne deuenir pas ennemis pour
cela. Descoudre simplement sans rompre,

& chercher tous moyens pour les ramener par raison, à leur deuoir, sans blasmer leurs actions, ny leurs opinions, mais en les combatant, & rangeant par le discours, qui sont les armes sacrees de l'amitié. Mais quand bien nous perdrions toute esperance de pouuoir rien obtenir par là, si ne deurions-nous pas pour cela deuenir leurs ennemis. Car ores que l'homme de bien laisse ses amis quand ils laissent la vertu, si est-ce qu'en quittant ceste familiarité & priuauté qu'il auoit auec eux, il retient ceste affection commune qui doit estre entre les hommes, & laquelle les oblige à se bien-vouloir, imitant la bonté de Dieu, lequel aime les bons, & ne hayt pas pour cela les mauuais. Aussi dit-on en commun prouerbe, que l'homme de bien n'a point d'ennemis, car il ne hayt personne. Voilà les degrez d'affection qui sont entre l'homme, & les choses qui sont hors de luy. Mais pource qu'il se rencontre souuent qu'elles nous tirent à diuerses fins, & par ce moyen nous tiennent suspendus en anxieté, & incertitude, il nous faut establir vne regle, de preferer tousiours les premieres aux dernieres. Le serment nous doit estre bien cher, mais il nous vaudroit mieux le violer, que d'offenser Dieu en le tenant. Nos peres nous sont bien venerables, mais

ſi leur volonté eſt contraire à la droicte raiſon, & à ce que Dieu a mis en no°, pour nous
gouuerner, nous les deuons pluſtoſt abandonner que Dieu & la raiſon: nos parens
nous doiuent eſtre bien chers, mais ſ'ils nous
recherchent de choſe qui nuiſe à nos peres,
nous ne leur deuons point accorder. Nos
amis peuuent beaucoup ſur nous, mais c'eſt
apres noſtre femme & nos enfans. Toutesfois il y a certains offices particuliers, que
nous deuons pluſtoſt à ceux qui ſont plus eſ-
loignez qu'aux autres, pluſtoſt à nos voiſins
qu'à nos amis, pluſtoſt à nos amis, qu'à nos
parens: mais c'eſt ordinairement en choſe
qui n'eſt pas de grande importance, & où la
ſocieté ciuile vſurpe pour la neceſſité commune des hommes, quelque choſe ſur la nature. Comme quand nous diſons que nous
deuons pluſtoſt ayder à noſtre voiſin à faire
l'Aouſt, que non pas à noſtre parét, & autres
choſes ſemblables. Ie vous ay iuſques icy repreſenté le reſpect que l'hôme doit aux choſes qui ſont hors de luy, il eſt temps de le faire
deſcendre en ſoy-meſmes, & ramener ſes affections à ſa propre perſonne, comme les li-
gnes à leur centre. L'homme ſage ſans doute rend beaucoup de reſpect à ſoy-meſmes,
& encores que perſonne ne le regard que
ſa propre conſcience, il a vn grand ſoing

de ne dire, ny ne faire chose qui ne soit
bien-seante. Car la droicte raison qui doit
presider à ses actions, luy est, comme seroit
le plus seuere iuge & austere censeur, que
vous luy sçauriez donner. Il nous faut donc
mettre peine tant en public qu'en particulier, de composer nos actions en sorte, que
nous n'ayons point d'occasion d'en rougir,
& que la nature selon laquelle nous nous deuons gouuerner, n'y soit aucunement violee. La nature nous a donné le corps, comme instrument necessaire de la vie. Il faut en
auoir soing : mais soing comme d'vne chose
qui est en la tutelle de l'esprit, à laquelle il
doit de la sollicitude, & non pas du seruice.
Il le doit traicter de façon qu'il s'en monstre
seigneur & non pas tyran, qu'il le nourrisse
sans l'engraisser, qu'il monstre qu'il ne vit pas
pour luy, mais qu'il ne peut viure icy bas sans
luy. Ce n'est pas peu d'addresse à vn ouurier,
de sçauoir bien preparer ses outils, ny peu
dauantage à celuy qui aime la philosophie,
de se sçauoir bien seruir de son corps, & le
rendre instrument propre à exercer la vertu.
Le corps le conserue en bon estat par deux
moyens : par la nourriture moderee, & par
l'exercice bien réglé: la nature des choses in-
ferieures est si coulante, que si lon ne repare
cõtinuellemẽt ce que le tẽps en cõsume, elle

f'aneantit peu-à-peu. Il faut donques fouſte-
nir & ſecourir le corps par l'vſage des viandes, & de telle façon que la trop bonne chere ne le rende peſant & mal-habile à la contemplation, ny le trop mauuais traiƈtement
debile & langoureux, que le luxe ne l'amol-
liſſe point, que la negligence ne l'accouſtu-
me à l'ordure. L'exercice ſuit la nourriture,
bien qu'ils ſemblent ſ'entreſuiure, & tourner
autour l'vn de l'autre: car nous prenons exercice & puis nous mangeons, & apres le manger nous nous exerçons; l'vn pour nous preparer à mieux vſer de la viande, l'autre pour
éueiller la nature, & tenir les parties du corps
en mouuement, nous en deuons vſer en ſorte que le corps ſ'en porte mieux, & l'eſprit
n'en foit pas pis. Il ne nous faut pas chercher
les exercices des lutteurs, ou autres qui ſont
compaſſez auec certaines meſures & obſer-
uations, & qui ne ſeruent que pour entretenir le corps en bon poinƈt, & ce faiſant debi-
litent l'ame, & luy oſtent ſes vrais & naturels
mouuemens. C'eſt choſe indigne d'vn homme de prendre tant de ſoing à chercher des
exercices au corps, veu qu'il en trouue par
tout autant qu'il en a beſoing pour ſa ſanté.
Le corps nourry & exercé de ceſte façon, ſe
compoſe aiſément à des actions ſeantes &
modeſtes. A quoy nous deuons prendre garde, &

de &mettre peine que noſtre viſage & noſtre
allure monſtrent par vne douce grauité vne
grande tranquillité d'eſprit. Il ne nous faut
en façon que ce ſoit vſer de geſtes & contenances affectees, ny faire le doucet, ny fron-
cer les ſourcils, pour contrefaire le philoſophe. Car comme vne douce grauité ſe rend
venerable, auſſi vne faſtueuſe & contrainte
auſterité, ſe rend ridicule & enuieuſe. Or
pource que c'eſt la parole qui anime toutes
nos contenances, nous deuons bien prendre
garde à la regler & moderer; le meilleur precepte que nous luy puiſſions donner, c'eſt le
ſilence. Sçauoir ſe taire, eſt vn grand aduan-
tage à bien parler: bien dire & beaucoup
n'eſt pas le faict d'vn meſme ouurier. Le ſilé-
ce eſt le pere du diſcours, & la fontaine de la
raiſon. Au contraire, le beaucoup parler fait
beaucoup de fautes. Ceux qui viſent à quelque choſe ferment vn œil, & cleignent l'autre, à fin de dreſſer & renforcer leur veüe.
Cela nous apprend que les ſens iettez dehors, en ſe reſpandant s'affoibliſſent, & dimi-
nuent. Ainſi en fait noſtre eſprit ietté dehors
par la parole, eſpanché & ſemé en beaucoup
de propos, il perd ſa force & ſa vertu: au contraire retenu il ſe recueille, ſe renforce, & ſe
remplit de prudence, & de ſageſſe. L'vſage
de la parole, quand l'occaſion s'en preſente-

ra, doit estre d'ayder à la verité, & luy porter
le flambeau pour la faire voir, & au contraire de descouurir & refuter le mensonge, dō-
ner loüange à ce qui est bon, & blasme à ce
qui est mauuais. Il ne la faut pas accompa-
gner de vehemence ny de contention, car
cela monstre qu'il y a quelque passion. Il ne
faut pas s'amuser à discourir de ce qui se fait
à la place, ou aux theatres, & s'entretenir de
semblables discours, car cela mōstre vn grād
& inutil loisir. Il n'est pas bon non plus, de
beaucoup conter de vos actions, ou des fortunes que vous auez couruës: car il y a en cela de la vanité : les autres ne prennent pas
tant de plaisir à les ouïr, que vous à les conter. De parler de celles d'autruy, c'est vn pas
fort glissant, il arriue le plus souuent ou que
lon les loüe sans raison, ou que lon les blasme sans sçauoir leur intention. Sur tout se
faut-il garder d'vser de sornettes & risees: car
cela tient trop du bouffon, & fait perdre l'o-
pinion que lon pourroit auoir de nous. Aussi
que telles plaisanteries sont ordinairement
meslees de sales propos que nous deuons euiter : la licence des paroles deshonnestes tire
apres soy de semblables effects. Il faut, s'il est
possible, que vos paroles profitent tousiours
à ceux qui vous escoutent, qu'elles soient
pleines de bons & sages conseils, qu'elles ser-

tient à ramener à la vertu ceux qui en sont
esgarez, & à les destourner du vice. Il faut
euiter en propos communs les questiõs sub-
tiles & aiguës: elles ressemblent aux escreui-
ces, il y a plus à esplucher qu'à manger : la fin
n'en est que cris & contention: & aduient ordinairement à ceux qui les aiment le mesme
qu'aux mauais estomacs, qui vomissent ce
qu'ils ne peuuent digerer. Comme nous desirons d'estre ouys quand nous parlons, ainsi
deuons-nous donner audience aux autres, &
les ouyr sans les interrompre. Il y en a qui
s'accordent à tout ce que les autres disent,
les autres contredisent à tout, les vns sont
flateurs, les autres temeraires : nous deuons
consentir à ce que nous voyons euidemmét
vray, nier ce qui est euidemment faux, & en
choses douteuses surseoir nostre iugement,
iusques à ce que nous trouuions quelque raison, qui nous en asseure. Pource que les paroles & les contenances se forment ordinairement par l'accoustumance, & à l'imitation
des autres, nous ne deuons pas nous mesler
souuent auec le vulgaire, ny beaucoup han-
ter les theatres & lieux publics, ny les festins
ou banquets. Car lon tire beaucoup de l'humeur du vulgaire en tous ces endroits-là.
Si par honneur nous nous y deuons trouuer, il nous faut auoir tousiours l'esprit

bandé à ne rien relâscher de noſtre réſolu-
tion, qui eſt de ſe gouuerner comme ie vous
ay dit. Et pour nous y fortifier, nous repreſenter en toutes choſes l'exemple des ſages,
& nous imaginer ce qu'vn Socrates ou Zenon euſſent fait, ſils euſſent eſté en noſtre
place: leur vertu nous ſuggerera incontinét
vn exemple de bien-faire. Le plus profitable enſeignement que vous puiſſe donner
la philoſophie pour toutés vos actions, c'eſt
d'examiner ſoigneuſement quel doit eſtre le
progrés & la fin de ce que vous entreprenez; & meſurer vos forces, & voir comme
elles ſont proportionnces à vos deſſeings.
Celuy qui ſe conſeille ſagement, arriue au
port qu'il ſeſt propoſé. Celuy qui vit ſans
conſeil, reſſemble à ce qui flotte ſur les riuieres, il ne va pas, mais il eſt porté, & ſe laiſſant touſiours aller, en fin arriue à la mer, qui
eſt à dire en vne vaſte & turbulente incertitude. Donques en toutes choſes que nous
entreprendrons, preuoyons ſagement quelle en doit eſtre la fin, puis conſiderons les
moyens que nous auons d'y paruenir, &
preuenons de penſee toutes les mauuaiſes rencontres que nous y pourrons a-
uoir. Vous voulez-vous preſenter aux
ieux Olympiques, penſez combien il y
faut de peine. Il faut viure de reigle, ne

manger que de certaines viandes à certaines
heures, s'accouſtumer au chaud & au froid,
s'oindre d'huile, ſe couurir de poudre, entrer
en lice, eſtre blecé, & peut-eſtre vaincu &
deshonoré. Apres auoir preueu tout cela,
conſiderez de quelle habitude vous eſtes, ce
que voſtre corps peut porter, & puis entre-
prenez-le ſi vous voulez. Si vous auez enuie
de faire profeſſion de la Philoſophie, repreſentez vous incontinent qu'il faut beaucoup
endurer, ſe priuer de beaucoup de plaiſirs
& commoditez, & auecques vne grande patience, eſtre mocqué & gauſſé de tout le
monde. Si vous auez aſſez de courage pour
l'endurer, entreprenez-le:mais quand vous
l'aurez vnefois entrepris, perſeuerez y con-
ſtamment,& ſuiuez voſtre reſolution, comme vne loy inuiolable : car outre que le
changement de deſſein nous rend l'eſprit
flottant & incertain, il nous faiƈt trouuer ri-
dicules : où au contraire, la conſtance nous
rend à la fin admirables à ceux qui au commencement ſe mocquoient de nous. Et
pour ce ne vous eſtonnez pas du iugement
que les autres feront de vos actions, mettez
ſeulemēt peine qu'elles ſoient telles qu'elles
doiuent. Ne vous mettez non plus en peine
de les tenir cachees à ceux à qui elles ne plai-
ſent pas;ſi elles ne ſõt pas bónes, il ne les faut

point faire du tout; si elles sont bonnes, plus elles seront cogneües, plus seront-elles asseurees. Non que ie vueille que vous affectiez d'estre veus en bié-faisant, & faciez du bruit autour de lavertu, comme font ceux qui embrassent les statuës, pour se mettre en Asyle. Comme la couleur reluit bien au iour, mais elle ne va pas pour cela rechercher le soleil, ains seulement se tient preste pour receuoir sa lumiere quand il esclaire: aussi la vertu ne doit-elle pas chercher la gloire, mais seulement estre disposee à la receuoir, par le tesmoignage de ceux qui iugent sincerement de son merite. Celuy qui aime la loüange & l'ostentation, quitte l'obeïssance de la raison, pour suiure celle de l'opinion: car il se propose de plustost plaire à autruy qu'à soy-mesme. Rien ne peut tant à faire bien reüssir ce que nous entreprenons, que de se bien seruir de l'occasion. Le temps porte auec soy de certains moments, qui sont les saisons des affaires, si vous les perdez, vostre peine demeure sans fruict. Si à l'occasion bien prise vous adioustez encores la diligence, rarement manquerez vous d'vn bon succés. Et pour ce faut-il que ce qui a esté meurement deliberé, soit diligemment executé, sans s'accoustumer à remettre au lendemain, ce que lon peut faire le mesme iour.

Mais quelque chose que nous faßions, auec
quelque sageße que nous l'entreprenions,
quelque bonne occasion que nous choisis-
sions, quelque diligence que nous y appor-
tions, si deuons nous tousiours sçauoir que la
fortune a la plus grand part à l'euenement.
Nous ne sommes maistres que de nos conseils, & de nos mouuemens, tout le reste depend d'ailleurs. C'est pourquoy tout ce que
nous pouuons faire, est d'entreprendre auec
prudence, poursuiure auec esperance, & supporter ce qui en arriue auec patience. Si les
bonnes entreprises ont de mauuais succez, la
response de ce satrape de Perse seruira d'ex-
cuse à tous les sages malheureux. On luy demandoit pourquoy veu qu'il estoit si pru-
dent & si vaillant, ses affaires ne reüssis-
soient mieux, pour-ce, dit-il, que de mes
affaires, il n'y a que les conseils qui dependent de moy ; les succés dependent
du Roy & de la fortune. Il suffit que nous
garentissions ce qui est de nostre faict, que
nous n'entreprenions rien qu'à bonne fin,
& ne le poursuiuions que par honnestes
moyens. Voila les principales loix, par lesquelles le Stoique estime qu'il faut poli-
cer nostre vie : mais pource que les loix
sans iugemens sont inutiles, & comme paroles mortes, il faut pour en tirer profit, clo-

re toutes nos iournees par vne censure &
examen de nos actions les espluchans tous
les soirs, pour voir ce qui en est conforme
aux reigles que ie vous ay proposees, passant
l'ongle dessus voir ce qui est raboteux, ce qui
entrebaille, ce qui est cambré, & le raiuster à
la droicte raison. Si nous trouuons que tout
aille comme il doit, & que tout y soit conforme à ces sainctes loix-là, nous receurons vne
secrette resiouïssance en nostre ame, que
nous cueillerons comme le doux fruict de
nostre innocence. Ce sera là, à mon aduis, vn
cantique nocturne le plus melodieux, & le
plus agreable que nous puissions chanter à
Dieu: car ie croy qu'il ne reçoit point de plaisir plus grand de ce bas monde, que quand il
voit l'homme qui est son plus cher & precieux ouurage, conseruer la beauté & perfection en laquelle il l'a creé. Mais pource que
la nature des choses creées, porte par son infirmité, que le bié dont Dieu les doüe à leur
naissance se define & consume de soy-mesmes iournellement, sinon qu'il soit continuellement reparé & soustenu par le flux ordinaire de sa bonté qui se repand sur nous, &
que partât nos forces ne seroiét pas suffisan-
tes d'elles-mesmes à nous conseruer en ceste
perfection; adioustons à ce premier câtique
vn Epode & sacré enchantement, pour in-

uoquer sa diuine faueur, & finissons par là
tous les iours de nostre vie, & à cest' heure la
presente instruction luy disant: O Dieu tout
bon, tout sage & tout puissant, qui nous auez
donné vn entendement pour gouuerner le
cours de nostre vie, faictes luy cognoistre &
aimer l'excellence dont vous l'auez orné, &
l'aidez tellement que quand il viendra donner mouuement aux puissances de nostre a-
me, il trouue nos membres & nos sens pur-
gez de toutes passions , & prompts à obeïr.
Ostez des yeux de nostre esprit les troubles
nuages que l'ignorance & la cupidité y esleuent, afin que nostre raison esclairee par la
lumiere de vostre diuine verité, nous dresse
tousiours vers ce qui est vrayement & sera
eternellement bien.

Fin de la Philosophie Morale.

LE MANVEL
D'EPICTETE.

IL y a des choses qui font en noftre puiffance, les autres n'y font
pas. Approuuer, entreprendre, defirer & fuir, & pour dire en vn mot,
ce qui ne depend que de nous feuls, eft en
noftre puiffance. Le corps, les biens, la reputation, l'authorité, & pour abreger, ce qui ne
depend point de noftre faict, n'eft point en
noftre puiffance. Ce qui eft en noftre puiffance eft naturellement libre, & ne fe peut
defendre ny empefcher. Ce qui n'y eft pas,
eft infirme, ferf, aifé à empefcher, & depend
d'autruy. Souuenez-vous donc que fi vous
eftimez libre, ce qui eft naturellement ferf,
& voftre ce qui depend d'autruy, vous aurez
des empefchemens & des fafcheries, vous
ferez troublez, vous accuferez les hómes &
les Dieux. Que fi vous n'eftimez voftre que
ce qui l'eft, & d'autruy ce qui en depend, perfonne ne vous pourra forcer, perfonne ne

vous pourra empeſcher, vous ne blaſmerez
ny n'accuſerez perſonne, vous ne ferez rien
malgré vous, perſonne ne vous nuira. Vous
n'aurez point d'ennemy, car vous vous per-
ſuaderez que rien ne vous ſçauroit endom-
mager. Or de tant que vous deſirez cela, deuez vous prendre garde de ne vous paſſion-
ner pour ſi peu que ce ſoit des choſes qui ſe
preſentent, laiſſant les vnes du tout, ſurſeant
les autres pour le preſent, & ayant principalement ſoing de vous meſmes. Que ſi outre
cela, vous vous deliberez d'auoir des dignitez & des richeſſes, peut-eſtre ne les pourrez
vous pas obtenir, & ainſi pour vouloir cecy,
vous perdrez cela où conſiſtoit voſtre bon-
heur, & voſtre liberté. Incontinent dõcques
qu'il vous viendra quelque choſe de faſcheux en fantaſie, ayez ſoing de diſcourir en
vous meſmes, que ce n'eſt qu'vne imagination, & que ce n'eſt pas ce qu'il ſemble : & puis
l'examinez par les reigles que vous auez, &
principalement par ceſte-là. Si c'eſt des choſes qui ſont en noſtre puiſſance ou non. Si elle n'y eſt point, ayez incontinent ce mot à la
bouche : Cela ne me touche point.

2. Le deſir ſe promet d'acquerir ce qu'il recherche, la fuitte ſe promet d'euiter ce qu'elle fuit. Celuy qui n'obtient pas ce qu'il deſire eſt infortuné, & celuy qui tombe en ce

qu'il fuit, malheureux. Doncques si vous ne fuyez que ce qui est naturellement contraire à ce qui est en nostre puissance, vous ne tomberez iamais en ce que vous fuyez. Que si vous fuyez la maladie, la mort, la pauureté, vous serez malheureux. Ne fuyez donc point les choses qui ne sont point en nostre puissance, mais seulement ce qui est naturellement contraire à ce qui est en nous. Et quant au desir, ostez-le du tout pour le present : car de desirer les choses qui ne sont point en nostre puissance, il seroit force que vous en fussiez frustré : de desirer ce qui est en nostre puissance, bien qu'il soit honneste, toutesfois pour le commencement vous ne le sçauriez pas bien faire, ne sçachant pas encore bien borner vostre desir. Mais recherchez & reiettez les choses doucement & paisiblement, & auec discretion.

3. En chasque chose qui vous plaist, qui profite, ou que vous aimez, considerez quelle elle est, commençant des plus petites iusques aux plus grandes. Si vous aimez vn pot de terre, faictes estat que c'est vn pot de terre : car quand il sera cassé, vous ne vous en passionnerez point. Si vous aimez vostre enfant ou vostre femme, pensez que vous aimez vn homme; & s'ils viennent à mourir, vous n'en ferez point troublé.

4. Quand vous voudrez vous mettre à quelque befongne, ramenteuez-vous qu'elle elle eft. Si vous allez au bain, reprefentez vous
ce qui s'y faiĉt : les vns qui fe iettent de l'eau,
les autres qui s'entrepouffent, les autres qui
frappent, les autres qui defrobent, & ainfi
vous trouuerezvous bien plus affeurez, quãd
vous viendrez à faire ce que vous auez entrepris : Comme fi vous difiez, ie m'enuois aux
eftuues, mais ie fuis refolu de ne faire que ce
que la nature de la chofe defire. Et ainfi en
toutes autres. Car de cefte façon s'il vous
furuient quelque empefchement en vous
baignant, vous direz auffi toft, ie n'entédois
pas feulement faire cela, mais garder ma refolution, qui eft ne me comporter felon la
nature de la chofe, or ne m'y comporteroy-
je pas ainfi, fi ie me fafchois de ce qui s'y faiĉt.
5. Ce ne font pas les chofes qui troublent
les hommes, mais l'opinion qu'ils en prennent. Par exemple, la mort n'a rien de fafcheux, autrement Socrates l'euft trouué telle ; mais c'eft l'opinion que l'on en a qui en eft
fafcheufe. Donques quand nous ferons em-
pefchez & troublez, n'accufons perfonne que
nous mefmes, c'eft à dire noftre opinion.
6. C'eft le faiĉt d'vn ignorant d'accufer vn
autre de fa faute : c'eft le faiĉt d'vn qui commence à apprendre de s'accufer de foy-mef-

me, c'est le faict de celuy qui est desia bien in-
struit de n'accuser ny soy ny autruy.

7. Ne vous glorifiez point pour ce qui est
d'excellent en autre chose qu'en vous mefmes. Si vn cheual se brauoit, disant ie suis
beau, il seroit supportable; mais quand vous
vous glorifiez, disant, i'ay vn beau cheual,
vous deuez sçauoir que c'est à cause de la
bonté de vostre cheual que vous estes ainsi
glorieux. Qui a-il donc que vous puissiez dire vostre? l'vsage des imaginations, c'est à dire, iuger sainement de ce qui se presente.
Donques quand vous sçaurez iuger des choses selon leur nature, alors glorifiez vous en,
car vous vous vanterez lors d'vn bien qui est
vrayement vostre.

8. Comme si vous estiez dans vn nauire qui
eust pris terre, & que vous fussiez descendu
pour prendre de l'eau, vous pourriez en y al-
lant ramasser des coquilles, & des squilles sur la greue: mais si faudroit-il auoir tousiours l'œil au nauire, & se retourner de moment en moment vers le patron, pour voir
s'il ne vous rappelle point, & aussi tost quitter tout cela, de peur qu'il ne vous fist trainer comme vne beste, pieds & poings liez
dans le nauire. Ainsi en ceste vie, si au lieu de
coquilles, & de squilles, vo°venez à auoir vne
femme & des enfans, rien n'empesche que

vous n'en iouïſſiez, mais ſi le Gouuerneur vous rappelle, il faut courir au vaiſſeau & abandonner tout cela, ſans regarder derriere vous. Que ſi vous eſtes deſia vieil, il ne vous faut pas eſlongner du vaiſſeau, de peur qu'apres vous auoir appellé, on ne vous laiſſe ſur la greue.

9. Ne deſirez pas que les choſes vous arriuét ſelon que vous voudriez bien, mais trouuez les bonnes ainſi qu'elles aduiennent, & vous ſerez heureux. La maladie eſt vn empeſchement à voſtre corps, mais non pas à voſtre reſolution, ſinon que vous le permettiez. Si vous eſtes boiteux, voſtre iambe en eſt incommodee, mais non pas la reſolution de voſtre eſprit. Dites en autant de tout ce qui vous arriue, & vous trouuerez que ce n'eſt point vous qui en eſt incommodé, mais quelque autre choſe que vous.

10. En tout ce qui vous ſuruient retournez vous vers vous-meſmes, pour chercher quel moyen vous auez de vous en ſeruir. Si vous voyez vne belle perſonne, ayez recours à la continence; s'il s'offre du trauail & de la peine, vous trouuerez à voſtre aide la patience; ſi l'on vous faict vne iniure, vous vous ſeruirez de la clemence : vous eſtant accouſtumé à cela, vous n'aurez point l'eſprit dechiré de faſcheuſes imaginations.

11. Ne

11. Ne dites iamais de quelque chofe que ce foit, i'ay perdu cela, mais biē ie l'ay rendu: mon enfant eft mort, ie l'ay rendu: on m'a ofté ma terre, eft-ce pas que ie l'aye renduë? ouy mais c'eft vn mefchant hōme qui me l'a rauie: de quoy vous fouciez vous, par qui celuy qui vous l'auoit preftee vous la redemande. Toutesfois iufques à ce que l'on vous la redemande ayez-en foing, comme de la chofe d'autruy, & comme les paffans ont de leur hoftellerie.

12. Si vo°voulez profiter en la Philofophie laiffez moy tous ces difours là: fi ie n'ay foing de mes affaires, ie n'auray pas dequoy me nourrir fi ie ne chaftie ceft enfant-là, il deuiendra vicieux: car il vaut mieux mourir de faim fans crainte & fans fafcherie, que de viure auec abōdance de biés, en tourmens defprit : & vaut mieux que ceft enfant foit vicieux, que vous miferable.

13. Commencez donques par les plus petites chofes. Voyla vn peu d'huyle refpandu, vn peu de vin derobé, penfez que cefte perte là eft le prix de la tranquilité de voftre efprit. On n'a rien pour rien. Si vous appellez voftre garçon en colere, penfez que peut eftre il ne vous a pas ouy, ou que vous ayant ouy il n'a pas peu faire ce quevous luy cōmandiez. Mais pour cela faut-ilqu'il foit en fa puiffan-

ce de vous troubler l'efprit?

14. Si vous voulez bien profiter, ne vous fafchez point que l'on vous eftime niaiz & mal-entendu és chofes qui ne font point en vous. Ne defirez point de fembler fçauant en quelque chofe que ce foit : que fi quelqu'vn fait cas de vous , defirez-vous de vous-mefmes. Car il vous faut fçauoir , qu'il n'eft pas ayfé de pouuoir garder la refolutiõ que vous auez prife de vous gouuerner felõ la nature des chofes, en vous amufant à ce qui eft hors de vous, il eft de neceffité que celuy qui veut auoir foin de l'vn , mefprife l'autre.

15. Si vous defirez que vos enfans & voftre femme viuent toufiours , vous eftes bien fimple: car vous voulez que ce qui n'eft point en voftre puiffance y foit, & que ce qui eft à autruy deuiéne voftre: de mefme fi vous voulez que voftre garçon ne face point dé fautes, vous n'eftes pas fage: car vous voulez que le vice ne foit pas vice, ains quelque autre chofe. Mais fi vous voulez n'eftre point fruftré de vos defirs, cela pouuez-vous bien. Exercez-vous donc en ce que vous pouuez faire.

16. Celuy-là eft maiftre d'autruy qui luy peut donner ou ofter ce qu'il defire , & ce qu'il ne defire pas. Il faut doncques que celuy qui veut eftre libre, ne recherche ny ne

fuye rien de ce qui depend d'autruy, sinon il
faut qu'il fasse estat d'estre serf.

17. Souuenez-vous qu'il faut conuerser au
monde cómeà vn festin. Si l'on sert quelque
chose deuant vous, vous y pouuez mettre la
main , & en prendre honnestement:il passe
outre, ne l'arrestez point; il n'est pas encore
venu iusquesà vous n'allez point au deuant,
mais ayez patience qu'on vous le presente.
Faites en autât de vos enfans , de vostre femme & de vos dignitez , & vous vous rendrez
digne de la table des Dieux. Que si vo⁹ vous
abstenez mesme de ce qui vo⁹ est serui, vous
ne mangerez pas seulement auec les Dieux,
mais vous commãderez auec eux. Car par ce
moyen Diogenes & Heraclite ont esté à bon
droiſt tenus & reputez personnes diuines.

18. Si vous voyez quelqu'vn en dueil , qui
pleure , ou pour ce que son fils s'en est allé
voyager, ou biē est mort, ou peut-estre a dis-
sipé tout son bien, gardez vous qu'il ne vous
prenne quelque apprehension que celuy-là a
du mal, à cause de ce qui luy est ainsi arriué de
dehors; mais discourez incontinét en vostre
esprit, & ayez ce mot en main : Ce n'est pas
cest accident-là qui l'afflige, mais l'opinion
qu'il en a, car en voylà vn autre à qui le mesme est aduenu, qui ne s'en afflige pas. Ne dif-
ferez point d'en cófeter auec luy, ny mesme

de vous en cōdouloir s'il vient à propos: toutesfois prenez garde que ceſte doleance ne
penetre pas iuſques dedans de vous.

16. Penſez que vous ioüez icy vne comedie, où il vous faut faire le perſonnage qu'il
plaiſt au maiſtre. Si court, court, ſi long, long.
S'il veut que vous contre-faiſiez le gueux, il
le faut faire le plus naïfuement que vous
pourrez, le boyteux, le prince, le particulier,
en fin ce qu'il voudra : car voſtre faict c'eſt
de bien ioüer le perſonnage qui vous eſt
donné, de le choiſir c'eſt le fait d'vn autre.

20. Si quelque corbeau craille quelque
mauuais augure, n'en prenez point d'apprehenſion, mais ſongez incontinent à part vous
& dites, cela ne ſignifie riē qui me touche: s'il
ſignifie quelque mal c'eſt à mō corps, c'eſt à
quelque metairie, c'eſt à vn peu de gloire, c'eſt
à ma féme, c'eſt à mes enfans, mais pour moy
pour tout ce qu'il m'annonce ne me peut
eſtre que heureux, ſi ie le veux: car il eſt en
ma puiſſance de tirer profit de tout ce qui me
peut arriuer.

21. Vous vous pouuez rendre inuincible
en ne combatant, iamais, que contre ce que
vous pouuez vaincre.

22. Prenez garde de ne vous laiſſer pas tellement emporter par l'apparence que vous

iugiez heureux celuy qui eſt eſleué en dignité, ou autrement bien fortuné. Car ſi le vray
bien ne conſiſte qu'és choſes qui ſont en
noſtre puiſſance, il n'y a rien en cela dont
nous deuions eſtre ialoux ou enuieux. Vous
ne deuez deſirer ny d'eſtre General d'armee,
ny d'eſtre Senateur, ny Conſul, mais ſeulement d'eſtre libre : or le ſeul moyen d'y paruenir, c'eſt de meſpriſer tout ce qui eſt hors
de noſtre puiſſance.

23. Retenez-bien que ce n'eſt pas celuy
lequel vous dit iniure ou vous frappe, qui
vous offenſe, mais l'opinion que vous en a-
uez. Si donc quelqu'vn vous irrite, ſçachez
que cela viét de voſtre opinió. Eſſayez donc
principalemét de n'eſtre point ſurpris par l'i-
magination : car pourueu que vous ayez
vne fois le loiſir de penſer à vous, vous ſerez
ayſément maiſtre de vous.

24. Ayez touſiours deuant les yeux la mort,
le banniſſement, & tout ce qui ſemble de
plus facheux, mais principalement la mort,
& vous n'entreprendrez iamais rien baſſe-
ment, ny ne deſirerez iamais rien trop ar-
demment.

25. Deſirez-vous d'eſtre Philoſophe? pre-
parez-vous dés l'heure meſme à eſtre gauſſé & mocqué par beaucoup de gens, qui diront d'où nous eſt venu ſi ſoudainement ce

Philosophe? où a-il ainsi appris à se renfrogner? Non pas que ie vous conseille pour
tant de faire de ces mines là: bien faut-il que
vous gardiez soigneusemét ce qui vous semblera estre de mieux, & que vous teniez le
rang où vous estes, comme Dieu vous y ayát
placé. Et vous souuenez que si vous tenez
ferme à cela, que ceux qui se gaussoient auparauát de vous, vous admireront puis apres:
que si vous quittez la partie, la risee en redoublera.

26. S'il vous aduient de vous addonner à ce
qui est hors de nostre puissance: afin de complaire à autruy, sçachez que vous auez perdu
vostre rang. C'est donc assez d'estre Philosophe en effect. Si vous voulez sébler tel, c'est
assez qu'il vous semble que vous le soyez.

27. Ne vous affligez point de telles pensees, ie viuray sans honneur, ie seray vn homme de neant. Car si c'estoit mal que de n'auóir point d'honneurs, il faudroit que cela
ne desprídist point d'autruy, non plus que ce
qui est deshonneste. Iç vous prie dites moy,
est-ce chose qui depend de vous, d'auoir des
honneurs, ou d'estre inuité aux festins? Non
de verité. Qui vous fait donc dire que c'est
estre sans honneur, à cause dequoy dites vous
que vous serez vn homme de neant? Veu que
vous ne deuez desirer d'estre estimé sinon és

chofes qui dependét de vous, efquelles vous
pouuez vous rendre excellét. Mais mes amis
ne tireront aucun fecours de moy:qu'enten-
dez-vous par là ? vous ne les ayderez point
d'argét, vous ne leur dônerez point le droiét
de bourgeoifie Romaine. Et qui eft-ce qui
vous a dit que cela dependoit de voftre faiét
& non pas de celuy d'autruy ? Qui eft-ce qui
peut bailler à vn autre ce qu'il n'a pas luy-
mefme. Acquerez des moyés, difent-ils,afin
que nous y participions. S'il y a moyen d'en
acquerir en me conferuát modefte, fidele &
courageux, môftrez-moy comme il faut faire, & i'en acquerray: que fi vous eftimez que
ie doiue perdre le bien qui m'eft propre, afin
que vous obteniez ce, qui n'eft point vrayement bien, confiderez combien vous eftes
defraifonnables & ingrats. Aimez - vous
mieux de l'argent, qu'vn bon & fidele amy?
Aydez moy donc à me conferuer,& ne m'ex-
citez point de faire chofe par laquelle ie ne
fois plus tel. Ouy mais ie n'ayderay pas à mon
païs comme ie pourrois bien. Ie vous demande encore vn coup quel ayde entédez-vous?
C'eft qu'il ne fera pas embelly de portiques,
ny accommodé de bains. Et bien qu'eft-ce
que cela? ce ne font pas les charpentiers qui
fourniffent de fouïlliers à la ville, ny les tail-
leurs d'habits qui fourniffent d'armes, il

suffit que chacun serue de son mestier. Que si vous acquerez vn bō & fidele citoyen à vostre ville, ne luy faites vous point de profit? ouy vrayement. Vous ne luy serez donc pas inutil. Mais quel rang dictes vous tiendray-je en ma ville? tel que vo⁹ pourrez, vous cōseruant tousiours fidele & modeste. Que si vous perdez ces deux vertus-là, en pensant profiter d'auantage au public, à quoy luy pourrez-vous plus estre vtil, quand vous serez deuenu impudent & infidele?

28. Quelqu'vn a-il esté mis au dessus de vous à table, a-on pris plustost conseil d'vn autre que de vous? Si vous pensez que ce soit son bien, vous vous deuez resiouïr de ce qu'il luy est arriué. Si vo⁹ pésez que ce soit son mal, vous ne deuez pas vous plaindre, qu'il ne vous soit pas aduenu. Au reste souuenez-vous que ne faisant pas ce que font les autres, pour obtenir les choses qui ne dependent point de nous, vous ne pouuez pas estre egal à eux. Pourquoy aura autant celuy qui ne veut point attendre à la porte d'vn Monsieur, que celuy qui n'en bouge, celuy qui ne l'accompagne point, que celuy qui le suit par tout, celuy qui ne le loüe point, que celuy qui le flatte. Vous seriez iniuste & insatiable, si sans debourser le prix pour lequel les choses se vendent, le vouliez auoir pour rien. Cōbié

se vendent les laictues? vn obole peut-estre.
Celuy qui tire vn obole de sa bource prend
vne laictue, vous qui ne baillez pas vostre
obole n'en aurez point: mais pour cela vous
ne profitez pas moins que luy : comme il a
emporté sa laictue, ainsi auez-vous vostre o-
bole. De mesme en est-il en ce fait. Vous n'a-
uez pas esté appellé au festin, mais aussi vous
n'auez pas payé vostre escot. Or l'escot c'est
qu'il faut loüer le maistre de la maison , il le
faut reuerer. Doncques si vous pésez y auoir
de l'acquest, venez & payez ce qu'il appartiét
pour vostre escot. Que si vous ne voulez rien
payer, & neantmoins auoir la chose, vous e-
stes iniuste, vous estes insatiable, & indiscret.
Quoy doncques, n'auez vous rien au lieu du
souper que vous eussiez eu? si auez: vous auez
que vous n'estes point tenu de loüer cest hôme là contre vostre gré, que vous n'estes pas
subject de l'attendre à sa porte.

29. Nous apprenons ce que la nature desire, par les choses dont nous ne sommes
point en different entre nous , comme si le
garçon de nostre voisin casse, vn verre , nous
auons incontinent ce mot en la bouche,
voyla comme il en aduient. Sçachez donc
que quand le vostre sera cassé, il vous faut
estre tel, que quand celuy d'vn autre l'a esté.
Accommodez cela à plus grandes choses:

l'enfant d'vn autre ou fa femme font morts,
il n'y a perfonne qui ne die, que c'eft vn accident humain. Que fi quelqu'vn de nous
perd le fien , incontinent c'eft à crier :
Helas ! miferable que ie fuis. Il nous faudroit lors fouuenir, comme nous fommes
touchez de ceft accident-là, quand il arriue
à vn autre.

30. Comme on ne plante pas vn but pour
en efloigner fon coup: ainfi la nature n'a-elle pas ordonné le mal, duquel en toutes chofes elle s'efloigne.

31. Si quelqu'vn vous liuroit au premier
venu, vous vous fafcheriez contre luy, N'a-
uez-vous point de honte d'abandonner voftre ame à l'auenture , pour eftre troublee
& renduë confufe à la premiere iniure
qu'on vous dira ? Doncques de tout ce que
vous entreprenez , confiderez quel en doit
eftre le commencement & la fin , & puis
employez-vous y: que fi indifcretement vous
vous y mettez , fans auoir bien penfé ce qui
fe peut arriuer , quand il s'y trouuera quelque chofe de des-honnefte , vous en rece-
urez de la honte.

32. Voulez-vous emporter le prix és jeux
Olympiques ? auffi voudrois-ie bien moy
vrayement, car cela eft magnifique. Mais re-

gardez par où il faut commencer , & comment il faut pourſuyure, & puis vous mettez à la beſongne. Il ſe faut regler, ne manger que de certaines viandes, s'abſtenir de patiſſerie, s'exercer autant qu'il eſt beſoing, & aux heures ordonnees, tantoſt au chaud, tantoſt au froid, ne boire point d'eau froide, ne boire pas du vin à tout propos. Bref il vous faut commettre à celuy qui a la charge de vous dreſſer, comme vous feriez à voſtre Medecin : apres cela vous pourrez vous preſenter en lice , où il pourra arriuer que vous ſerez bleſſé à la main, que vous aurez vn pied demis , que vous boirez force poudre, que vous aurez de bonnes eſtrillades, & apres tout cela , peut eſtre demeurerez-vous vaincu. Si lors que vous aurez conſideré tout cela, vous eſtes reſolu d'aller à ce combat, allez-y. Si vous y allez autrement, vous en reuiendrez ſemblable aux enfans, qui tantoſt s'exercent à la lutte , tantoſt joüent des cornets à bouquin, tantoſt combattent en duel, tantoſt ſonnent la trompette, tantoſt joüent vne tragedie. Car à ceſte heure vous voudrez faire le champion du lutte, le tenant de duel, puis apres le Rethoricien , & en fin le Philoſophe ; d'employer voſtre eſprit du tout à quelque

chofe point de nouuelles : mais comme les
Singes vous voudrez imiter tout ce que vous
verrez,& vous plairez tantoſt à l'vn, tantoſt à
l'autre. Vous n'entreprēdrez ny n'achemine-
rez rien auec reſolution , ains laſchement &
froidement. Il y a de ces gens-là qui voyans
vn Philoſophe ou oyās vn autre qui dit, Que
Socrates parle bien, qui eſt-ce qui pourroit ſi
bien dire que cela ? veulent deuenir Philoſophes, comme les autres. O l'homme, conſiderez vn peu deuāt quelle beſongne c'eſt-
là , & puis ſçachez vn peu de voſtre naturel ,
s'il en pourra porter le trauail. Vous voulez
eſtre athlete, ou luteur, regardez vn peu vos
bras & vos cuiſſes, ſondez vos reins. L'vn eſt
nay pour vne choſe, l'autre pour vne autre.
Auez-vous opinion, que vous addonnant à
telles choſes, vous puiſſiez vſer des meſmes
viandes , de meſmes bruuages , & ſupporter les meſmes diſgraces que celuy-là ? Il
faut veiller pour en venir à bout, trauailler,
abandonner ce qui vous eſt plus familier,
eſtre mocqué par les valets, & meſpriſé de
tout le monde. Soit donc qu'il ſoit queſtion
d'honneur, de Magiſtrat, de iugement, bref
en toutes choſes , regardez ſi vous voulez
vous aſſujetir à tout cela , pour acquerir
en contr'eſchange vne conſtance , liberté,
& tranquillité d'eſprit. Si vous ne le vou-

lez faire, ne vous meflez plus de la Philofophie, de peur que côme vn enfant, vous ne
foyez tantoft Philofophe, tantoft Maltoftier,
puis Rethoricien, & en fin, receueur de Cefar: ce font chofes qui ne s'accordent pas. Il
vous faut refoudre, fi vous voulez eftre homme de bien ou non, vous appliquer à ce qui
eft de principal en vous, ou à ce qui eft de
l'exterieur, & à eftre du tout Philofophe, ou
du tout plebee.

33. Le deuoir fe mefure pour la plus part,
par la qualité des perfonnes. Eft-ce voftre
pere, il vous eft enjoint d'en auoir foing, luy
ayder en tout, en endurer, foit qu'il vous iniu-
rie, foit qu'il vous frappe. Ouy: mais c'eft vn
mauuais pere. La nature ne vous a pas voulu
conjoindre auec vn bon pere, mais feulement auecques vn pere. Voftre frere vous
offenfe, ne regardez-pas à ce qu'il fait, mais
confiderez quelles doiuent eftre vos actions
en fon endroit, pour faire que vous ne vous
departiez point de la refolution que vous a-
uez pris de fuyure la nature. Perfonne ne
vous peut offenfer fi vous ne voulez. Vous
ferez offenfé quand vous le penferez eftre.
Ainfi doncques trouuerez-vous le deuoir du
bourgeois à l'endroit du bourgeois, du voifin
à l'endroit du voifin, & du chef d'armee à

à l'endroiƈt de celuy qui eſt ſous luy, ſi vous
vous accouſtumez à conſiderer leur qualité.

34. Quant à la pieté qui eſt deuë à Dieu,
ſçachez que le principal eſt d'en auoir bône
opinion, comme de celuy qui gouuerne toutes choſes, le mieux & le plus iuſtement qu'il
eſt poſſible, ſe diſpoſer à luy obeïr & ceder
à tout ce qu'il a faiƈt, & ſuiure volontairement tout ce qu'il ordonne, comme proce-
dant d'vn tres-ſage conſeil. Car faiſant ainſi
vous ne le blaſmerez iamais, iamais vous ne
l'accuſerez de n'auoir pas ſoin de vous. Ce
que vous ne ſçauriez faire ſinon en vous dé-
ſtournant des choſes qui ne ſont point en
noſtre puiſſance, & conſtituant le bien & le
mal en celles qui dependent de nous. Car il
eſt de neceſſité, qu'eſtant fruſtré de ce que
vous deſirez en tombant en ce que vous ne
voulez pas, vous vous deſpitiez, & haïſſiez ce
qui en eſt cauſe. D'autant que tous les animaux ſont nez auec ceſt inſtinƈt naturel, de
fuïr tout ce qui ſemble leur nuire, ou eſtre
cauſe de leur mal, & admirer & reuerer au
contraire, ce qui leur eſt profitable, ou qui
eſt la cauſe de leur biē. Il ne ſe peut donc faire, que celuy qui penſe auoir reçeu dommage, ait agreable ce qu'il eſtime en eſtre cauſe.
Car il ne ſe peut faire, que le dommage nous

plaife. De là vient, que l'enfant mefme dict
iniures à fon pere, quãd il ne luy fait pas part
de ce que lon eftime biens. C'eft ce qui rédit
ennemis, Pollinice & Etheocles, ils auoient
opinion que la tyrannie eftoit vn grãd bien.
C'eft ce qui faict que le laboureur, le marinier, le marchant, celuy qui perd fes enfans
ou fa femme, blafphement contre Dieu. Car
où eft le profit là eft la reuerence. De forte
qu'on peut dire, que celuy qui met peine à
ne defirer que ce qu'il doit, eftudier vrayement à la pieté. Quant aux facrifices & offrandes, il faut que chacun les faffe felon la
couftume de fon païs, le plus purement qu'il
eft poffible, fans negligence, ny trop chiche-
ment, ny plus fomptueufement que nos
moyens ne peuuent porter.

35. Quand vous irez à l'oracle, fouuenez-
vous que vous ne fçauez pas ce qui doit arriuer, mais que vous y allez pour le luy demander. Que fi vous eftiez Philofophe, vous
le fçauriez deuant que d'y aller. Car fi c'eft
chofe qui foit hors de voftre puiffance, elle
ne peut nullement eftre ny bonne ny mauuaife. Partant ne portez point vos defirs, ny
vos craintes à l'oracle, finon vous y entre-
rez tout en tranfe. Mais confiderez, que tout
ce qui vous peut arriuer eft indifferent, & ne
vo° touche point. Car de quelque façõ qu'il

arriue, vous en pouuez bien vſer, & rien ne vous en ſçauroit empeſcher. Allez dõc auec aſſeurancé ou conſeil à Dieu, & quãd il vous aura cõſeillé quelque choſe, regardez de qui vous auez pris conſeil, & qui vous negligez en neſuyuant pas ſon aduis. Allez à l'oracle, ſuyuant ce que diſoit Socrates, touchant les choſes qui dependent entierement de l'euenement, & dõt on ne peut auoir cognoiſſance, ny par diſcours ny par ſcience. Partant s'il eſt queſtion de courir fortune pour voſtre païs, ou pour voſtre amy, n'allez point à l'oracle pour cela.

Car bien que le deuin vous rapporte qu'il trouue faute aux entrailles, & que c'eſt vn ſigne que vous deuez mourir, eſtre eſtropié ou banny, la raiſon neantmoins vous perſuadera, que quand tout cela deuroit eſtre, vous ne deuez point abandonner voſtre païs, ny voſtre amy. Et pour ceſt effeƈt, ayez deuant les yeux ce grand Oracle Pythien, qui chaſſa du Temple, celuy qui n'auoit pas ſecouru ſõ amy, que lon aſſaſſinoit.

36. Propoſez vous certaine façon que vous gardiez touſiours, ſoit que vous ſoyez ſeul, ou en compagnie. Parlez-peu, & quand il en ſera beſoin, & de peu de choſes: car rarement ſe preſente-il occaſion que nous deulons parler: & ne vous amuſez point à cõter

des choses vulgaires, comme des combats, des courses de cheuaux, des luteurs, des viandes, du vin, qui sont choses dont tout le monde s'entretient, mais principalement ne deuons nous parler des hommes, les loüer, les blasmer, ou en faire comparaison. Et pour ce redressez par vos propos autant qu'il vous sera possible, ceux auec lesquels vous viuez, à ce qui est le plus seant. Que si vous vous trouuez parmy des estrangers, taisez vous.

37. Ne riez pas beaucoup, ny de beaucoup de choses, ny dissolument.

38. Ne iurez point du tout s'il est possible, sinon iurez verité.

39. N'allez point manger auec personnes estranges, mesmes plebees: Que si l'occasion vous y conduit, tenez vostre esprit ferme, de peur de glisser és façons du vulgaire. Car vous deuez sçauoir que si vostre compagnon est souillé, il ne se peut faire qu'approchant de luy vous ne vous gastiez, bien que vous fussiez net auparauant.

40. Pour ce qui concerne le corps, comme viandes, breuuages, habits, maisons, seruiteurs, il en faut vser autant que l'ame en a de besoing, & retrancher tout ce qui n'est que pour la pompe & les delices.

41. Quant au plaisir des femmes, il faut autant qu'on peut s'en tenir pur, auant que d'e-

ftre marié : en tout cas en faut-il vfer felon
les loix. Mais pour cela il ne faut pas fe rédre
cenfeur de ceux qui y font fujets, ny leur reprocher que vous ne vous en feruez point.

42. Si quelqu'vn vous rapporte, que l'on
mefdit de vous, ne vous amufez pas à refuter
ce dont il vous blafme: mais dites, à ce que ie
voy, il ne fçait pas encore tout le mal qui eft
en moy, puis qu'il n'en dict que cela.

43. Il ne faut pas fouuent aller au theatre;
que fi quelquefois l'occafion s'en prefente,
ne faictes point paroiftre d'auoir plus de
foing d'aucun autre, que de vous mefmes.
C'eft à dire, ne defirez point qu'il s'y faffe autre chofe que ce qui s'y fait, ny qu'vn autre
ait le prix, que celuy qui l'a gaigné. Car par
ce moyen vous ne ferez point troublé. Sur
tout abftenez vous de crier, de rire, & de vous
beaucoup remuer. Et quand vous ferez de
retour, ne vous amufez point à difcourir de
ce qui s'y eft fait. Car cela ne fert de rien à a-
mender voftre vie, au contraire cela monftre
que vous vous eftes laiffé tranfporter à la
veuë de tout cela.

44. Ne vous ingerez point d'aller ouïr
ceux qui recitent, ne vous y trouuez pas
fouuent, encores que vous en foyez prié. Si
vous vous y trouuez, monftrez vous y modefte & pofé, de façon toutesfois que vous ne

foyez point à charge à la compagnie.

45. Quand il vous faudra aller trouuer
quelqu'vn principalement des grands, pro-
pofez vous ce qu'y euft fait Socrates, ou Zenon s'il euft efté en voftre place, & vous ne
ferez point en peine de fçauoir ce que vous
auez affaire.

46. S'il vous faut aller vers quelqu'vn lequel ait beaucoup d'authorité, reprefentez-
vous, que vous ne le trouuerez pas à la maifon, qu'il fera retiré, que l'on vous fermera la
porte au nez, ou qu'il ne fera pas femblant
de vous voir: fi apres cela vous y allez, endu-
rez ce qui vous y arriuera, & ne dictes plus à
part vous, cela ne valoit pas que i'en priffe la
peine. Car cela fent fon plebee, & fon hôme
qui fe laiffe tranfporter aux chofes externes.

47. Quand vous ferez en compagnie ne
vous amufez pas beaucoup à conter ce que
vous auez faict, ou les dangers que vous auez
couru: car les autres ne prennent pas tant de
plaifir à ouïr telles chofes, que vous à les conter. Ne vous accouftumez pas non plus à faire rire ceux auec lefquels vous eftes. C'eft vn
pas bien gliffant, qui meine aifément aux façons de faire du vulgaire, & qui vous feroit
perdre le refpect, que vous portent ceux qui
approchent de vous: outre qu'il y a dâger que
pour ce faire, nous n'vfions de fales paroles,

à quoy nous ne nous deuons pas accouſtumer, ains ſi nous nous trouuons en lieu ou
l'on en vſe, reprendre s'il vient à propos ceux
qui le font, ou pour le moins nous taire, &
rougir pour eux, & en nous renfrognant
monſtrer que nous n'y prenons pas plaiſir.

48. S'il vous vient en l'eſprit quelque imagination de volupté, gardez qu'elle ne vous
emporte : conſiderez bien que c'eſt, & prenez le loiſir d'y penſer en vous-meſmes, &
regardez combien vous aurez de contentement, ſi vous vous en abſtenez, & comme
vous vous en loüerez vous meſmes. Que ſi
vous iugez à propos d'en vſer, prenez garde
que vous ne ſoyez vaincu par ſes douceurs
&allechemens. Et oppoſez luy ceſte penſee,
qu'il vaut bien mieux auoir ce contentement en l'ame, d'auoir vaincu le plaiſir que
d'en auoir ioüy.

49. Quand vous aurez deliberé de faire
quelque choſe, faictes-la ſans vous ſoucier
que les autres vous voyent, quelque opinion
qu'ils en puiſſent auoir: car quand vne choſe
n'eſt pas bonne, il ne la faut point faire du
tout; ſi elle eſt bonne, il ne faut point craindre ceux qui vous en reprennet mal à propos.

50. Comme en ces termes-cy : il eſt iour,
ou il eſt nuict, propoſez par forme de diſ-
iunctiue, vous formez vn axiome, par lequel

vous cognoissez lequel des deux est veritable. Ce que vous ne feriez, si vous disiez simplement, il est iour, & il est nuict. Ainsi quád vous vous proposerez en vn festin de prendre la meilleure part de ce qu'on vous seruira, ou de la laisser à celuy qui est assis pres de vous, ce que l'appetit sensuel vous eust faict trouuer bon*, l'honnesteté publique vous monstre qu'il ne le faut pas faire. Quand vous serez donc à vn festin auec quelqu'vn, ne regardez pas simplement à vser des viandes selon que le corps le pourroit desirer, mais selon que l'honneur que vous deuez à vostre compagnon le requiert.

51. Si vous entreprenez de ioüer vn personnage, que vous ne sçauez pas, vous vous deshonorez, & outre cela perdez l'occasion de bien faire en quelque autre chose dont vous fussiez bien venu à bout.

52. Comme en vous promenant vous prenez garde de ne pas marcher sur vn cloud ou de ne vous detordre le pied, ainsi deuez-vous auoir l'œil de ne blesser la raison qui est la guide de vos actions. Et si nous prenons garde à cela en chaque chose que no' entreprenons, nous irons bien plus seurement en besongne.

53. Le pied est la mesure du soulier, aussi le corps doit estre la mesure de nos biens, si

vous vous arreftez-là, vous garderez mefure,
fi vous paffez cela , il eft neceffaire que vous
tombiez en vn grand precipice. Par exéple fi
vous ne faictes pas voftre foulier pour feruir à
voftre pied, mais pour eftre braue, vous le ferez de cuir doré , puis apres de pourpre, & en
fin de broderie:car depuis que vous auezvne
fois paffé les bornes,il n'y a plus de mefure.

54. Depuis que les femmes ont paffé qua-
torze ans,les hommes les appellét Madame.
C'eft pourquoy penfant n'eftre propres qu'à
coucher auec les hommes , elles mettét tout
leur eftude à s'embellir, & toute leur efperã-
ce en leur beauté, pour ce nous leur deuons
faire entédre,que nous ne les voulons honorer,finon entant qu'elles fe monftrent refpe-
ctueufes,modeftes & fages.

55. C'eft le figne d'vn efprit mal né d'eftre
trop curieux de ce qui eft du corps, côme de
faire beaucoup d'exercice, de beaucoup má-
ger,de beaucoup boire, de s'aller promener,
de fe faire trainer en coche. Il faut faire tout
cela comme en paffant, & tourner tout noftre foing à traiter noftre efprit.

56. Quand quelqu'vn vous mesfaict ou
mefdit, eftimez qu'il penfe faire ou dire ce
qu'il doit. Or ne fe pourra il faire qu'il s'accó-
mode à ce que vous trouuez bon,mais bien à
ce qui luy femble tel.Que fi il iuge mal, il eft

le premier puny, puis qu'il est le premier trompé. Car la verité est embroüillee parmy le faux. Si quelqu'vn choisit le faux, la verité n'est pas pour cela offensee, mais celuy qui se trompe à choisir. Si vous n'estes donc poussé d'autre raison, vous ne vous courroucerez point contre celuy qui vous faict vne iniure, d'autant que vous direz tousiours : Il a pensé bien faire.

57. Chaque chose a deux anses, par l'vne elle est aisee à supporter, par l'autre elle est fascheuse. Si vostre frere vous fait tort, ne le considerez pas du costé dont il vous fait tort, car cela n'est pas aisé à supporter; mais du costé qu'il est vostre frere, que vous auez esté nourris ensemble, & le prenant par ce costé là, vous le trouuerez tolerable.

58. Ceste consequéce-là n'est pas bonne, ie suis plus riche que vous, ie suis donc plus hóme de bien que vous, ie suis plus eloquét que vous, ie vaux donc mieux que vous. Mais il est bien plus à propos de dire, ie suis plus riche que vous, mon bien vaut donc d'auantage que le vostre; ie suis plus eloquent que vous, mon langage vaut donc mieux que le vostre. Il y a difference entre vostre bien & vous, entre vostre langage & vous.

59. Si quelqu'vn se laue hastiuemér, ne dites pas qu'il se laue mal, mais hastiuement;

boit-il beaucoup ? ne dictes pas mal, mais beaucoup. Car si vous ne sçauez son dessein, comme pouuez-vous sçauoir s'il fait bien ou mal ? autrement en voyant vne chose, nous en ferons vn tout diuers iugement, de ce que nous en pouuons comprendre.

60. Ne dites iamais que vous estes Philosophe, & ne parlez pas beaucoup des choses speculatiues parmy le vulgaire. Comme si vous vous trouuez en vn festin, n'allez pas discourir de la façon dont il faut manger, mais mangez comme il faut. Car Socrates a voulu en toutes choses oster l'ostentation. Il y en auoit qui alloient vers luy pour le prier de les mener chez les Philosophes, & il les y menoit, tant il se soucioit peu que l'on ne fist cas de luy. Si vous vous trouuez entre personnes vulgaires, où l'on vienne à parler de quelque poinct de Philosophie, taisez vous, car il y auroit danger de vomir ce que vous n'auriez pas encore digeré. Si quelqu'vn vous dit que vous ne sçauez rien, & que vous ne vous en faschiez point, voila bon commencement. Encores que les brebis ne reuomissent pas l'herbe qu'elles ont mangee, elles ne laissent pas de faire cognoistre à leur maistre qu'elles sont biē nourries. Car apres auoir fait leur digestiō de ce qu'elles ont māgé, elles rendent force laict, & portent force

laine. Ne faites pas parade de paroles à l'endroit du vulgaire, mais bien des belles actiós qui en procedent.

61. Pour auoir le corps mince & delicat, ne vous en glorifiez pas, & si vous ne beuuez que de l'eau, n'allez pas dire pour cela à tout propos que vous ne beuuez que de l'eau: Et si vous voulezvous exercer au trauail, faites-le à part vous, & nõ à la veüe des autres, n'allez point embrasser les statuës, à fin que le peuple s'y assemble: mais quand vous aurez soif, prenez de l'eau en vostre bouche, & la rejettez sans l'aualler, & ne le dites à personne.

62. La marque d'vn hõme idiot, c'est de ne pas attendre le profit & le dommage de soy-mesme, mais de dehors, & la marque du Philosophe au contraire.

63. Les marques de celuy qui profite en la Philosophie, c'est qu'il ne blasme, ny ne loüe personne, il ne se plaint de rien; il ne parle point de soy, comme s'il estoit, ou qu'il sceust quelque chose. Quand il est troublé ou empesché en quelque chose, il ne s'en prend qu'à soy-mesme, & si quelqu'vn le loüe, il se rit en soy-mesmes de celuy qui le loüe: si lon mesdit de luy, il ne respond rien: Il se gouuerne comme vn malade qui prend garde de ne rien esmouuoir en son corps, iusques à ce

que sa santé soit cōfirmee. Il se priue de tout
desir, & se propose d'euiter seulement, ce qui
n'est point selō la nature des choses qui sont
en nostre puissance. Il est poussé en toutes
choses d'vne affection moderee, il ne se donne pas peine qu'on le tienne pour simple &
ignorant : & pour dire en vn mot, il se des-
fie de soy-mesme, comme de son plus grand
ennemy, qui est en embuscade contre luy.

64. Quand quelqu'vn se glorifiera de bien
entendre & interpreter les liures de Chrysippus, le sage dira en soy mesme : Donc si
Chrysippus n'eust escrit obscurement, celuy
là n'eust point eu de sujet de se faire paroistre. Et moy que veux-ie? cognoistre la nature & la suiure. Ie demāde, qui me l'apprēdra?
ayant entendu que c'est Chrysippus, ie vay à
luy : mais ie trouue que ie n'entends pas ce
qu'il a escrit, ie cherche quelqu'vn qui me
l'explique : & iusques à là ie ne voy rien dont
il faille faire si grand cas. Mais quand i'auray trouué qui me l'ait interpreté, il me reste
encor de mettre ses preceptes en vsage. Cela seul merite d'estre loüé. Que si i'admire de
bien interpreter seulement, que deuiens-ie
autre chose que simple Grammarien au
lieu de Philosophe? Ie n'ay rien en cela dauantage, sinon qu'au lieu d'Homere i'explique Chrysippus. I'ay bien plus de hōte quād
ie ne sçay pas conformer mes actiōs aux pre-

ceptes de Chryſippus, que quand on me dit,
interpretez-moy ce paſſage de ſes liures.

65. Obſeruez les reſolutions que vous
auez priſes, comme loix, & comme eſtát vne
eſpece d'impieté que de les outrepaſſer.
Quant à ce que lon dira de vous, ne vous y
amuſez pas, car cela ne depéd point de vous.

66. A quelle ſaiſon reſeruez-vous de vous
rédre digne de bié-faire, & de ne point outrepaſſer les bornes que vous a planté la raiſon.
Vous auez appris les preceptes qui eſtoient
neceſſaires pour vous addreſſer au bié, vous
vous y eſtes inſtruict: quel autre precepteur
attendez-vous pour améder voſtre vie? vous
n'eſtes plus enfant, ains homme parfait. Si
vous eſtes negligent ou pareſſeux à le faire,
& que vous mettiez deſſein ſur deſſein, & vn
terme ſur l'autre, pour ſonger à vous, vous
n'auancerez rien, viurez, & mourrez igno-
rát. Il eſt donc temps que vous vous reſou-
diez de viure vne vie parfaite, que vous vous
amédiez touſiours en quelque choſe, & que
ce que vous iugez de meilleur, voꝰ ſoit comme vne loy inuiolable. S'il ſe preſente quelque choſe de laborieux, de plaiſant, d'honorable, ou d'abject, faites eſtat que ce ſont les
ieux Olympiques; qu'il faut entrer en lice ſás
plus perdre temps, & que ſi voꝰ eſtes vne fois
vaincu, ou que voꝰ voꝰ rédiez, voꝰ perdez tout

ce que vous auez iamais acquis, si vous vain-
quez vous le conseruez. Socrates deuint
tres-excellent par ce moyen, se presentant à
tout, & n'ayant autre pensee que de suiure
la raison. Que si vous n'estes pas encores Socrates, si deuez-vous viure comme desirant
de le deuenir.

67. Le premier & plus necessaire traicté de
la Philosophie, c'est de la façon dont il faut
mettre les preceptes en vsage. Comme celuy-là, De ne point mentir. Le second,
c'est celuy qui rend raison. Pourquoy cela
est, comme pourquoy il ne faut point mentir. Le troisiesme qui confirme les autres, par
lequel on examine si la preuue en est bien
faite, c'est à dire qui monstre que c'est que
demonstration, consequence, repugnan-
ce, verité, fausseté. Le dernier est necessaire
pour le second, le second pour le premier. Le
premier est celuy qui est necessaire de soy, &
auquel il se faut arrester. Mais nous faisons
tout au rebours : car nous nous amusons au
troisiesme, & y mettons tout nostre estude,
ne nous soucians en façon quelconque du
premier : car nous mentons, bien que nous
ayons tousiours en main des raisons pour
monstrer qu'il ne faut point mentir.

68. Nous deuons auoir perpetuellement
ceste priere en la bouche.

Mon Dieu conduisez-moy par la voye ordonnee,
Ie suiuray volontiers, de peur qu'vn fort lien
Ne m'entraine, meschant, où en homme de bien,
Ie pourrois arriuer suiuant la destinee.

Et puis ce mot.
Cil qui cede à propos à la necessité,
Est sage, & sçait que c'est que la Diuinité.
Et encores cestui cy pour le troisiesme. O
Criton, soit fait, si c'est le plaisir de Dieu.
Anitus & Melitus me peuuent faire mourir,
mais ils ne me sçauroient mal-faire.

I'ay estimé ceste piece-cy bien propre pour remplir
ce qui restoit de ceste fueille. Mais i'eusse bien desiré
l'auoir plus parfaicte: Car il y a beaucoup de choses
qui ne m'y plaisent pas. Ie ne sçay si ce sont les der-
niers temps par lesquels elle a passé, qui l'ont gastee,
ou si c'est que les anciens ayent leurs tares aussi bien
que nous, & qu'il se trouue des ronces parmy leurs
roses. I'y ay peut estre amendé quelque chose, peut
estre aussi empiré. Ie n'auray point de regret à mes
fautes, pourueu qu'elles facent enuie à quelque autre
de mieux faire.

LES RESPONSES
D'EPICTETE AVX
DEMANDES DE L'EMPE-
reur Adrian.

QVi est la chose que vous ne des-couurez pas pour l'auoir deslice, mais regardez-en le corps & vous la cognoistrez? Vne missiue. Qu'est-ce qu'vne missiue? Vn messager muët. Qu'est ce que la peinture? Vne fausse verité. Pour-quoy le dites-vous ainsi? Pource que nous voyons des pommes, des fleurs, des herbes, des animaux, de l'or, de l'argent peints, où il n'y a rien de tout cela. Qu'est-ce que l'or? La proye de la mort. Qu'est-ce que l'argent? Le giste de l'enuie. Qu'est-ce que le fer? L'in-strument commun de tous les mestiers. Qu'est-ce que l'espee? Ce qui gouuerne les armees. Qu'est-ce qu'vn gladiateur? Vn meurtrier sans crime. Qui sont ceux qui sont malades en santé? Ceux qui se chargent des

affaires d'autruy. Dequoy est-ce que les
hômes ne se lasset point? De gaigner. Qu'est-
ce que l'amitié ? Concorde. Qu'est-ce qui
nous semble plus long à venir ? Ce que nous
esperons. Qu'est-ce que l'esperance? Le son-
ge d'vn homme esueillé, vn incertain euenement à celuy qui l'attend. Qu'est-ce que
l'homme ne sçauroit apperceuoir? La volonté d'autruy. En quoy pechent les hommes?
A desirer. Qu'est-ce que liberté? Innocence.
Qu'est-ce qui est commun aux pauures &
aux Rois ? Le naistre & le mourir. Qu'est-ce
qui est tres-bon & tres-mauuais ? La parole.
Qu'est-ce qui plaist à l'vn & desplaist à l'autre ? La vie. Quelle est la meilleure vie ? La
plus courte. Qui est la chose plus certaine?
La mort. Qu'est-ce que la mort? Vne seureté
pour iamais. Qu'est-ce que la mort ? Ce que
personne ne doit craindre s'il est sage, l'ennemie de la vie, ce qui a puissance sur tous les
animaux, ce que les peres craignent, ce qui
nous rauit nos enfans, ce qui donne lieu aux
testamens, ce qui fait parler de nous apres
que nous n'y sommes plus, ce qui nous donne les dernieres larmes, ce qui fait qu'on
nous met en oubly : c'est le brandon du bucher funebre, la charge du sepulchre, le titre du monument, & la fin de tous maux.
Pourquoy couronne-lon les morts ? Pour
monstrer

monſtrer qu'ils ont paſſé par le combat de
ceſte vie. Pourquoy leur lie-on les pouſſes?
Pour monſtrer qu'ils ne ſçauroient plus faire
de reſiſtâce. Qu'eſt-ce qu'vn crieur de corps?
Celuy que chacun ſuit, & perſonne ne peut
euiter. Qu'eſt-ce que le bucher funebre ? La
demande & le payement de ce qui eſt deu.
Qu'eſt-ce que la trompette? Ce qui nous ex-
horte au combat, le ſignal du camp, le ſignal
des tournois, l'entree des jeux, la deploratiõ
des obſeques. Qu'eſt-ce qu'vn monument?
Des pierres grauees, l'amuſemẽt des paſſans
qui ſont de loiſir. Qu'eſt-ce qu'vn pauure
homme? Vn puits deſert où chacun regarde
en paſſât, & le laiſſe cõme il le trouue. Qu'eſt
ce que l'homme? C'eſt cõme vne eſtuue: La
premiere châbre en eſt tiede, où lon ſ'oingt.
Car on oingt les hommes quand ils naiſſent.
La deuxieſme, où lon ſuë, c'eſt l'enfance. La
troiſieſme, l'eſtuue ſeiche, où lon endure de
faſcheuſes vapeurs, c'eſt la ieuneſſe. La qua-
trieſme où lon prẽd l'eau froide, c'eſt la vieilleſſe, qui nous prononce à tous vne meſme
ſentence. Qu'eſt-ce que l'homme? C'eſt
comme vne pomme.

Nos corps comme les fruiɛts aux arbres attachez,
Ou meurs tombent en terre, ou verds ſont arra-
  chez.

Qu'eſt-ce que l'homme? Vne chandelle ex-

i

poſee au vét. Qu’eſt-ce que l’homme? L’ho-
ſte du lieu où il eſt, l’image de la loy, vne fable de calamité, la proye de la mort, vn paſſage de vie, & la plus-part du temps le jouët
de la fortune. Qu’eſt-ce que la fortune? Vne
femme de bõne maiſon, qui ſabãdóne à des
valets. Qu’eſt-ce que la fortune? Vn but que
lõ touche sãs y viſer, vne eſchouëtte des biés
d’autruy. Elle fait lumiere où elle viét, & ombre d’où elle ſ’en va. Cõbien y a-il de ſortes de
fortunes? Trois: vne aueuglequi ſe fourre par
tout, vne folle qui dõne & oſte auſſi toſt, vne
ſourde qui n’oit point les prieres des miſera-
bles. Qu’eſt-ce que les Dieux? C’eſt cõme les
images qui ſe voyent en nos yeux, vne diuinité qui reluit en noſtre entendement. Si
nous les craignons, c’eſt frayeur; ſi nous nous
contenons de mal faire pour leur reſpeĉt,
c’eſt religion. Qu’eſt-ce que le Soleil? La lumiere du monde, qui apporte & emporte le
iour, auec laquelle nous meſurõs les heures.
Qu’eſt-ce que la Lune? Le ſecours du iour,
l’œil de la nuiĉt, le flambeau des tenebres.
Qu’eſt-ce que le ciel? Vn cõble ſans meſure.
Qu’eſt-ce que le ciel? Vn air pur. Qu’eſt-ce
que les eſtoiles? Le deſtin des hommes.
Qu’eſt-ce que les eſtoiles? Le liure des pilotes. Qu’eſt-ce que la terre? Le grenier de
Ceres. Qu’eſt-ce que la terre? Le reſeruoir

de la vie. Qu'eſt-ce que la mer? Vn chemin incertain. Qu'eſt ce qu'vn nauire? Vne
maiſon errante. Qu'eſt-ce qu'vn nauire? Vne
hoſtellerie qui va par tout. Qu'eſt-ce qu'vn
nauire? Vne choſe qui eſt en la puiſſance de
Neptune, vn tableau des ſaiſons de l'annee.
Qu'eſt-ce qu'vn marinier? Vn amoureux de
la mer, vn deſerteur de la terre, vn qui meſ-
priſe & la vie & la mort, vn vaſſal des ondes.
Qu'eſt-ce que le ſommeil? L'image de la
mort. Qu'eſt-ce que la nuiƈt? Le repos des
laſſez, & le gain des brigands. Qu'eſt-ce quo
le liƈt? Le lieu où ſe veautrent ceux qui ne
peuuent dormir. Pourquoy peint-on Venus
toute nuë?

Bien a l'on peint Venus, & les Amours tous nus:
Car ceux qui s'y ſont pleuz, tels en ſont reuenus.
Pourquoy Venus eſt-elle mariee à Vulcain?
Pour môſtrer que l'amour ſ'enfláme d'vn ardeur. Pourquoy Venus eſt-elle louche? Pource que l'amour voit tout de trauers. Qu'eſt-
ce que l'amour? Le tourment d'vn cœur oiſif.
Es enfans c'eſt pudeur, és filles c'eſt honte, és
femmes c'eſt fureur, és ieunes hommes,
c'eſt ardeur, és vieillards c'eſt riſee, en ceux
qui aiment pour ſ'en moquer, c'eſt malice. Qu'eſt-ce que Dieu? Ce qui embraſſe
tout. Qu'eſt-ce que ſacrifice? Offrande de
portion de nos biens. Qu'eſt-ce qui ne

reçoit point de compagnon ? La Royauté.
Qu'eſt-ce que regner? Le partage des Dieux.
Qu'eſt-ce que l'Empereur ? Le chef de la lumiere publique. Qu'eſt-ce que le Senat?
L'ornement de la ville , & la ſplendeur des
citoyens. Qu'eſt ce que le ſoldat? Le mur de
l'Eſtat, la defenſe du païs, vne glorieuſe ſeruitude, la marque de la puiſſance. Qu'eſt-ce
que Rome? La ſource de l'Empire du monde , la mere des nations, celle qui poſſede
tout , le domicile commun des Romains , la
conſecration de la paix eternelle. Qu'eſt-ce
que la victoire? La fin de la guerre, & le deſir
de la paix. Qu'eſt-ce que la paix? Vne tráquil-
le liberté. Qu'eſt-ce que le Palais ? Le temple de liberté, la lice des plaideurs. Qu'eſt-ce
que les amis? Des ſtatuës d'or. Qu'eſt-ce que
des amis des grands ? Ce ſont des citrós dont
l'eſcorce eſt belle & agreable, mais il y a bien
de l'amer au dedans. Qu'eſt-ce que des flat-
teurs ? Ce ſont des poiſſons qui ſuiuent l'a-
morce.

Fin des reſponſes d'Epictete.

EXHORTATION
A LA VIE CIVILE,
A MONSIEVR DE L.

E suis bien aise qu'il soit party de ma main quelque chose qui vous ait pleu, ie n'estimeray iamais mes veilles mieux employees, que quãd elles seruiront au contentement de ceux qui m'honorent de leur amitié, & à qui i'ay voüé seruice comme à vous. Mais si l'Epistre de S. Basile que i'ay mise en François vous a donné quelque plaisir, ce n'est pas à moy à qui vous en deuez la grace; à moy dy-ie qui ay plustost empiré qu'amendé l'ouurage de ce grand homme-là, le faisant changer de langue, & parler nostre François. Certainemét de tous les Peres Grecs il n'y en a point qui me reuienne plus que celuy-là. Chacun a son goust, ie laisseray loüer aux autres ce qu'ils voudront, mais pour moy i'vseray plus volontiers de ce qui me plaist, celuy-cy me plaist grandement. Toutesfois

i iij

voſtre lettre a fait qu'il m'a deſpleu quand vous m'auez eſcrit que la frequente lecture de ceſte epiſtre, que vous dites que vous reli-ſez quaſi tous les iours, vous a faitvenir enúie de vous retirer en quelque Monaſtere, & y paſſer le reſte de vos iours , pour diuertir vos yeux de la veüe de tant de miſeres , que pro-duit ceſte miſerable guerre ciuile, &cõuertir entierement voſtre eſprit & vos penſees, à l'honneur & au ſeruice de Dieu. Ce deſſein, ie le confeſſe , procede d'vn cœur plein de pieté , & projette bien vn moyen qui vous pourroit apporter en voſtre particulier quel-que tranquillité d'eſprit, & repos de conſciē-ca, que i'eſtime vn des plus grands biens que nous puiſſions eſperer; mais qui m'apporte-roit vn extreme regret, d'eſtre priué d'vne ſi douce & ſi chere compagnie, & au public vn dommage tres-grand. Vous feriez, croyez-moy, iniure à voſtre païs & à vos amis, il faut chercher ſon bien , mais ſans le dommage d'autruy. Nous ne ſommes pas nez en ce mõ-de pour nous-meſmes, nous ne ſommes que la moindre parcelle de l'vniuers, liez toutes-fois & attachez aux grandes & principales parties d'iceluy par de tres-eſtroites obliga-tions, qui ne nous permettent point de nous en retirer en ceſte ſaiſon , ſans violer la cha-

rité & pieté. Ne pensez pas pour cela que ie
me vœille desdire, ny rien diminuer de la
loüange que sainct Basile, & tant de Peres
anciens,& moy apres eux auons donné à la
vie solitaire. Ie la prise beaucoup, ie l'aime, & peut-estre par trop. Mais ie desire
que vous l'aimiez comme eux, & auec les
mesmes considerations qu'eux, & non par
vn descouragement, plustost pour euiter
les trauerses & fascheries de la vie ciuile,
que pour suiure le plaisir qui est en la contemplation. Suiuez, si vous voulez, l'exemple des Peres anciens, mais suiuez-le auec
la mesme prudence & moderation qu'eux.
Ce n'est pas, & me croyez, en telle saison
que celle-cy, que leur exemple & exhortation appelle à la solitude telles gens que
vous. La vie Monastique n'a pas esté in-
troduicte,ny en vne saison troublee,ny pour
ceux dont & la prudence, & la fidelité estoit
necessaire à la conduite & gouuernemét des
affaires publiques. Aussi ne voyons-nous pas
qu'en la naissance de l'Eglise Chrestienne, lors qu'elle estoit agitee de toutes sortes de tourmens & afflictions, les Peres se
soient retirez aux deserts & aux solitu-
des, pour y seruir Dieu en repos. Leur vie
a esté pleine d'action, & action publique,

empefchee à ordonner les Eglifes, difci-
pliner les peuples, conferuer la paix & l'v-
niõ aux villes & prouinces, & feruir d'exemple de modeftie & de temperance à tout le
monde. Mais quand les Chreftiens ont efté
en pleine feureté, que les Empereurs ont em-
braffé la Religion, & mis à couuert fous leurs
armes & faueur, ceux qui en faifoient profef-
fion, alors le repos eftant eftably, & la chofe
publique fe pouuãt quafi maintenir de foy-
mefmes fur les bõs & affeurez fondemẽs, que
tant de fages & fainéts perfonnages y auoient
jetté auparauãt, il a efté permis aux grãds hõmes de iouïr de la douceur de la folitude.
Mais encores en quel âge l'ont-il fait? apres a-
uoir cõfumé leurs pl° vigoureufes annees en
la conduite de la vie ciuile, parmy les hõmes,
& les affaires. A ceft âge & de cefte façon S.
Bafile, fainét Hierofme, & les autres fe retire-
rent. Et toutesfois quand la neceffité s'eft
prefentee, en a-lon rappellé quelques-vns, &
les a-on cõtraints de rẽtrer aux charges, & venir trauailler pour le public. D'autres sõt demeurez toute leur vie en la folitude, ç'a efté
qu'ils n'ont pas efté iugez eftre neceffaires aux
affaires qui fe prefentoient. Et de verité, qui
pourroit fupporter de voir pendãt la tẽpefte,
lors que les flots bondiffent plus haut, que la
mer efcume plus furieufement, que les vents

foufflent plus tempeſtueuſemét, les plus en-
tédus piſotes quitter le gouuernail aux paſſa-
gers, pour aller prendre le ſommeil? Pendant
le calme chacun peut manier le timon, l'art
ſert de peu, & l'ignorance ne nuit pas beaucoup. Mais pendant l'orage, paroiſt l'adreſſe
& la prudence de celuy qui gouuerne, de laquelle ſeule depend le ſalut de ceux qui ſont
embarquez auec luy. L'eſtude, l'âge & l'experience vous ont apporté vne grande ſuffi-
ſance & meureté de conſeil, voſtre preu-
d'hommie & ſincerité vous ont donné l'affection au bien public, telle que vous la deuez
auoir, & acquis creance parmy vos concitoyens telle que le temps permet aux gens
de bien de l'auoir, auec quel pretexte aban-
donnerez-vous le public? Ie ne puis, dictes-
vous, ſupporter les fureurs qui regnent parmy les peuples, ie ne ſçaurois voir le deſordre
& confuſion où toutes choſes ſont tombees.
Dites-moy ie vous prie, eſt-ce pas de vous
que i'ay entendu ſi ſouuent que le païs nous
tient lieu de pere & de mere, & que pour ceſt
effect on l'a appellé patrie par vn nom dont
la deriuation ſignifie le pere, & la terminai-
ſon feminine ſignifie la mere, comme les
conioignant tous deux en meſme mot, & ſi-
gnifiant patrie & matrie tout enſemble? Si
vn pere eſtoit deuenu furieux & inſenſé, à

qui en donneriez-vous le soing, la garde & la
tutelle? Ne respondrez-vous pas aux enfans?
si les enfans s'en vouloient excuser pour dire
qu'ils en reçoiuent de la peine, des iniures, &
des coups, ne les blasmeriez-vous pas, & auec
conuices ne les contraindriez-vous pas à faire l'office que la nature & la charité leur cō-
mande? Il y a, dictes-vous, deux choses qui
vous destournent, & semblent vous excuser
de ne vous point mesler d'affaires. L'vne, que
c'est peine perduë, que les contentions des
gens de bien sont entierement inutiles, & ne
font autre chose que leur apporter de l'enuie
sans aucun fruit au public. La playe n'est plus
curable, la licence a trop gaigné sur la raison.
Les gens de bien ne sont tenus de trauailler
pour le public, sinon autant que leur labeur
peut profiter, & qu'il y a quelque esperance
de salut. En l'Estat comme en la Medecine,
il ne faut point mettre la main aux maladies
desesperees, qui le fait n'en rapporte que du
deshonneur. L'autre, que vous dictes qu'il y
a des choses qu'vn homme de bien ne peut
en façon quelconque supporter ny dissimu-
ler, la patience est bien vne grande vertu,
fort seante & necessaire à la vie des hommes,
mais si a-elle ses bornes: le mal vient quelquesfois à tel poinct, qu'il ne se peut plus endurer, par ceux qui ont l'amour & la crainte

de Dieu deuāt les yeux. Quant au premier ie
vous diray, que c'eſt vne excuſe recherchee
pour la laſcheté & la pareſſe, pluſtoſt fondee
ſur noſtre puſillanimité, que ſur la prudence
dōt elle ſe váte. Car qui eſt-cequi peut auoir
iuſte occaſion de deſeſperer du ſalut d'vn e-
ſtat, ou d'vne ville, veu que nous voyons par
le cours des hiſtoires quelle incertitude il y a,
& en leur ruïne, & en leur cōſeruatiō? Combien s'eſt-il veu, & d'eſtats, & de villes cheoir
en leur fleur par vn ſubit mouuement, cōme
par vn grand vent, & d'autres tout pāchans,
& à demy tombez ſe releuer miraculeuſe-
ment, & redreſſer au milieu de leurs ruïnes?
La fortune, c'eſt à dire, ceſte puiſſance de
Dieu impreuoyable aux hommes, les a pendus entre la crainte & l'eſperance, il n'y a iamais riē de ſi aſſeuré qu'il n'y faille craindre,
ny rien de ſi eſbranlé qu'il n'y faille eſperer.
Il eſt certainemēt biē vray que ſi noſtre ſalut
eſtoit entierement entre nos mains, pieça
nous fuſſions peris : mais Dieu combat pour
nous cōtre nous, & nous veut ſauuer par force. Or quand noſtre ruïne ſeroit aſſeuree,
& que nous verrions auſſi clair à l'aduenir,
cōme nous n'y voyons goutte, eſt-ce pas vne
partie du deuoir de bons enfans, & de bons a-
mis d'aſſiſter les malades, meſmes deſeſperez
iuſqu'à la mort, & la leur rendre douce, puis

que l'on ne les en peut garentir? Vous ne
pouuez, dictes-vous, supporter l'effrenee licence que prennent quelques particuliers,
l'oppreßion de la Iustice, le desordre & la
confusion en laquelle nous viuõs. Que voudriez-vous donc voir? toutes choses comme
elles doiuent estre, les bons en authorité, les
mauuais reprimez par les loix, la Iustice regner? Ce sont des souhaits dignes de vous,
dignes d'vn homme de bien : mais le monde
ne se gouuerne pas par souhaits. Il est bien
permis de desirer les choses bonnes, mais
quelles qu'elles soient, il les faut supporter. Il
y aura des vices au monde, tant qu'il y aura
des hommes. C'est à guerir & à soulager ces
desordres-là, que la Republique & vostre deuoir vous appellent, il ne faut pas seulement
apporter vos vœux, mais vos mains & trauailler à guerir vostre païs de si fascheuses playes.
Vous n'y ferez pas ce que vous voudrez, le
mal n'est pas traictable, ie le sçay bien: vous
y ferez ce que vous pourrez, & ce que la condition du mal vous permettra. C'est vn mestier, où nous ne choisissons pas la matiere,
on nous la donne : bien souuent vn bon ouurier est contraint de trauailler en bois pourry, il ne faut pas qu'il quitte tout pour cela,
ains regarde ce que l'on peut faire de mieux,
d'vn si mauuais sujet. Solon enquis s'il auoit

donné aux Atheniens les meilleures loix qu'il pourroit, non, respondit-il, mais bien les meilleures qu'ils pouuoient endurer. Il faut proportionner les remedes à la force & nature du malade. Bref, nous ne sommes garends és affaires que de nos conseils, lesquels estans les meilleurs qu'ils puissent estre, pour ce qui est faisable, nous en sommes deschargez enuers Dieu, & enuers les hõmes. Quant aux iniures particulieres que nous en receuons, où pouuons-nous mieux employer la charité & la patience? Où sera l'exercice de ce que l'eschole Chrestienne nous sonne, & nous apprend, si les iniures & les calomnies des peuples, auec lesquels nous viuons, nous sont insupportables? Quand mesmes nous esperons que par nostre patience, nous appaiserons les fureurs populaires, ramenerons les peuples esmeus à vn droit iugement, osterons aux meschans l'authorité, & la rendrons aux bons? Ces maladies-là certainement se guerissent plus par le temps que par les remedes, c'est beaucoup par prudence de les entretenir, qu'elles n'empirent point, car en fin la longueur meurit, & guerit. La santé reuient auec l'experience aux peuples, & lors ils recherchent les gens de bien, & abhorrét ceux qu'ils cherissoient auparauant. Ils sont comme les filles qui ont les pasles couleurs,

elles mãgent toutes les plus mauuaises viandes qu'elles puissent trouuer, mais puis apres
elles les reuomissent: car lors qu'ils sont esmeus, ils se seruét des plus perdus & vicieux,
mais quand ils viennent à se rasseoir, & à es-
boüillir ceste ardeur inconsideree, ils les re-
iettent, ils les punissent. Le public n'a-il pas
donc bien interest que les gés de bien se con-
seruét pour ceste saison-là? & n'abandõnent
pas par despit, ou desespoir le vaisseau où ils
voyent les passagers pour vn temps, enyurez,
rager & tépester? Il y faut, ie le confesse, courir mille hazards, souffrir mille indignitez.
Mais où est la peine, là est le merite: du labeur naist la gloire. Principalement entre
nous Chrestiens qui faisons profession d'endurer, & qui nous enroollõs sous vn Capitaine qui nous denonce vne dure & fascheuse
milice, ne nous propose la couronne sinon
apres d'estrãges trauaux & innumerables labeurs. Il ne vante ses victoires, ny des soldats
qui l'ont suiuy, que par la patience. Par ceste
seule vertu, ils ont cõquis tant de Prouinces,
tant de Royaumes, tant d'Empires, & ne sont
glorieux que des iniures qu'ils ont receuës.
Où voulons-nous donques mieux l'imiter,
que parmy les hazards, les opprobres & les
iniures? Et tout cela en quelle autre plus digne & plus recõmandable occasion les pou-

uons nous endurer, que pour seruir au salut &
obseruation de nostre pays? Si la charité que
Dieu nous a tant recommandee, peut tant
sur nous que de nous faire exposer nos biens
& nos vies, pour le salut de nostre prochain,
que deuons nous faire pour tant d'hommes,
tant de villes, tât de Prouinces, ausquelles la
nature nous a conioints & alliez par mesmes
Loix, par mesme lâgue, par mesmes mœurs,
& par vne secrette affection, qu'elle a imprimé en nous, de laquelle quicôque se despart,
est iugé de toutes les nations du monde, indigne de voir le iour & de viure entre les hômes, comme vn inhumain & cruel patricide?
Dieu n'est pas venu en ce monde pour dis-
soudre ceste obligation naturelle-là, au contraire pour en estreindre plus serré le nœud,
par ceste charité qu'il nous a tant & tant recommandee. Aussi voyons nous que quand
vne fois nous venons à coupper ce lien de
commune affection à nostre pays, toute sorte non seulement de desordres, mais de crimes & meschancetez les plus abominables
en arriuent: les larcins, brigandages, meur-
tres, violemens, sacrileges regnent incontinent. Or qu'y a-il au monde qui luy soit
plus des-agreable, qu'il abhorre plus &
qui plus embrase sa fureur, & l'incite d'a-
uantage à ruïner & confondre les peuples?

Quoy donques, pendant que tant de gens trauaillent à dreſſer des precipices pour ſe ruïner eux & leur païs, voulez-vous, vous qui auez touſiours veſcu en charge, & que voſtre office oblige à trauailler au ſalut public, demeurer en ſolitude comme à l'eſcart, pour voir en ſeureté le feu embraſer voſtre païs, & vous reſeruer à contempler ſes cédres? Quel regret aurez vous de n'y auoir pas apporté le ſecours que vous pouuiez, au moins de ne l'auoir pas tenté? Ne voyez vous pas tous les iours, comme apres que nos amis ſont morts, nous diſons en ſouſpirant, Si on euſt faict telle choſe, peut eſtre l'euſt-on ſauué. Venez donques & contribuez auec nous voſtre prudence, & vos ſalutaires conſeils, pour ſauuer ce qui nous eſt au monde de plus cher. Reſeruez ce deſſein de viure en ſolitude, & vous retirer au repos, lors, ou que tous enſemble nous aurons amené le nauire à port, ou que vaincus par l'opiniaſtre imprudence de ceux qui ſe veulent perdre, nous nous ſerons ſauuez ſur quelque table du naufrage. Si nous y periſſons, la mort de quelque façon qu'elle nous puiſſe arriuer, ne nous aura pas peu fauoriſez de nous auoir oſté hors de la veuë d'vn ſi faſcheux ſpectacle.

Fin de l'Exhortation à M. de L.

DE LA CONSTANCE ET
CONSOLATION ES CALA-
MITEZ PVBLIQVES.
LIVRE I.

VN iour, pendant ce siege, que Paris a enduré auec tant de miseres,
ie me promenois tout seul en mon
iardin, pleurant du cœur & des
yeux la fortune de mon pays. Et comme la
passion croist demesurément quand elle est
trop flattee, ie commençois à accuser le
ciel, d'auoir respandu sur nous de si cruelles
influences, & eusse volontiers disputé côtre
Dieu mesme, si vne crainte secrette n'eust
refrené ma douleur: Comme mon esprit
flottoit parmy telles pensees, arriua vn de
mes meilleurs amis, personnage fort con-
sommé és bonnes lettres, mesmes és scien-
ces Mathematiques ; mais plus recomman-
dable beaucoup pour sa singuliere probité
& fidelité (rares vertus en ce siecle.) Son
nom pour ceste heure sera Musee, puis que
sa modestie ne me permet pas d'autrement

A

le vous nommer. Nous estans entre-saluez,
& recueillis de quelques propos communs,
& luy m'ayant enuisagé plusieurs fois,&veu
sur mes ioües les traces de mes larmes, encores toutes fresches, Ie ne vous demande
point (dit-il) de quels discours vous vous
entretenez icy, ie le recognois assez à vostre
visage : les gens de bien n'en ont maintenant gueres d'autre, que l'apprehension de
la calamité publique. Ceste playe nous cuit
si fort, que nous ne pouuons que nous n'y
portions souuent la main. Mais quoy ? hier
quand ie vous veins voir,ie vous trouuay en
mesme estat : pour le premier coup ie ne fey
semblant de rien, voyant auiourd'huy que
vous continuez, & que la tristesse vous mai-
strise de ceste façon, ie ne me puis tenir que
ie ne vous demande ce que vous auez faict
de la Philosophie. Ie vous cherche en vous-
mesmes, & ne puis croire que celuy duquel
i'ay receu tant de consolation, en manque
tant à soy-mesme. Il n'y a rien si equitable,
que de souffrir pour soy ce que l'on a ordonné pour autruy: ou restituez moy à la liberté
de pleurer, que vos discours m'ont ostee, ou
obeïssez vous-mesmes à la loy que vous a-
uez autrefois prescrit à ma douleur. O mon
cher Musee, dy-je lors, i'appren maintenant
par experience combien il est plus aisé de

parler que de faire, & combien sont foibles
les argumens de la Philosophie à l'eschole
de la Fortune. Voulez-vous que ie vous die
tout franchement ce que i'en pense? Nostre
philosophie est vne brauache & vne ventar-
de : elle triomphe à l'ombre d'vne salle les
brettes à la main : c'est vn plaisir de la voir
mettre en garde, faire ses demarches, parer
des armes ou du corps, vous diriez qu'il n'y a
rien au monde qui luy peust donner atteinte: mais quád il faut sortir dehors, qu'il faut
combatre à l'espee blanche, & que la Fortune luy tire vn reuers de toute sa force ; elle
est bien tost enfoncee, & les armes luy tombent incontinent des poings. La douleur
que nous combatons de paroles, est vne
feinte, semblable aux hommes de bois, contre lesquels on tire à la quintaine, qui se laissent viser à l'aise, & reçoiuent le coup sans se
defendre. La vraye douleur est bien autre:
elle est viue, elle est remuante, elle nous af-
saut la premiere, elle nous surpréd, elle nous
saisist & serre de si pres, que nous ne nous
pouuons aider. Nous a elle touchez? faisons
si bonne mine que nous voudrons, si nous
euist-il. Et bien que pour vn temps nous
grincions les dents, endurát opiniastremét
le mal, de peur de le confesser, si est-ce qu'à
la fin il se fera recognoistre pour ce qu'il est,

& arrachera violément do noftre eftomach
les plaintes & les foufpirs, que nous ne luy
aurons pas volontairemét accordez. Non,
croyez qu'en tels accez que ceux-cy, la nature & noftre philofophie ne peuuent com-
patir enfemble : il faut choifir laquelle des
deux vous voulez retenir. Voudriez-vous,
ou pourriez vous chaffer la nature qui eft
legitime maiftreffe de nos paffions, & laquelle fe doutant bien que nous nous pourrions laiffer fuborner à des paroles emmiel-
lees & difcours affetez, pour nous fouftraire
de fon obeïffance ; tient fes affections en
garnifon chez nous, qui nous efpiét & nous
veillent, & à toutes les occafions qui fe prefentent, exigent de nous l'hommage & le
tribut que nous luy deuons? Ou les larmes
ne font point chofes naturelles & marques
d'vne iufte douleur, ou nous les deuons rendre au mal auquel la nature eft plus offen-
fee, qui eft en la ruine & fubuerfion de noftre païs. Car par ce coup font bleffez tous
ceux que la nature nous a conioint de fang,
d'amitié, de bien-vueillance, de communauté. Que fi nous n'auons reffentiment de leur mal, & compaffion de leur
mifere, ie dy que nous violons & les loix ciuiles, & la pieté naturelle, & la Majefté
mefme de ce grand Dieu, l'Efprit duquel

conuerſe parmy nous, comme garde & patron des droicts de la ſocieté humaine. I'eſtois deſia offenſé de voſtre importune & auſtere philoſophie, qui nous defend les larmes : mais liſant auiourd'huy dás vn ancien, il m'eſt venu enuie de la chaſſer auec iniures, tắt m'a pleu vn paſſage ſur lequel ie ſuis tombé, où il eſcrit, Qu'il y auoit à Cumes vne image d'Apollon qui auoit eſté apportee de Grece, laquelle plora viſiblement, voire auec grande abondance de larmes, lors que les Romains deſtruiſoient la ville dont elle auoit eſté tiree, comme regretant que ſon pays ſe ruinaſt ſans qu'elle peuſt le ſecourir : pource que la ruine en eſtoit fatale, & Apollon meſme l'auoit predicte auparauant. Hé quoy? vne ſtatuë de marbre aura trouué des larmes pour pleurer ſon pays, & ie n'en trouueray point pour deplorer le mien? Eſloignee de tant de lieuës, elle aura compati au mal de ſes concitoyens : & moy à la veuë des miens, & au milieu de leurs miſeres, ie ne ſoufpireray point? Non, non, ie ſuis Frãçois, ie ſuis natif de la ville que ie voy perir. Croyez que pour auoir à ceſte heure les yeux ſecs, il faudroit auoir le cœur de pierre : encore eſtime-je que ſi la pieté n'eſt du tout eſteinte au monde, nous pleurerions auſſi bien que l'Apollon de Cumes, car nous en auons bien plus de ſujet qu'il n'auoit. Ceſte belle ville capitale du plus beau Royaume de la terre, le domicile de nos Rois, le thrône de la iuſtice de ceſt Eſtat, & comme le temple commun de toute la France perit à noſtre veuë, & quaſi par nos mains: les richeſſes de ſes citoyens, la magnificence de ſes baſtimens, l'erudition de tant de celebres & ſçauans perſonnages qu'elle a eleuez ne l'ont peu garantir ny aider. O que cet ancien parloit bien de la puiſſance de Dieu ſous le nom de la Fortune, quand il diſoit, Que lors qu'elle a reſolu quelque choſe, elle aueugle les eſprits des hommes, de peur qu'ils ne luy rompent ſon coup. Voyez vn peu, comme ſans y penſer, nous auōs quaſi tous aidé à noſtre ruine, & preſté nos mains pour réuerſer nos maiſons deſſus nous. Car, mon Muſee, vous ſçauez quel grand nombre d'hommes, voire de ceux qu'on eſtimoit des plus ſages, ſe ſont aſſociez à dreſſer cet equipage, & nous ietter en ceſte tempeſtueuſe mer de guerres plus que ciuiles. Nous y voicy, puis qu'il a pleu à Dieu, à la veille d'vn grand naufrage, où nous auons egalement à craindre la rage de nos zelez de dedans, alterez du ſang de ceux qui deſirent le bien public: & la violence, qui peut arriuer de dehors, qui ſeuiroit con-

fuſément contre les bonş & les mauuais : &
vous voulez en ce triſte & lugubre office me
defendre les larmes? A ce que ie voy, me reſ-
pondit-il, le temps porte que chacun chãge
de party, c'eſt peut eſtre le vice du ſiecle. l'ay
tenu toute ma vie pour la nature contre voſtre philoſophie: pource qu'il me ſébloit que
vous la faiſiez trop puiſſante, & luy vouliez
attribuer vn commandement trop violent
& tyrannique. Mais il aduient ordinairement que l'iniure, qui eſt faite à vne perſonne à qui nous ne voulons pas beaucoup de
bien, nous reconcilie auec elle, & nous fait
par pitié entreprédre ſa defenſe. Ié voy auiourd'huy que vous deshonorez & diffamez
la philoſophie, laquelle vous a ſi tendremét
& cherement eleué: & que vous permettez
que les paſſions luy mettent le pied ſur la
gorge, ſans qu'elle ſoſe defendre. Vous la
ſurnommiez auparauant roine de la vie,
maiſtreſſe de nos affectiõs, tutrice de noſtre
felicité : maintenant vous la voulez tenir
cóme vne petite plaiſante, qui ne ſerue qu'à
vous faire paſſer le temps, & vous entretenir
pendant que vous ſerez à voſtre aiſe. Trait-
tez-la au moins en fille de bonne maiſon,
vous n'auez point de ſujet de la repudier : ſi
vous voulez faire diuorce auec elle, rendez-
luy la liberté qu'elle a apporté chez vous,

qu'elle fe retire fon honneur fauue, & auecques fesdroicts. Quant à moy, ie la maintien
franche, & me rens afferteur de fa liberté: ie
ne luy veux pas attribuer cefte puiffance
d'ofter au corps, ny à l'efprit, le fentiment du
mal. Car ie croy qu'elle doit paffage aux affections naturelles: mais ie maintien qu'elle
peut contenir & referrer la douleur & la paffion dans leurs bornes, empefcher qu'elles
n'occupét plus de lieu & d'authorité en noftre ame qu'elles ne doiuent, & les amollir &
adoucir, voire mefmes auec le téps du tout
eftoufer & amortir. Ie voy bien à voftre vifage, que vous eftes trop aigry, & que vous
ne m'accorderez rié de vous-mefmes: voicy
tout à propos deux de nos meilleurs amis,
que vous n'oferiez refufer pour arbitres, &
pour moy i'offre de les en croire. Or c'eftoiét
deux perfonnages fignalez, deux perles de
noftre fiecle: defquels le premier, que nous
nommerons pour cefte heure Orphee, outre la cognoiffance qu'il a des arts & fciéces,
s'eft acquis vne grande experience & admirable prudence par fes longs & perilleux
voyages: L'autre qui aura nom Linus, eft re-
cognu pour vn des plus fçauans hommes de
l'Europe, & qui a le plus de iugement & de
preud'hómie au maniemét des bons liures,
& de picté en toutes fes actions. Vous auez,

dy-je, Mufee choifi des iuges que ie n'ay
garde de recufer:nõ pas choifi, mais pluftoft
(croy-je) nous ont-ils efté enuoyez miracu-
leufement, comme les Dieux qu'on faifoit
defcédre par engins aux tragedies, pour venir faire quelque grand exploict furpaffant
la puiffance des hommes. Car pour vous
dire, i'eftime mon opinion veritable : que fi
elle ne l'eft, aumoins eft elle fi auant enraci-
nee auec mon ennuy, en mon cœur, qu'autres mains que celles de fi fainéts perfonnages ne l'en fçauroient arracher. Sur ce propos nous les ioignifmes & faliiafmes. Nous
rompons, nous dirent-ils, voftre difcours,
auquel il nous fembloit bien en venant que
vous eftiez fort auant; & à voir vos contenances, que vous n'eftiez pas bien d'accord.
Vous auez, dit Mufee, bien deuiné, & eftes
venus fort à propos pour nous y mettre : car
nous vous auons nõmé pour iuges de noftre
different. Le precepte du Sage, dirent-ils,
nous defend d'eftre iuges entre nos amis:
bien, fi nous pouuons nous aduifer de quelque moyen pour vous accorder, vous en di-
rons-nous volõtiers noftre aduis. Mais pour
vous dire priuément, nous venons de loin,
ie vous prie trouuer bon que nous nous feõs.
Comme nous nous fufmes affis, Linus commença à nous dire, qu'il venoit d'entendre

vne piteuſe hiſtoire d'vne pauure femme,
qui n'ayant peu trouuér de pain pour dõner
à ſes enfans, s'eſtoit penduë à ſon plancher.
Et moy, ce dit Orphee, ie vien de voir tout
à ceſte heure vne pauure fille, qui eſt tõbee
toute róide morte de male-faim : & à trois
pas de là i'ay trouué de pauures gens qui
mangeoient vn chien tout ſanglant, qu'ils
auoient vn peu grillé auec de vieille paille.
Et comme i'ay eu paſſé le plus viſte que i'ay
peu ce triſte ſpectacle, i'ay rencontré des
femmes qui crioient & diſoient, que les
Lanſquenets auoient mangé des enfans aupres du Temple, ce que ie ne puis croire.
Oyans cela nous commençaſmes tous à
ſouſpirer, & lors prenant la parole: Et bien,
dy-je, voila ma cauſe gaignee, puis que tant
que nous ſommes n'auons peu au recit de
ceſte pitouſe hiſtoire retenir noſtre cœur,
qu'il n'aye teſmoigné le reſſentiment qu'il
a de la miſere publique. Ie vous laiſſe donc
à penſer, cõme nous deuons fremir & trãſir,
quand nous nous repreſentons toutes les
ſortes de pauuretez qui ſont reſpanduës par
ceſte grande & vaſte ville. Helas combien
y a-il de playes ſecretes que la hõte couure!
& puis quelles & cõbien effroyables ſont les
calamitez que nous preuoyons, attendons,
& ne pouuons quaſi euiter? Vous me repro-

chez, Musee, mes larmes, mais plus de raison auriez-vous de me reprocher ma dureté
de cœur, qui seule empesche qu'vne si viue
& poignāte douleur ne finisse ensemble ma
tristesse & ma vie. Et lors me retournāt vers
Orphee & Linus, ie leur fey entendre les
discours que Musee m'auoit tenus,& le dif-
ferend sur lequel nous estiōs demeurez. Ce
qu'ayans oüy, Nostre bon-heur,dit Orphee,
nous a bié amenez icy pour ouïr vne si belle
dispute. Mais, Musee, puis que vous nous
faites cest honneur de nous croire, permettez qu'en vne chose seulement nous vsions
de l'authorité que vous nous donnez. Au
lieu de nous discourir & demonstrer vostre
propositiō,mettez-la ie vous prie en œuure,
& faites experience sur nous de ce que peut
le remede, dont vous vous vantez, contre
ceste fascheuse maladie d'esprit, qui est la
tristesse que nous receuons tous de ceste misere & affliction publique : vous auez vn bel
& ample sujet. Car ie croy qu'il n'y en a pas
vn de nous,duquel l'esprit ne soit touché de
ceste maladie. Ie m'asseure que si l'antiquité a rien inuenté qui puisse seruir à la guari-
son de l'esprit offensé, vous en deuez auoir
recueilli les plus belles & plus vtiles recet-
tes. Mais ie crain qu'il ne vous arriue en
cela, comme il fait en vos demonstrations

de Mathematique, où vous prouuez par raifons mille belles propofitions, que l'artizan
ne fçauroit puis apres mettre en œuure fur
la pierre ny fur le bois. Pourfuiuez donques
& faites eftat, que fi vous nous pouuez ac-
coifer l'efprit, & nous deliurer de l'ennuy &
de la crainte qui nous gefnent, que vous
auez caufe gaignee.   Car en noftre endroit
les effects preuuent bien mieux que les pa-
roles:outre que vous nous aurez corrompus
par vn grand bien, de nous auoir deliurez
d'vn grãd mal. Et en ce cas ic m'affeure que
noftre hofte mefme fera bien aife d'eftre
vaincu:car il gaignera beaucoup en perdãt.
Ie feray, dit Mufee, ce qui me fera poffible
pour vous contenter : mais fouuenez vous,
s'il vous plaift, que nous trauaillõs à vne befongne cõmune. Et pource, fi d'auanture és
difcours où ce fujet me pourra porter, i'ou-
blie quelques raifons qui vous viennent en
memoire, vous ferez tenus de les fuppléer,
puis que nous ne combatons que pour la verité, & faire vaincre la raifon: & que le prix
de la victoire eft cõmun entre tous, vous deuez tous ce me femble, fauorifer fon party.

Il n'y a rien qui ferue tant à la guarifon du
mal, que d'en bien cognoiftre la caufe. C'eft
pourquoy fi nous defirons deliurer noftre a-
me de fafcherie, & la remettre en vn eftat

paifible, il faut, à mon aduis, examiner d'où procede le mal qui la tourmente. La nature de l'hôme a beaucoup de proportion & correfpondance à tout ce grand vniuers : mais auffi a elle à chacune de fes parties, & principalement me femble elle fe rapporter à vn eftat Royal ; eftant l'vn & l'autre quafi de mefme condition, & fujet à de mefmes accidens. Le Prince fouuerain qui a à gouuerner vn grand nombre d'hômes, vne grâde quantité de prouinces & de villes, eftablit des Gouuerneurs & Magiftrats fous luy : Et pour les inftruire & adreffer en l'exercice de leurs charges, leur donne fes loix, comme la regle de leurs actions : & outre les aduertit en chofes douteufes & importantes de luy en faire rapport, & en attendre fon commandement. Certainement tant que cet ordre eft obferué, que les fubjets obeïffent aux Magiftrats, & les Magiftrats à la loy & au Prince fouuerain, l'Eftat fe maintient en grande paix, florit & profpere merueilleufement. Mais au contraire, quand ceux qui iugent & commandent fous le Prince, fe laiffent tromper par leur facilité, ou corrompre par faueur au iugement des affaires qui fe prefentent, & que fans deferer à leur fouuerain ils employent leur authorité à l'execution de ce qu'ils

ont temerairemét ordonné, ils rempliſſent
tout de deſordre & confuſion. En l'homme,
la plus haute & ſouueraine puiſſance de
l'ame, qui eſt l'entendement, eſtant poſee
au plus haut lieu, cóme en vn thrône, pour
conduire & gouuerner toute ſa vie & toutes
ſes actions, a diſpoſé & ordonné ſous ſoy vne
puiſſance que nous appellons Eſtimatiue,
pour cognoiſtre & iuger par le rapport des
ſens la qualité & condition des choſes qui
ſe preſentent, auec authorité de mouuoir
nos affections pour l'execution de ſes iugemens. Et à fin que ceſte puiſſance-la, comme elle eſt grande & importante, ne feiſt
rien mal à propos, il luy a propoſé comme
vne loy la lumiere de la nature qui reluit en
tous les objets : & outre luy a donné moyen
en toutes choſes de doute & de conſequéce
de recourir au diſcours, raiſon & conſeil de
celuy qui commande par deſſus. Il n'y a
point de doute que tant que cet ordre eſt
obſerué à la conduite de la vie de l'homme,
que ſon eſtat ne ſoit tres-heureux : & que ce
grand & genereux animal ne ſe monſtre digne ouurage de ce parfaict & ſouucrain Architecte qui l'a creé : mais ie ne ſçay par quel
malheur rarement l'homme iouïſt-il de
ce bien. Car ceſte puiſſance-la qui eſt
& au deſſous de l'entendement, & au deſ.

sus des sens, à qui appartient le premier iugement des choses & de leur qualité, se laisse
la plus part du temps ou corrōpre, ou tromper, & puis iuge mal ou temerairement : &
apres auoir ainsi iugé, elle manie & remuē
nos affections mal à propos, & nous remplit
de trouble & d'inquietude. Les sens, vrayes
sentinelles de l'ame, disposez au dehors
pour obseruer tout ce qui se presente, sont
comme vne cire molle, sur laquelle s'imprime, non la vraye & interieure nature, mais
seulement la face & forme exterieure des
choses. Ils en rapportét les images en l'ame,
auec vn tesmoignage & recommandation
de faueur, & quasi auec vn preiugé de leur
qualité, selon qu'ils les trouuent plaisantes
& agreables à leur particulier, & non vtiles
& necessaires au bien vniuersel de l'hóme:
& outre introduisent encore auec les images des choses, l'indiscret iugement que le
vulgaire en fait. De tout cela se forme en
nostre ame ceste inconsideree opinion que
nous prenōs des choses, qu'elles sont bónes
ou mauuaises, vtiles ou dómageables à suiu-
ure ou à fuïr: qui est certainemét vne dangereuse guide, & temeraire maistresse, & vrayement telle que nostre Belleau la depeint,

L'opinion qui n'a rien de certain,
Qui tousiours bruit & se trauaille en vain,

Qui se baſtit vne ferme aſſeurance
Sur le ſablon de legere inconſtance.

Mais qui voudra ſoigneuſement obſeruer
ſes effects, la cognoiſtra bien encore pire
qu'il ne la deſcrit. Car auſſi toſt qu'elle eſt
conceuë, ſans plus rien deferer au diſcours
& à l'entendement, elle s'empare de noſtre
imagination, & comme dans vne citadelle
elle y tient fort contre la droite raiſon: Et
puis de meſme façon qu'vn tyran, qui a occupé vne ville par force, fait dreſſer des
rouës & des gibets pour ceux qui ne veulent
pas obeir, & propoſe des prix & des recom-
penſes à ceux qui prendront ſon party: ainſi
ſi elle nous veut faire fuïr quelque choſe,
elle nous la peint hideuſe & eſpouuantable;
ſi elle nous la veut faire aimer, elle luy farde
le viſage, luy fait la bouche & les yeux rians.
Puis elle deſcend en noſtre cœur, & remuë
nos affections auec des mouuemens violens
d'eſperance ou de crainte, de triſteſſe ou de
plaiſir: & pour troubler noſtre repos, ſouſle-
ue en nous les paſſions, qui ſont les vrais ſe-
ditieux de noſtre ame. Mais entre toutes les
autres & plus que toutes les autres, ceſte triſteſſe, dont ie vous voy ſaiſi (laquelle n'eſt
autre choſe qu'vne langueur d'eſprit, & decouragement engendré par l'opinion que
nous auons, que nous ſommes affligez de
grands

grands maux) est vne dangereuse ennemie
de nostre repos. Car on ne sçauroit croire,
combien ceste roüille & moisissure, qui s'ac-
cueille en l'ame par tels accidens, est contraire à la nature, & combien elle ruine & dif-
forme son ouurage, abastardissant sa puissance, endormant & assoupissant sa vertu, lors
qu'il les faudroit esueiller pour s'opposer au
mal qui nous menace & nous presse, & in-
troduisant bien auant en nostre cœur la cause de nostre douleur. Or puis qu'elle nous est
si dommageable, nous nous en deuons, ce
me semble, bien garder. Et à fin qu'elle ne
nous trompe, la bien descouurir, & diligemment recognoistre : puis auant qu'elle prenne pied sur nous, la combattre à la frontiere.
Elle se veut couler sous le nom de la nature,
monstrons luy qu'elle luy est ennemie : elle
fait semblât de vouloir soulager nostre mal,
cognoissons comme elle l'augmente, tant
qu'elle peut: elle fait mine d'estre pie & reli-
gieuse, faisons luy paroistre qu'elle est pleine
de tromperie & d'impieté, comme elle se
veut introduire en nous sous la faueur de
l'erreur, chassons-la par l'authorité de la raison, & de la verité. Premierement, pour
monstrer qu'elle ne se peut appuyer de la nature, qu'elle n'en procede point, & que ce
n'est point vne affection commune à tous

B

les hommes, qui les touche egalement : Ne
voyons nous pas que les mesmes choses qui
attristent les vns, resiouïssent les autres?qu'v-
ne prouince pleure de ce, dõt l'autre rit? que
ceux qui sont pres des autres qui se lamentent, les exhortent à se resoudre, & à quitter
leurs larmes ? Oyez la plus-part de ceux qui
se tourmentent, quãd vous auez parlé à eux,
ou qu'eux-mesmes ont pris le loisir de discourir sur leurs passions, ils confessent que
c'est folie que de s'attrister ainsi : & loüeront
à trois heures de-là ceux qui en leurs aduersitez auront fait teste à la fortune, & opposé
vn courage masle & genereux à leurs afflictions. Tellemẽt qu'en tout cela il n'y a rien
d'egal, rien de certain, cõme sont les effects
de la nature:& voit-on par là, que les hõmes
n'accõmodent pas leur dueil à leur douleur,
mais à l'opinion de ceux auec lesquels ils viuent. Souuenez-vous, ie vous prie, de ce dueil
public, que les anciens affectoient tant. Que
direz-vous de ceux-là que lon loüoit pour
venir pleurer aux enterremẽs? Leurs larmes,
qui dependoient des yeux d'autruy, qui n'e-
stoient jettees que pour estre veües, qui ta-
rissoient si tost qu'elles n'estoient plus regar-
dees, estoiẽt-elles naturelles ou artificielles?
Que vouloient faire ceux qui se loüoient, &
ceux qui les loüoient, sinon seruir à ceste ty-

rannique opinion, que l'on s'estoit forgee en
ces lieux-là, qu'en tels accidents il falloit
pleurer:& que ceux qui ne pouuoiét trouuer
de tristesse chez eux, en deuoient acheter à
beaux deniers comptans chez leurs voisins?
Ces gens-là ne trahissoient-ils pas volôtaire-
ment la raison, & prostituoient-ils pas de gayeté de cœur leur virilité? Voudriôs-nous bié
croire, qu'ils eussent appris de si mauuaises
mœurs à l'escole de la nature? Non certainement, mais bien à l'escole de l'opinion, qui
appréd côme il faut corrôpre la nature, pour
complaire au vulgaire, & qui ne produit rien
qui ne soit fardé & deguisé. Qu'ainsi ne soit,
voulez-vous voir auec côbien de vanité, de
trôperie, & d'artifice elle engédre, elle nourrit, elle eleue ceste tristesse, qui nous tourmente tant? Ie vous prie remarquez maintenant en vous, & en tous ceux qui s'affligét, si
tout ce qu'elle nous represente pour nous
ennuyer, ne sont pas choses qui nous tourmentent, ou plustost qu'elles ne doiuent, ou
plus qu'elles ne doiuét? Ses plus forts instru-
ments, & dont elle nous gesne plus cruellement, ce sont les maux à venir. Côme elle ne
peut rien sur nous, qu'en nous trôpant & se-
duisant: elle cognoist bien que nous voyons
plus clair en ce qui est present, & sentons
bien que les accidens mesmes que nous

auons craint, se trouuét tousiours plus doux
quand ils arriuent, que nous ne les auions
pensé, & s'adoucissent mesmes par l'vsage, &
par l'accoustumance. C'est pourquoy elle se
iette toute sur l'aduenir, comme entre des
tenebres espesses, & choisit ce temps, comme on fait l'heure de la nuict, pour donner
quelque grand effroy auecque peu de sujet.
Elle nous fait lors des maux, comme on fait
des Fees aux petits enfans, on les leur fait
hausser, baisser, croistre & appetisser comme on veut : pource qu'on leur parle de chose qu'ils n'ont iamais veuë. Elle nous tourmente auec des maux, qui ne sont tels qu'en
ce que nous les pensons, ou bien que nous
les craignons, & qui ne nous offensent
pas tant par leur nature, que par nostre apprehension. Combien en auons nous veu,
qui ont rendu leur mal vrayment mal, à force de s'en affliger ; qui en craignant d'estre
miserables, le sont deuenus, & ont tourné
leurs vaines peurs en certaines miseres ? Tel
a tellement apprehendé la pauureté, qu'il en
est deuenu malade. Tel a tellement apprehendé que sa femme ne luy faussast la foy,
qu'il en est seiché de langueur. Et ainsi peut-
on dire quasi de tout ce que nous craignons,
où la plus-part du temps la crainte ne sert
qu'à nous faire trouuer ce que nous fuyons.

Ne craignons plus, nous n'aurons point de mal, au-moins ne l'aurons-nous point iusques à ce qu'il soit aduenu : & quand il aduiendra, il ne sera iamais si fascheux que nous le craignons. Ie croy quant à moy, que de tous les maux, la crainte est le plus grand & le plus fascheux. Car les autres ne sont maux que tant qu'ils sont, & la peine n'en dure non plus que la cause : mais la crainte est de ce qui est, de ce qui n'est pas, de ce que parauenture ne sera pas, voire quelquesfois de ce qui ne peut estre. O tyrannique passion, qui pour trauailler les hommes outrepasse la nature, & tire par nostre malheur vne peine de ce qui n'est point ! qui pour satisfaire à l'opinion d'vne feinte & imaginaire misere, tire de nous de viues & poignantes douleurs ! Comme le peintre Parrhasius, lequel mettoit ses esclaues à la gesne, pour pouuoir mieux exprimer les tourmens fabuleux de Promethee. Pourquoy faut-il que nous soyons si ambicieux à nostre mal, & que nous courions au deuant ? Donnons nous patience, & laissons-le venir : peut estre que le temps que nous estimons nous deuoir apporter de l'affliction, nous amenera de la consolation. Combien peut-il suruenir de rencontres, qui pareront au coup que nous craignons ? Le foudre se

deſtourne auec le vent d'vn chapeau, & les
fortunes des grands eſtats auec vn petit moment. Vn tour de rouë met en haut ce qui
eſtoit en bas:& bien ſouuét d'où nous attendons noſtre ruine, nous receuôs noſtre ſalut.
Il n'y a rien ſi ſujet à eſtre trompé, que la prudence humaine:ce qu'elle eſpere luy máque,
ce qu'elle craint s'eſcoule, ce qu'elle n'attéd
point luy arriue. Dieu tient ſon côſeil à part:
ce que les hômes ont deliberé d'vne façon, il
le reſout d'vne autre. Ne nous rédons point
mal-heureux deuát le téps, & (peut eſtre)ne
le ſerons-nous point du tout. L'aduenir, qui
trôpe tant de gens, nous trôpera auſſi toſt en
nos craintes,qu'en nos eſperances. C'eſt vne
maxime fort celebre en la Medecine, Qu'és
maladies aigues les predictiôs ne ſont iamais
certaines.Si le mouuemét violent de la chaleur d'vn corps naturel, fait perdre le iugement au Medecin, qui ſera le ſage qui oſera
rien aſſeurer du ſuccés de nos fureurs ciuiles,
que lon voit euidément eſmeuës & entrete-
nues par vne puiſſance plus qu'humaine? Il
eſt mal aiſé de promettre le ſalut de noſtre
eſtat, mais auſſi eſt il incertain d'en predire
la ruine.Combien y a-il eu de villes,d'eſtats,
d'empires, qui ont eſté croullez & eſbranlez
par de grans & horribles accidens,&tels que
ceux qui les voyoient en attédoient la fin aſ-

feurée:&neantmoins qui se sõt raffermis par
leur esbranlemét, & reuenus plus puissans &
plus florissans, qu'ils n'auoient iamais esté.

Ceux qu'en passant la fortune renuerse,
A son retour souuent elle redresse.

Il veut que ceux mesmes qui sont renuersez,
esperent : & nous qui ne sommes encores
qu'en pente, n'espererons pas? Les Romains
que i'appelle volontiers à tesmoins és belles
& genereuses actions, cõme le plus vaillant
& courageux peuple qui fut iamais au monde, auoient bien occasion de desesperer de
leurs affaires, apres que les Gaulois eurét sac-
cagé leur ville, & auec le fer & le feu deraci-
né le plan de leur estat. Toutesfois ils ne ra-
batirent rien pour cela de leur esperance, &
de l'affection qu'ils auoiét à leur païs:au contraire le cœur leur creut en l'aduersité,& eu-
rent le courage de retenter la fortune,qui se
monstra si fauorable,qu'ils tirerent de beaux
triomphes de leurs propres ruines. Apres a-
uoir perdu tant de batailles contre Annibal,
& espuisé toute la ieunesse de leur ville en
tant de rencontres &mal-encontres, ne de-
uoient-ils pas estre fort troublez? Au contraire,il se trouua des citoyens,qui meirent à
l'enchere le champ sur lequel Annibal estoit
campé: esperant tousiours bien de l'estat &
du salut public. Et pour passer aux guerres

ciuiles (qui sont ordinairement les fatales &
mortelles maladies des grans estats) qui
n'eust pensé sous Sylla & Marius, que la republique Romaine estoit frapee au cœur?
Et sous Cesar & Pompee, que Rome mesme eust esté portee au champ de Pharsale,
pour à communs frais de toutes les nations
estre là deschiree & enseuelie par tous les
peuples du monde? Et neantmoins elle ne
fut iamais si puissante, ny si triomphante
qu'apres le temps de Marius & Sylla : & les
guerres de Cesar & Pompee ne furent que
les trenchees de l'enfantemét du plus grand,
du plus beau, & du plus florissant empire du
monde. Et pour des nations estranges reuenir à nous mesmes : qui eust iamais creu que
nostre pauure Estat, couché tout de son long
par terre à l'aduenement de Charles septies-
me, n'ayant quasi plus ny poulx ny haleine, se
fust releué en si peu de temps, & eust estendu
ses bras sur toutes les prouinces voisines,
comme il feit incontinent apres sous ses pro-
chains successeurs? Il faut dire des fortunes
des villes & des Royaumes, ce qu'on dit ordinairement des maladies des hommes : Tant
qu'il y a vie, il y a esperance. L'esperance demeure au corps aussi long temps que l'esprit.
Mais bien, n'esperons plus rien, tenons nos
maux pour certains, encore qu'ils soient in-

certains : tenons-les pour preſens, encore
qu'ils ſoient à aduenir : eſtimez-vous que
quand ils arriueroient, ils fuſſent ſi faſcheux
&intolerables que nous nous les imaginons?
Il s'en faudroit beaucoup. Le banniſſement, la pauureté, la perte d'honneurs, la
perte de nos enfans, la perte de nos amis,
la perte de noſtre vie, voila dequoy eſt com-
poſé ceſt oſt de maux que nous redoutons
tant. Le nombre n'en eſt pas tel que
nous penſons : encor qui les conſiderera
l'vn apres l'autre, trouuera que ce ne ſont
que valets de bagage, que l'on a mis en bataille pour nous eſtonner. Si nous ſommes
armez, comme nous deuons, rien de tout cela ne rendra combat: à voir ſeulement noſtre
contenance aſſeuree, ils s'eſcarteront. N'e-
ſtimez-vous rien (direz-vous) de perdre ſon
païs, & eſtre contraint de cháger de demeure ? Que faites-vous de cet amour naturel
que nous deuons à la patrie ? I'en fay ce que
Platon en a fait, quand il a quitté Athenes
pour aller demeurer en Sicile & en Egypte.
I'en fay ce que vous-meſmes euſſiez fait, s'il
ſe fuſt preſenté vne honorable occaſion de
vous en aller dix ou douze ans en ambaſſade
en quelque païs eſtranger : non ſeulement
vous euſſiez abandonné voſtre ville, mais (ſi
vous voulez dire la verité) vous euſſiez à vn

befoin abandonné la terre, pour elire voſtre
domicile en vn nauire, & attacher voſtre vie
aux cordages d'vn vaiſſeau. Ce qu'vn peu
d'honneur vous euſt perſuadé, que la raiſon
vous le perſuade: le cōmandemēt d'vn Prince qui vous en euſt chargé, vous l'euſt fait
trouuer bon: que la neceſſité & le deſtin, auſ-
quelsvous deuez dauantage d'obeïſſance, en
facent autant. Combien y a-il auiourd'huy
d'hōmes, qui ſe ſont bānis volontairemēt de
l'Europe, pour aller peupler les extremitez
de l'Aſie? Voyez-les, ils loüent leur fortune,
cōme aſſeuree & pleine de biens: & deplorēt
la noſtre, cōme miſerable, pleine de pauureté, & de trouble tout enſemble. C'eſt faire
tort à l'homme, qui eſt nay pour tout voir, &
tout cognoiſtre, de l'attacher à vn endroit de
la terre. C'eſt le ciel qui eſt le vray païs, & le
cōmun païs des hōmes, d'où ils ont tiré leur
origine, & où ils doiuent retourner : & pour
cette occaſion ſe voit-il par les hommes, & ſe
monſtre-il à chacū d'eux, quaſi tout en tous
les endroits de la terre, en vn iour & en vne
nuict, où au contraire la terre, qui n'eſt qu'vn
petit poinct au prix, & qui auec tout ce qu'elle embraſſe de ſes mers, & arrouſe de ſes fleuues, n'eſt pas vne cent-ſoixātieſme partie de
la grādeur du Soleil, ne ſe mōſtre à nous qu'à
l'endroit où nous l'habitōs. Voudrions-nous

attacher les affectiõs de l'hôme à vn si vil obiect, qu'est vn coin de la terre? & le contrain-
dre, pour estre heureux, de demeurer tousiours en vn mesme lieu, dont la demeure ne
luy est agreable qu'en tãt qu'il la peut quitter
quand il veut? Forcez-le de n'en bouger, ce
païs où vous trouuez tant de plaisir, luy sera
aussi tost ennuyeux. Celuy qui auoit toute sa
vie vescu enfermé dãs les murailles de sa ville iusques à l'âge de quatre vingts ans, quand
on luy eust fait defése d'en sortir, mourut de
regret ; & cõmença à haïr ce dont il iouïssoit
par force, & à aimer ce que lon luy defédoit.
Et ce genereux Romain Rutilius, estant rappellé d'exil par Sylla, ne voulut pas reuenir:
& estima plus douce la solitude de son isle,
que la grandeur & magnificence de sa ville.
Voyez en cõbien peu de tẽps il auoit appris à
faire peu de cas de son païs : il aimoit mieux
en perdre la veuë, que supporter celle de celuy qui en auoit opprimé la liberté : il pouuoit bien endurer l'exil, & il ne pouuoit pas
endurer le tyran. Mais interrogez-le, il ne
vous dira pas seulement que son exil fut tolerable, il vous le depeindra doux & volu-
ptueux, il vous monstrera que toutes ses vertus l'auoient suiuy, qu'outre cela mesme il
y auoit acquis l'amitié de la philosophie:
& vous dira d'auantage, qu'il ne pense a-
uoir vescu, que le temps qu'il a esté banny.

Ce n’eſt donc qu’vn amour imaginaire, que
celuy que vous regrettez, lequel n’a racine
qu’en l’opinion, que peu de choſe peut arracher. Toute terre eſt païs à celuy qui eſt ſage:
ou pour le moins (comme diſoit Pompee) il
doit eſtimer que ſon païs eſt, où eſt ſa liberté.
Toutes ſortes d’hómes luy ſont cóciroyens,
il les recognoiſt pour alliez, pour parens, ſor-
tis d’vne meſme tige, qui eſt la main de co
grand pere, qui les a tous creez. Vous voyez
meſmes que la bonne fortune en tire quelques-vns par la main dehors de leur païs,
pour les faire grands & puiſſans en vne terre
eſtrange. Ie vous prie contez-moy des Empereurs qui ont regné à Rome depuis Tra-
jan, cóbien il y en a eu natifs de la ville? Direz-vous que ces gens-là qui ont quitté, qui
l’Eſpagne, qui l’Eſclauonie, qui les Gaules,
qui l’Afrique, pour venir au plus grand empire du monde ayét regretté, ny deu regretter leur pais? Ouy, mais noſtre condition ne
ſera pas ſemblable, nous ſortirons d’vn ſac de
ville, nuds cóme d’vn naufrage, & perdrons
tous nos biens. C’eſt donc la pauureté que
nous craignons. voila parler franchemét. Et
qu’eſt-ce à dire craindre la pauureté? C’eſt à
dire, perdre tát de beaux meubles que nous
auons amaſſez, la commodité d’vne maiſon
bien paree, vn lict bien mollet, la viáde bien

appreſtee. Leuõs le maſque à noſtre plainte,
& voila la vraye cauſe de noſtre douleur.
Nous ſommes delicats, voila noſtre maladie,
Vn hõme à qui les bras demeurét de reſte, ſe
doit-il plaindre de la pauureté? Celuy qui a
vn art, la doit-il craindre? Celuy qui eſt nourry aux lettres & aux ſciences, la doit-il fuir?
L'extreme pauureté, qui n'a pas dequoy ſuffire à la nature, n'arriue quaſi iamais: la nature nous eſt fort equitable, elle nous a formé
d'vne façon, que peu de choſes nous ſont neceſſaires. Si nous voulons viure ſelon ſon deſir, nous trouuerons touſiours ce qu'il nous
faut: ſi nous voulõs viure ſelon celuy du vulgaire, nous ne le trouuerõs iamais. Ceſte autre pauureté, qui eſt pluſtoſt mediocrité &
frugalité, eſt deſirable: tant s'en faut qu'elle
ſoit formidable. C'eſt celle qu'Archeſilas diſoit eſtre ſemblable à l'Itaque, qui eſtoit aſpre & rude, mais qui portoit des hommes genereux & temperans. C'eſt le doüaire de la
vertu, & principalemét en ce temps, où peu
de riches ont eſté vertueux, & peu de vertueux ont eſté riches: & où, pour dire beaucoup de choſes en vn mot, rien n'a tant empeſché les hõneſtes gens d'auoir des biens &
honneurs, que de les meriter. Que penſez-
vous que celuy-là nous deſpoüillera d'eſtranges ſolicitudes, qui nous deſpoüillera de nos

biens? Il nous rendra vrayment maiſtres
de nos vies, dont les affaires, les procés,
les querelles emportent la meilleure partie. Elle ſera lors toute à nous, quand nous
la pourrons employer à ce que nous voû-
drons. O faux biens, qui vous cognoiſtroit
bien, vous eſtimeroit de vrais maux! Qui
nous rend eſclaues, ſinon vous? Qui nous fait
endurer les iniures, ſinõ vous? Qui nous oſte
la liberté, ſinon vous? Qui nous attache aux
portes des Princes, nous rend ſerfs de leurs
valets, nous fait obſeruer leurs actiõs, flechir
au clin de leurs yeux, ſinon vous? Richeſſes,
perſonne ne vous peut loüer qui ne blaſme
la liberté. Richeſſes, aucun ne vous peut acquerir ny garder, qui ne renonce au repos de
ſon eſprit: & toutesfois on vous appelle biẽs.
Ouy, comme inſtrumens vtiles, & quelquesfois neceſſaires aux belles actions: dont l'vſage eſt toutesfois ſi chatoüilleux & ſi difficile,
que peu ſouuẽt ſe rencõtre-il que vous pro-
fitiez plus que vous ne nuiſez. Or ie veux,
qu'auoir des commoditez en ce monde, ce
ſoit bien: n'en n'auoir point, n'eſt pas mal
pour cela. Car la pauureté & les richeſſes ſõt
bien choſes diuerſes, mais non cõtraires. Ce
ſont diuers biens, diuers inſtrumés de la vertu. Auec l'vn elle opere plus aiſément, mais
auec l'autre plus parfaitement. Mais quelque choſe qu'il en ſoit, la pauureté profite

plus qu'elle ne nuift, pour paruenir à ce fouuerain bien, auquel tout le monde doit afpi-
rer, qui eft le repos de l'ame, & la tranquillité
de l'efprit. Combien en auons nous encor
auiourd'huy, qui pour cefte mefme occafion
renoncent à leurs richeffes, & embraffent la
pauureté? Combien qui n'eftiment eftre libres que du iour qu'ils fe font faits pauures?
Qui ne penfent viure, que du iour qu'ils font
morts au monde? Puis que noftre vie eft fi
courte, & qu'il nous faut partir d'icy fans
rien emporter de ce que nous y auons amaf-
fé, noftre aifance eft-elle pas d'y eftre le
moins chargez & embaraffez de bagage
que nous pourrons? La vie des pauures eft
femblable à ceux, qui nauigent terre à terre : celle des riches à ceux, qui fe iettent en
pleine mer. Ceux-cy ne peuuent prendre terre quelque enuie qu'ils en ayent, il
faut attendre le vent & la maree : ceux-là
viennent à bord quand ils veulent, il ne
faut que ietter vn petit cordeau, on ameine
incontinent leur barque au riuage. O pauureté, à combien de chofes tu es propre,
qui te cognoiftroit bien ne te blafmeroit
pas! Helas fi nous voyons auffi à clair les
foupçons, les ialoufies, les craintes, les fra-
yeurs, les defirs, les cupiditez des grans, que
nous voyons les couuertures de leurs maifons, & frontifpices de leurs palais, la lueur

de leurs meubles, la splendeur de leurs veste-
mens, nous n'enuirions pas leur fortune.
Quãd on nous diroit, Voila il faut tout prendre, ou tout laisser, aduisez si vous voulez les
biens de cet hõme-la, auec ses incõmoditez:
nous nous retirerions sans marché faire, &
nous estimeriõs bié-heureux de nostre pauureté. Si elle estoit si mauuaise, qu'on nous la
fait, nous ne loüerions pas si hautement les
Fabrices, les Sertans, les Curies. Car ceste
frugalité, auec laquelle ils reiettoient l'or &
l'argét, pour cultiuer la terre: les delices, pour
embrasser le trauail: les friandises, pour se
nourrir de pain & d'oignons; qu'estoit-ce autre chose qu'vne pauureté volontaire? C'est
vn grand cas, quand nous iugeons de la pauureté entre personnes estrãges, elle gaigne sa
cause, elle s'en va loüce & estimee: qu'est-ce
cela sinon declarer que nostre interest particulier nous corrompt, & nous empesche de
iuger droitement lors qu'il y va du nostre?
Certainemét entre personnes non passion-
nees elle est loüable : mais entre quelques
personnes que ce soit, elle est supportable.
Or si nous nous pouuons persuader de supporter la pauureté, combien plus aisément
la perte de nos dignitez & honneurs? Dignitez, qui ne sont qu'vne seruitude volontaire, par laquelle nous nous priuons de nous-
mesmes,

mesmes, pour nous donner au public. Honneurs, qui en toutes saisons ont apporté aux grans hommes qui les ont dignement maniez, l'exil & la pauureté. Repassez en vostre memoire l'histoire de toute l'antiquité, & quand vous trouuerez vn Magistrat qui aura eu grand credit enuers vn peuple, ou aupres d'vn Prince & qui se sera voulu comporter vertueusement, dites hardiment, Ie gaige que cestui-cy a esté bány, que cestui-cy a esté tué, que cestui-cy a esté empoisonné. A Athenes, Aristides, Themistocle & Phocion, à Rome infinis, desquels ie laisse les noms pour n'emplir le papier, me contentãt de Camille, Scipion, & Ciceron, pour l'antiquité : de Papinian pour le temps des Emperurs Romains : & de Boëce, sous le Gots. Mais pourquoy le prenons-nous si haut ? Qui auons-nous veu de nostre siecle tenir les Seaux de Frãce, qui n'ait esté mis en ceste charge, pour en estre dejetté auec contumelie ? Celuy qui auroit veu monsieur le Chancelier Oliuier, ou monsieur le Chancelier de l'Hospital, partir de la Cour pour se retirer en leurs maisons, diroit sans doute incontinent, que tels honneurs sont autãt d'escueils à la vertu. Imaginez vous ces braues & venerables vieillars, esquels reluisoit toute sorte de vertus, & esquels entre vne infinité de grandes

C

parties vous n'euſſiez ſceu que choiſir, réplíſ
d'erudition, côſommez és affaires, amateurs
de leur patrie, & vrayement dignes de telles
charges ſi le ſiecle n'euſt eſté indigne d'eux.
Apres auoir longuemét & fidelement ſeruy
le public, on leur dreſſe des querelles d'Alle-
man, & de faulſes accuſations pour les bãnir
des affaires, ou pluſtoſt pour priuer les affaires: comme vn nauire agité de la conduite de
ſi ſages & experts pilotes, à fin de le faire plus
aiſément briſer. En toutes ſaiſons c'eſt ambition que de deſirer les charges publiques,
& foibleſſe de courage de les regretter: en ceſte-cy c'eſt fureur, en ceſte-cy, dy-ie, où l'authorité du magiſtrat ſert humblement, voire
honteuſement aux paſſions de ceux qui ont
la force en la main : en vn temps où la liberté eſt capitale, & la verité crimineuſe : en vn
temps où la miſere publique implore voſtre
aide, & la violence des mechans vous ferme
la bouche. Ce n'eſtoit pas vn conſeil que
Caton donnoit à ſon fils, mais c'eſtoit vn oracle qu'il prononçoit aux hommes de noſtre
temps, quand il luy diſſuadoit de ne ſe point
meſler du gouuernement : Pource (diſoit-il)
que la licence du temps ne te peut permettre
de rien faire digne du nom de Caton , ny le
nom de Catõ de riẽ faire indigne de ſa generoſité. l'accuſe quant à moy, ceux qui ont en-

cores des charges publiques. Et croy que s'il
y a rien en quoy la fortune qui nous menace,
nous puiſſe eſtre fauorable, c'eſt à deſcharger
les gés de bien de ce fardeau, qui les gréue il y
a fort long téps. Tant y a que quicōque voudra conter ſes honneurs entre ſes pertes meſmes, celles qui ſont à lamenter, & qu'on peut
mettre en auant, pour eſtre iuſte cauſe d'vne
triſteſſe, ſemblable à celle qui no' tourmēte,
ie le iuge pour delicat: & le cenſure dés à preſent comme indigne de la dignité qu'il craint
de perdre. Mais me dira-on, que reſpondrez-
vous à la perte de nos amis, de nos parens, dé
nos enfans, qui nous eſt menacee par tels accidens, que ceux que nous craignons? Ie vous
reſpondray que quand cela ſeroit arriué, &
que la ruine de noſtre ville les auroit acca-
blez, nous aurions dequoy nous conſoler: car
la mort leur ſeroit tref-heureuſe. Nous ne
nous faſchons pas, à mon aduis, de ce qu'ils
ſont naiz mortels, & qu'il faut partant vn
iour qu'ils meurent : mais ſeulement de ce
qu'ils meurent en ce temps-cy. Nous n'i-
gnorons pas, que puis qu'ils ſont naiz hommes, il faut qu'ils ſoient ſeparez de nous,
qu'ils aillent deuant ou qu'ils nous ſuiuent.
Et ce auſſi bien en la paix comme en la
guerre, auſſi-toſt par maladie que par
glaiue. De quelque façon que ce ſoit, ils

C ij

ne peuuent eschaper le coup de la mort, mais
ou pluſtoſt ou plus tard , vn peu deuant ou
vn peu apres : c’eſt dequoy nous ſommes
tant en peine. En quelle ſaiſon la mort leur
pourroit-elle arriuer plus à propos, que quãd
la vie eſt ennuyeuſe? S’ils auoient à la ſouhai-
ter, ou nous pour eux, quel autre temps pour-
roient-ils choiſir plus propre? A quelle heure
le port eſt-il plus deſirable , que quand on eſt
fort battu de la tempeſte ? Le vray vſage de
la mort, c’eſt de mettre fin à nos miſeres. Si
Dieu euſt faict noſtre vie plus heureuſe , il
l’euſt faicte plus longue. Il ne faut donc pas
plaindre leur mort pour leur intereſt, pour le
noſtre il ſeroit mal ſeant. Car c’eſt vne eſpece d’iniure, d’auoir regret au repos de ceux
qui nous aiment , pource que nous en ſommes incommodez. Particulierement, pour
ce qui concerne la perte de nos amis, il nous
demeure touſiours vn remede, que la Fortune, pour ſi rude & cruelle qu’elle ſoit, ne nous
peut arracher. Car ſi nous les ſuruiuons, nous
auons moyen d’en faire d’autres. Comme
l’amitié eſt vn des plus grands biens de la
vie, auſſi eſt-il des plus aiſez à acquerir. Dieu
faict les hommes, & les hommes font les a-
mis: à qui la vertu ne manque point, les amis
ne manqueront iamais. C’eſt l’inſtrument,
auec lequel on les faict, & auec lequel quand

on a perdu les anciens, on en refaict de nouueaux. Si Phidias euft perdu quelqu'vne de
fes tant eftimees ftatues, quel moyen euft-il
eu de reparer cefte perte? c'euft efté d'en re-
faire vne femblable.   La fortune nous a elle
ofté nos amis? faisôs-en de nouueaux: par ce
moyen nous ne les aurons pas perdus, mais
multipliez. Ceux-là nous iront attendre deuant au feiour preparé pour les belles & pures ames, & les derniers nous rendrôt le chemin qui nous refte plus doux par leur compagnie. Peut-eftre(me direz-vous)pourrôs
nous prendre patience és aduerfitez que
vous nous auez cottees. Car pour dire vray
cela ne frape que fur la robe , & ne touche
que ce qui eft à l'entour de nous, les biens, les
honneurs, les amis, les enfans. Mais fi le mal
vient plus auant , & qu'il penetre iufques à
noftre propre perfonne , comment ferons-
nous pour ne le pas fentir, ou le fentant pour
ne nous en pas affliger? Car vous pouuez preuoir, que fi la fureur de nos feditieux citoyés
fe tourne vne fois fur nous , qui leur fommes
defia fufpects, qu'ils nous ietteront dans des
prifons, nous metteront aux tourmens, & fe-
uiront contre nous, comme ils ont fait contre tant d'autres, defquels nous n'auons efté
diftinguez, que par noftre meilleure fortune
Ou bien, côme nous en fommes à la veille, fi

la ville eſt priſe ou ſurpriſe,& paſſe parvn ſac
& pillage , nous tomberons entre les mains
des barbares & inhumains ſoldats , peut e-
ſtre meſmes eſtrangers de nation , qui apres
nous auoir battus & tourmentez, nous tien-
dront en vne miſerable captiuité : où nous
demeurerons,parauanture, malades & lan-
guiſſans ſans ſecours, peut eſtre adioutera-
on les tourmés aux maladies. Et en fin,nous
verrons-nous mourir en ceſte miſere : pour
le comble de laquelle nous aurons autour
de nous de pauures petits enfans, deſtituez
de toute conduite, à la compaſſion deſquels
nous ne pourrons apporter autre choſe que
les ſouſpirs. Qui ſera l'eſprit ſi affermy,
qui pourra ſupporter telles atteintes? Et qui
ſe trouuât en telles angoiſſes ſans remede,ne
maudiſſe cent fois le iour de ſa vie;ne dete-
ſte l'heure de ſa natiuité, & ne ſouhaite a-
uoir eſté auorté pluſtoſt qu'enfanté ? De ce
qui nous peut arriuer, voila ce qui en eſt le
plus dur & plus faſcheux, ie le confeſſe:mais
qu'il ſoit inſupportable,ie le nie, & ſouſtiens
que la vertu peut ſouſtenir brauement ceſt
aſſaut, demeurer victorieuſe , & conſeruer
ſous ſon bouclier noſtre eſprit ſain & entier,
plein de repos & de contentement. Mais ſi
nous auons à entrer en ce combat , ne donnons point plus d'auantage à noſtre ennemy

qu'il en a, ne le faiſons point plus grand qu'il
eſt, ne le laiſsõs point venir en troupe à nous,
contraignons-le de venir vn à vn à la bre-
che. Ce qui ſe preſente le premier pour nous
faire peur, ce ſont de grandes & faſcheuſes
maladies. Pourquoy pluſtoſt auiourd'huy,
que non pas il y a vingt ans ? Penſons-nous
que les maladies ſoient plus frequentes, ou
plus faſcheuſes en la pauureté qu'en l'abon-
dáce, en la frugalité qu'és delices ? Bon Dieu
que nous ſommes aueugles ! auons nous iamais trouué par les villages des gouttes, des
coliques, des pierres, des migraignes? Quant
à moy ie confeſſe que ie n'y en vey iamais, &
ſi i'y ay pris garde. Toutes ces ſortes de maux-
là, qui ſont maladies aigues & douloureuſes
ne ſont que dans les villes, & encore dans les
palais des grands : c'eſt le ſalaire des feſtins,
des banquets, des jeux, des veilles, des
nuicts paſſees entre les plaiſirs & les voluptez. Tellement que les miſeres que nous
endurons, entre autres commoditez qu'elles nous apportent, elles nous oſtent la cauſe de ces grans maux-là, & les deracinent,
retranchant les fibres & rameaux des plaiſirs
qui les nouriſſoient & entretenoient. Or
quand bien elles nous deuroient arriuer, où
pourroient-elles eſtre mieux guaries que

chez la pauureté? Que penſez-vous que con-
tiennét tous les liures de Galien & d'Hippo-
crates plus ſalutaire à toutes , ou pour le
moins à la plus part des maladies , que la ſobrieté ? Tous ces autres remedes que la me-
dēcine a inuétez auec tât d'art & d'induſtrie:
ne ſont quaſi que pour les delicats, qui veulét
guarir auec volupté, & ſás riē rabatre de leurs
plaiſirs, aimans mieux pour medecin, l'artifice que la nature. Mais encore ie veux biē que
les remedes nous máquent, pour cela le courage nous doit-il máquer? pour celá voudrōs-
nous laiſſer dóter à la douleur, & ſous-mettre
ce qui eſt ſouuerain en nous, à cette puiſſance
eſtrangere? Ce ſeroit vne trop grāde laſcheté, veu le moyen que la raiſon & le diſcours
nous donnent pour y reſiſter. Ou les maladies qui nous peuuent ſuruenir , nous apportent vne violente douleur , ou bien vne
douleur moderee; ſi elle eſt moderee, elle eſt
aiſee à ſupporter : nous qui auons faiᴄt ja
couſtume d'endurer , ne nous deuons pas
plaindre des petits maux, & puis que noꝰ craignons & attendons les plus grans, nous deuons remercier noſtre deſtin de nous quitter
à ſi bon marché, & nous rēdre moins miſera-
bles que nous ne penſions. Bref, qui pourra
ouïr la voix de celuy qui ſe plaint de peu de
choſe, principalement en vne ſaiſon où perſonne n'eſt exēpt de mal? ſi le mal eſt violēt, il

sera court:la nature ne permet pas que les
grans maux soient durables, & leur a donné
ceste consolation, que la soudaineté en oste
quasi le sentiment. Cela va comme vn torrent,en vn moment vous le voyez à sec , &
ne sçauez qu'il est deuenu. Le mal si court
ne vous donne pas loisir de vous plaindre , il
est passé auãt que vous l'ayez quasi recogneu;
si vous l'eschapez, il vous laisse cõme vn plaisir d'en estre hors ; s'il vous emporte , il vous
oste aussi le sentiment de la douleur. Mais
quoy que ce soit, le mal n'en peut iamais e-
stre si grand, que la raison & le discours ne le
doiuent surmonter. Ie vous rapporterois
les exemples des anciens si frequents que
rien plus, non pas d'hommes , mais des femmes mesmes, qui ont soustenu de longues
& douloureuses maladies auec tant de con-
stance, que la douleur leur a plustost emporté la vie,que le courage. Mais où les irois-ie
chercher si loin pour vous, qui en auez vn
domestique plus signalé qu'aucun de l'antiquité ? ie dy celuy de vostre bonne & chere
sœur,qui en ceste enragee colique de six mois
qui en fin l'a emportee , a monstré vn esprir
si entier , vn courage si inuincible, que ses
propos,qui ne luy ont point failly iusques à
la fin, n'ont esté que consolations à ceux qui
la voyoient,& loüanges & actions de graces
a Dieu,de la main duquel elle receuoit si

contente le mal & le recōfort. Or paſſons le-
gerement ſur ceſte cicatrice, car ie craindrois
au lieu de ſouder vne nouuelle playe, renta-
mer ceſte-là qui vous a ſi viuemēt & profon-
demēt atteint. Quant aux tourmés que nous
pouuōs craindre de ceux, entre les mains deſquels nous pourrions tomber, il ne faut pas
douter que ſi nous pouuōs prendre la reſolu-
tiō, à laquelle & les raiſons & les exēples que
ie vous ay repreſentez cy deſſus, nous inuitēt,
que nous n'en venions aiſément à bout. Car
ils ne ſont pas plus difficiles à ſupporter, que
les grādes & faſcheuſes maladies: au contraire il ſemble qu'ayans le corps & la ſanté entiere pour y reſiſter, que la nature nous ſecō-
de en ce cōbat, & nous preſte des forces pour
nous y rēdre victorieux. Il n'eſt pas croyable,
combien en ceſt endroit peuuent le diſcours
& la raiſon, non ſeulemēt à nous rendre con-
ſtans, mais meſmes à nous faire trouuer douce & plaiſante la douleur. Ce ſeroit choſe
immenſe de vous citer les exemples de ceux
qui nō ſeulemēt ont courageuſemēt attēdu
le tourmēt: mais perſuadez par la raiſon l'ont
eſté chercher, & l'ont ſupporté auec quelque
plaiſir. Vous ſçauez cōme en Lacedemone
les ieunes enfans s'entrefoüettoient viue-
ment, ſans que l'on apperceuſt en leur viſage
aucune marque ne reſſentiment de douleur.
Quoy donc, eſtoient-ils inſenſibles? non cer-

tainement , mais en ce tendre âge là ils s'e-
ftoient tellement imprimez en l'efprit, que
c'eftoit vne grãde gloire, que de s'accouftumer à endurer pour feruir au païs, qu'ils fur-
montoiét aifémét la douleur par le courage,
& rioient de ce que les autres ont accouftu-
mé plorer. Ne fçauriõs-nous faire pour l'hõneur de la vertu ce que ceux-là faifoiét pour
leur païs : pour le repos de noftre efprit , ce
qu'ils faifoient pour le bien de leur republique ? Le page d'Alexãdre fe laiffa brufler par
vn charbon, fans faire frime aucune ne contenance de fe plaindre, de peur de faire en la
prefence de fon maiftre quelque chofe d'in-
decét, & qui croublaft la ceremonie du facrifice : Et nous à la prefence des hómes, des anges, de la nature, & de Dieu mefme, n'endu-
rerõs-nous point quelque chofe , qui mõftre
que nous nous fçauons accõmoder aux loix
de l'vniuers, & à la volonté du fouuerain ? Põpee eftant allé en ambaffade pour le peuple
Romain , fut furpris par le Roy Gétius, qui le
voulut cõtraindre de deceler les affaires publiques : mais pour luy mõftrer qu'il n'y auoit
tourment au monde qui le luy peuft faire dire, il mit luy-mefme fon doigt au feu, & le laiffa brufler iufques à ce que Gentius mefme
l'en-retira. Il cherchoit le tourment , pour
faire paroiftre ce que pouuoit fa fidelité : &
nous fi le tourment nous arriue , voulons

nous trahir noftre ame, & oublier ce que no°
deuõs d'hõneur à ce qui eft de diuin en nous
Voulons-nous (dy-ie) lors abbaiſſer noftre eſprit, & l'aſſeruir à noftre corps, pour ſe côdou-
loir auec luy & côpatir à ſes maux? Bien plus
genereux eftoit ce braue Anaxarque, qui demy briſé dás les mortiers du tyran, ne voulut
iamais confeſſer que ſon eſpritfuft touché du
tourment.   Pilez, broyez tout voftre ſaoul
(diſoit-il) le ſac d'Anaxarque: car quant à luy
vous ne le ſçauriez bleſſer. De là, de là venoit
cefte belle reſolution, de là, comme d'vne viue ſource, decouloit cefte conftançe , qu'il
auoit appris à meſpriſer le corps comme choſe qui n'eft point à nous, ný en noftre puiſſã-
ce: & à en vſer comme d'vne robe enpruntee
pour faire paroiftre pour vn temps noftre eſprit ſur ce bas & tumultuaire theatre. Or celuy-là ſeroit il pas trop delicat qui criroit &
huiroit pour ce que lon luy auroit gafté ſa robe, que quelque eſpine la luy auroit accro-
chee, ou quelqu'vn en paſſant la luy auroit
deſchiree? quelque vil fripier, qui voudroit
faire ſon profit de telle denree s'en plain-
droit; vn Prince, vn grand, vn riche bourgeois s'en riroit, & n'en feroit conte, compa-
rant cefte perte au refte des grans biens qu'il
a. Faiſons cas de noftre ame comme nous deuons, ſoyons curieux de ſon honneur & de
ſon repos , & nous ne ferons aucun cas

de tout ce que noſtre corps peut endurer icy bas. Ouy, mais le mal ſera ſi grand que nous y perdrons la vie, & verrons trancher le fil de nos ans par le fin beau mitan. Qui eſt-ce qui ſe peut garantir d'apprehender ce coup, duquel la nature meſme a horreur ? Car la mort encore qu'elle vienne à ſon terme, ſi eſt elle eſpouuantable : combien plus le ſera-elle, quand elle s'auancera, & nous cueillera en verd au fort de noſtre ieuneſſe? Nous nous trompons, la mort n'a rien de ſoy d'effroyable, non plus que la naiſſance: la nature n'a rien d'eſtrange, ny de redoutable. La mort eſt tous les iours parmy nous, & ne nous fait point de peur : nous mourons tous les iours, & chaque heure de noſtre vie qui eſt paſſee eſt morte pour nous. La derniere goutte qui ſort de la bouteille, n'eſt pas celle qui la vuide, mais qui acheue de la vuider: & le dernier moment de noſtre vie n'eſt pas celuy qui fait la mort, mais ſeulement qui l'acheue. La principale partie de la mort cõſiſte en ce que nous auons veſcu. Plus nous deſirons viure, plus nous deſirõs que la mort gaigne ſur nous. Mais d'où nous viẽt ce deſir? de l'opiniõ du vulgaire, qui veut tout meſurer à l'aune, & n'eſtime riẽ de precieux que ce qui eſt grand ; où au contraire les choſes exquiſes & excellentes ſont ordinairemẽt ſub-

tiles & deliees. C'eſt vn traict de grand maiſtre, d'enclorre beaucoup en peu d'eſpace : &
peut-on dire , qu'il eſt quaſi fatal aux hommes illuſtres de ne pas viure long temps : La
grande vertu , & la grande vie ne ſe rencontrent gueres enſemble : La vie ſe meſure par la fin, pourueu qu'elle en ſoit belle,
tout le reſte a ſa proportion : la quantité no
ſert de rié, pour la rendre ou plus , ou moins
heureuſe ; non plus que la grandeur ne rend
pas le grand cercle plus rond que le petit, la
figure y fait tout. Encore (direz-vous) ſou-
haïteroit-on volontiers de mourir en paix
dans ſon lict entre les ſiens, conſolé d'eux en
les conſolant. Cela eſt miſerable d'eſtre
tué en quelque coin, & demeurer ſans ſepul-
ture. Tant de gens qui vont à la guerre , &
prennent la poſte pour ſe trouuer à vne bataille, ne ſont pas de ceſt aduis. Ils vont mourir tout en vie , & s'enſeuelir parmi leurs ennemis. Les petis enfans craignét les hômes
maſquez: deſcouurez leur le viſage, ils n'en
ont plus de peur. Auſſi, croyez-moy, le feu,
le fer, la flamme nous eſtonnent en la façon
que nous nous les imaginons : leuons leur
maſque, la mort dont ils nous menacét, n'eſt
que la meſme mort , dont meurent les femmes & les petits enfans. Mais ie laiſſeray (me
direz-vous) de petits orfelins , ſans condui-

te, & fans fupport : comme fi ces enfans-là
eftoient plus à vous qu'à Dieu:comme fi vous
les aimiez dauantage que luy , qui en eft le
premier & plus vray pere:ou comme fi vous
auiez plus de moyē de les conferuer que luy.
Non,non,ils aurōt le pere cōmun de tout le
mōde,qui veillera fur eux,& qui les cōferue-
ra fous l'aile de fa faueur , cōme il fait toutes
fescreatures , depuis les plus grandes iufques
aux plus petites. Les maux dōc ne sōt iamais
fi grās que noftre ambicieufe opiniō nous les
propofe:elle nous dōne l'efpouuante par fes
artifices.Mais bien nous perd elle,& corrōpt
elle tout à fait,quād elle nous veut perfuader
qu'en telles occafions il nous faut chémer &
ennuyer.Vrayement quād la trifteffe qu'elle
nous apporte, n'auroit rien de pire que la de-
formité dōt elle eft accōpagnee,fi la deuriōs-
nous fuïr à voiles & à rames. Obferuez-la fi
toft qu'elle entre chez nous, elle nous remplit d'vne hōte,que nous auons de nous mō-
ftrer en public, voire mefmes en particulier à
nos amis. Depuis que nous fommes vne fois
faifis de cefte paffion, nous ne cherchōs que
quelque coin pour nous accroupir, & fuir la
veuë des hommes.Nous ne voulons plus de
tefmoins de nos actiōs, la veüe de nos amis
nous eft à charge.Qu'eft-ce à dire cela,finon
qu'elle fe condāne foy-mefme,&recognoift

combié elle eſt indecente?ne diriez-vous pas
que c'eſt quelque femme ſurpriſe en deſbau-
che qui ſe cache,& ſe muſſe & a hôte d'eſtrè
recognuë?OuleChereadeTeréce,qui s'eſtắt
habillé en Eunuque,pour faire vne fripóne-
rie,ſe trouue ſurprisau milieu de la ruë,ou en
vne maiſon eſtrắge?C'eſt bié habiller les hốmes en eunuques,voire les chaſtrer du tout,
que de les laiſſer tomber en ceſte triſteſſe-la
qui leur oſte tout ce qu'ils ont de maſle &ge-
nereux,& nous dóne toutes les contenắces
& toute's les infirmitez des fémes. Auſſi les
Thraces habilloient-ils en fémes les hốmes
qui eſtoiét en dueil, fuſt pour leur faire hôte
d'eux meſmes à eux-meſmes, ou pour leur
dốner occaſió de ceſſer bié toſt de ſi mauuaiſes & effeminees contenắces. Mais qu'eſtoit
il beſoin de ces habits-là pour cela? Car il me
ſemble que leurs viſages& toutes leurs aꝗiốs
leurs eſtoiétvn ſuffiſant aduertiſſemét qu'ils
n'eſtoiét plus hommes, C'eſtoit à mon aduis
vn reproche public que les loix leurfaiſoiét
de leur puſillanimité, vne ſemonce de reuenir à eux-meſmes , & reueſtir leur courage
viril.Les loixRomaines,qui onteſté plus ge-
nereuſes,n'ont pas cherché des remedes par
la hôte cốtre ces effeminees lamétatiốs: car
elles les ont defendu tout à fait parleurs premieres & plus pures ordonnắces.Elles n'ont

pas

penſé que la mort ny de pere, ny de mere, ny
d'enfans, ny de parent, ny d'amy, deuſt eſtre
cauſe de nous denaturer, & faire choſe contraire à la virilité. Bien ont elles permis les
premieres larmes qu'eſpreint vne fraiſche
& recente douleur. Ces larmes, dy-ie, qui
peuuent meſmes tomber des yeux des philoſophes, & qui gardent auec l'humanité la dignité, qui peuuent choir de nos yeux ſans
que la vertu choye de noſtre cœur. C'eſtoiét
ie penſe de celles-là qui couloient ſur les
joües de la belle Panthea, quand Araſpes en
deuint amoureux, pour l'auoir veu plorer
fort tendrement & pitoyablement à ſon gré
la mort de ſon mary. Car les premieres pointes de la douleur eleuent en nous des paſſiõs
ſi viues & ſi naifues, qu'elles paſſent aiſémét
en l'eſprit de ceux qui nous voyent, & les enflamment de la meſme ardeur. Mais ceſte
triſteſſe enuieillie, qui a penetré iuſques à la
moüelle de nos os, fane noſtre viſage, &
fleſtrit noſtre ame tout enſemble, de telle
façon que rien n'eſt plus agreable en nous.
Et ſi la nature a fait naiſtre quelque choſe
d'aimable en noſtre corps, ou en noſtre
eſprit, il ſe fond en ceſte amere paſſion, comme la beauté d'vne perle ſe diſſout dans le
vinaigre. C'eſt pitié lors que de nous voir:
nous nous en allons la teſte baiſſee, les yeux

D

fichez en terre, la bouche sans parole, les
membres sans mouuemens, les yeux ne nous
seruent que pour pleurer, & diriez que nous
ne sommes rien que des statuës suantes. Ce
n’est pas sans cause que les Poëtes nous ont
laissé par memoire, que Niobé auoit esté có-
uertie en vne image de pierre à force de
pleurer. Ils n’ont pas seulement voulu par là,
comme vn ancien a pensé, nous representer
le silence qu’elle auoit gardé en son dueil,
mais aussi nous apprendre qu’elle auoit perdu tout sentimét pour s’estre abandonnee à
la tristesse. Nous la deuriós donc fuïr, quand
ce ne seroit que pour estre si indecente &
deshonneste : mais elle est auec cela estrangement dommageable, & en cela d’autant
plus dangereuse, qu’elle nuit sous couleur de
profiter. Elle fait semblant d’accourir pour
nous secourir, & au contraire elle nous of-
fense : elle fait contenance de tirer le fer de
la playe, & elle l’enfonce iusques au cœur: elle nous promet la medecine, & nous donne
le poison. Ses coups sont d’autant plus difficiles à parer, & ses entreprises à rompre, que
c’est vn ennemy domestique, nourry & eleué chez nous, & que nous auons nous-mesmes engendré pour nostre peine. A mon aduis que c’estoit d’elle de qui parloit le comi-
que Grec, quand il s’escrioit contre les hom-

mes: O pauures gens, combié endurez-vous
de maux volontaires, outre les neceſſaires
que la nature vous enuoye ! Car de qui nous
pouuons-nous plaindre, que de nous, quand
apres le ſentiment des maux paſſez nous en
retenons encor la faſcherie , & nous opinia-
ſtrons à les remaſcher & ramener continuellement en noſtre memoire, ou que par la
crainte de l'aduenir nous languiſſons decou-
ragez? N'eſt-ce pas de nous que nous vient
ce mal-là, duquel nous ne nous deuõs pas eſ-
bahir s'il eſt ſi durable, veu qu'il eſt cõme les
fleuues qui ſortent de la mer & y retournét,
& qui pour tirer leur ſource du meſme lieu
où ils ſe deſchargét, ne tariſſent iamais? Pauures ſots! pourquoy arrouſõs-nous ſi ſoigneuſement ceſte plante, dont les fruicts ſont ſi
amers? trouuons-nous quelque gouſt à ces
plaintes, ces ennuis, ces regrets, ces ſouſpirs,
dont elle enfielle noſtre vie, & empoiſonne
toutes nos actions? Car tant qu'elle habite
chez nous, que faiſons-nous digne du nom
d'homme ? A quelle heure penſons-nous
à ſeruir la patrie, à faire l'office d'vn bon citoyen, à nous oppoſer aux factions des meſchans, à defendre les loix des aſſauts de
l'ambition & de l'auarice, à ſecourir nos
amis de l'oppreſſion des meſchans ? Quelle relaſche nous donne ceſte importune

paſſion, pour leuer les yeux au ciel, & auec
vn eſprit pur remercier ce grád & ſouuerain
Empereur, qui nous a colloquez icy bas, &
nous a fait tant de graces & de faueurs, que
quand nous n'aurions autre choſe à faire
qu'à luy en rendre graces, ſi n'aurions nous
pas en toute noſtre vie du temps à demy?
Certainement on ne la ſçauroit excuſer, elle eſt ou fort indiſcrette, ou fort maligne: car
ou ſa fin eſt mauuaiſe, ou elle erre & s'eſgare
de ſa fin. Si ſon but eſt d'augmenter noſtre
mal, & que plus elle empiete ſur nous, plus elle rende noſtre vie faſcheuſe & ennuyeuſe,
que ne la repouſsõs-nous à l'abordee, que ne
luy fermons nous ſa porte au nez, ou pour le
moins que ne la chaſsõs no⁹ par les eſpaules
ſi toſt que no⁹ cognoiſſons ſeſdeſſeins? Nous
ſommes bié traiſtres à noſtre propre repos, ſi
cognoiſſans ſes ennemis, ſi ſçachans qui ſont
ceux qui le ruinét, nous les receuõs, nous les
ſupportons, nous leschoyõs? Si ſon but eſt de
ſoulager noſtre douleur, la diminuer & deſ-
tráper en nos larmes, pourquoy nous ſeruõs-
nous ſi long temps d'vne ſi mauuaiſe & temeraire officiere, qui fait tout le contraire de ce
qu'elle veut? Qui l'a iamais veu paruenir à ce
but-là? en quel eſprit eſt-elle iamais entree
qu'elle ait cõſolé? Au cõtraire ſi elle l'a trouué tremblant, ne l'a elle pas terracé? ſi chét,

accablé?Il n'en fort pas vn d'entre fes mains,
que gafté, froiffé & brifé. Quand elle y a paffé,il n'y demeure plus de force ny de refiftan-
ce, & deuient comme vn lieu bas & creux,
qui n'eft pas feulement faly des ordures qui
y croiffent,mais de tous coftez les efgouts s'y
defchargent,& l'eau pure s'y corrompt. Car
l'homme faifi de trifteffe, s'offenfe de fes
maux,& de ceux d'autruy,des publics & des
particuliers: les bonnes fortunes mefmes
qui luy arriuent,luy defplaifent,tout s'aigrit
en fon efprit, comme les viandes font en vn
eftomac defbauché. Mais outre tout cela,ie
dy que la trifteffe venant pour le fujet, pour
lequel elle vous arriue, eft fort iniufte,& i'o-
ferois quafi dire,impie. Car qu'eft-elle autre
chofe qu'vne plainte temeraire & outrageu-
fe contre la nature, & la loy commune du
monde? La premiere voix que prononce la
nature, c'eft que toutes chofes qui font fous
le ciel de la Lune, font periffables : & que
comme elles ont eu commencement, auffi
auront elles fin. Vous en voulez comme par
priuilege exempter voftre ville, & la rendre
immortelle. Les villes, les eftats,les royaumes font de la mefme condition que les autres parties du monde:voire l'eftre en eft plus
incertain &plus infirme.Car la plus-part des
autres ont leur forme, qui vnit leurs mem-

bres auec vn seul nœud si fort & si estroit, que difficilement les peut-on separer. Mais les villes & les estats sont composez d'infinies choses toutes differentes, qui ne sont alliees & assemblees que par les volontez des hommes, poussees à vne communion & societé par quelque celeste inclination. Et ces volontez-là estant aisees à esbranler, la ruine des villes est tousiours prompte & quasi presente. Car des mouuemens de ces volontez-là viennent les guerres, & les seditions, qui les conduisent à leur fin. Mais quãd il ne leur arriueroit aucunes maladies, c'est à dire, inconueniens de violence, dont elles perissent le plus souuent, si faudroit-il qu'elles definassent de vieillesse, par la loy commune du monde, pource qu'elles ont leur ieunesse, leur virilité, leur vieillesse, comme les hommes : & bien que tous leurs autres âges eussent esté fermes & sains, si faudroit-il en fin que la vieillesse les consõmast. Or si nous auõs preueu cela, pourquoy nous en tourmentons-nous ? Si nous ne l'auons point preueu, dequoy nous plaignons-nous, sinon de nostre imprudence ? La condition de la nature est bien dure & bien miserable, si de toutes les choses que nous ignorons, il faut quand elles arriuent, qu'elle en endure le reproche & les iniures. Tient-il à elle que

nous ne le sçachions ? nous l'a-elle celé ? y a-il
coin au monde, où elle ne l'ait escrit ? C'est
vn grand cas que nous sommes plus iustes à
l'endroit de tous les autres, que de la nature,
qui nous est neantmoins plus gracieuse &
& plus fauorable que tous les autres. Si nous
tenions vne maison à loüage, & qu'il print
fantasie au proprietaire de l'abatre, pource
qu'elle fust vieille, & qu'il la falust rebastir,
ou qu'il la voulust appliquer à sō vsage, nous
vuideriōs de gré à gré, & en chercheriōs vne
autre sans nous tourmenter ny quereller.
Pourquoy ? c'est la loy commune, qui luy permet d'vser ainsi de ce qui est sié. Sçauez-vous
qui sont ceux qui se chagrinét quand il faut
desloger, qui se plaignent & se tourmentent ?
ce sont les enfans de ceux qui ont des baux à
longues annees. Car pource qu'ils en ont
tousiours veu iouyr leurs peres, & qu'ils ne
se sont iamais mis en peine de regarder les
tiltres de leur maison, ils ont fait estat que le
fonds leur en appartenoit, & se sont nourris
en ceste opinion : ils ont passé leur ieunesse sans apprédre mestier, sans s'accoustumer
au trauail : comme ils sont deuenus grands, le
bail est expiré, il se faut pouruoir ailleurs : ce
coup non preueu les estonne, ils pleurent, ils
se lamentent, & au lieu de remercier le proprietaire de ce qu'il les a long temps laissé

iouïr à si grand marché, ils mesdisent de luy.
Mais nous sommes encores bien plus impru-
dés & plus iniustes enuers la nature, que ceux
là ne sont enuers leurs seigneurs. Car ceux-là
ont peut-estre leur bail à tiltre onereux, ils
ont possible financé au commencement
pour y entrer : nous ne sommes icy que pre-
cairement, tout ce que nous auons, nous le
tenons en bien-faict & à temps.   A ceux-là
encor on a attendu à les aduertir iusques à ce
que le bail fust expiré : à nous la nature denonce tous les iours la conditió, sous laquelle nous sommes icy. Ie vous prie dites-moy,
quand nous venós au monde, y entrós-nous,
ou si nous y sommes introduits ? y venós nous
pour y commander, ou pour y seruir, pour y
donner la loy, ou pour la receuoir ? Ie croy
que sans mot dire, vous me respondez que
nous y venons pour obeïr, & suiure ce que
nous y trouuós desja establi. Il faut que nous
nous accommodions aux saisons, aux iours,
aux nuicts, à la temperature des regions, bref
à tout ce qui arriue au gouuernemét du móde.   Or ceste loy-là est douce, benigne, gracieuse : tout y est, si nous le sçauós bien consi-
derer, en nostre faueur. Et neátmoins s'il s'y
trouuoit quelque chose de dur, le vray moyé
d'adoucir la seruitude necessaire, c'est d'o-
beïr volontairement.   Ne deuons nous pas

eſtimer que quand nous entrons au monde, nous contractons auec la Nature, & nous
obligeons de garder les loix qu'elle a donné
& publié depuis tãt de ſiecles, aux villes, aux
republiques, aux royaumes? Comme elle eſt
ſage, prouidente & deſireuſe de conſeruer la
beauté de ſon ouurage, elle a donné à chaque choſe la plus longue duree qu'elle a peu:
mais le vice & imperfection de la matiere,
dont les choſes ſont creées, a faict premierement que des terreſtres, il n'y en peut auoir
aucune immortelle : & que des mortelles
meſmes beaucoup ne durẽt pas tant que leur
nature deſire, le vice de la matiere preuenãt
la grace de la nature. Le remede qu'elle a
recherché à cet inconuenient, c'eſt vne duree par ſucceſſion qu'elle a donné aux choſes, faiſant qu'en perdant vne forme elles en
reçoiuent vne autre, & que rien ne deperit
du tout, mais ſeulement ſe tranſmüe; la terre
demeurãt cõme de l'argille entre ſes mains,
touſiours molle, laquelle elle repetriſt & re-
moulle diuerſement, luy donnant vne nouuelle face par vne fraiſche figure couurant
la vieille : & par ce moyen imitãt çà bas l'immortalité, qu'elle n'y a peu entierement apporter. De là vient que les villes, les royaumes, les empires ſe changẽt ainſi, & naiſſent
de la ruine les vns des autres: le jeu chan-

geant toufiours,& ne demeurant rien ferme
ne ftable que le theatre. Qu'y a-il plus equitable, puis qu'elle eft mere cõmune de tous
les hommes, qu'elle ait voulu gratifier toutes les parties de la terre par vn tour de grandeur & magnificence qu'elle fait paffer de
lieu en lieu? Ce tour en fin eft venu iufques à
nous: & auons veu en nos iours noftre païs fi
comblé de biẽs, de richeffe, de gloire, de delices, qu'il ne fe pouuoit dire plus. Nous fommes maintenant fur le retour, noftre bonne
fortune eft fortie de chez nous, comme d'v-
ne maiſõ creuacce de tous coftez, nous fommes demeurez attendans la cheute: les vns
crient, les autres regardent, les autres f'en-
fuyent, qu'y a-il tant à feftonner? vn vieil
homme meurt, vne vieille maifon tombe,
que faut-il tant crier? Qu'y a-il en cela que
ce que vous voyez tous les iours & par tout?
Les fruicts fleuriffent, fe noüét, fe nourriffét,
fe meuriffent, fe pourriffent: les herbes poin-
dent, f'eftendent, fe fanent: les arbres croiffent, f'entretiennent, fe feichent: les animaux naiffent, viuent, meurent: le temps
mefme qui enuelope tout le monde, eft enuelopé par fa ruine, & fe perd en fe coulant:
il roule doucement les faifons les vnes fur les
autres, & toutes celles qui fe paffent fe perdent. De toutes ces chofes muables, que

voulez-vous faire de conſtant? de toutes ces
choſes mortelles, que voulez-vo⁹ faire d'immortel? Me voulez-vous bien eſtonner, faites moy voir quelque choſe de permanét icy
bas. Mais ie vous fay tort de vous entretenir
de raiſons ſi groſſieres, vous autres, dót le laborieux eſtude eſt comme le miroir de la
nature, & qui vous pouuez repreſenter en vn
inſtant, & tirer du threſor de voſtre memoire la face du móde, telle qu'elle a eſté depuis
ſa creation. Repaſſez, ie vous prie, par deſſus,
& conſiderez que ſont deuenuës toutes ces
grandes & admirables villes, baſties auec
tát d'annees, embellies auec tát de trauaux,
enrichies auec tant de ſueurs. Elles ont eu
chacune pluſieurs ſiecles entiers, qui n'ont
eſté employez qu'à deſpoüiller le reſte du
móde, pour les reueſtir & parer. L'Aſie vous
repreſéte Troye la gráde, la ſuperbe Babylo-
ne, la magnifique Hieruſalem: l'Afrique vo⁹
móſtre les Thebes aux cent portes, la puiſſante Carthage, l'opuléte Alexandrie: l'Europe vous produit les doctes Athenes, la trió-
pháte Conſtantinople, & Rome, le miracle
& de toutes les villes, & de tout le monde.
Pourquoy direz vous que toutes ces belles
citez-là ayent iamais eſté ſi floriſſantes, ſinon
pour eſtre ruinees? Et pourquoy meſmes
ruinees tant de fois, ſinon pource que leur

deſtin ſembloit reſiſter à la nature, &vouloir
flechir la mortalité des choſes humaines?
Combiē de fois chacune d'elles a elle veu ſes
ennemis réuerſer ſes murs, ſaccager ſes maï-
ſons, tuer ſes citoyens, & bruſler ſes temples?
La neceſſité de perir leur a eſté ſi grāde, que
quand elles n'ont point trouué d'ennemis
eſtrangers pour trauailler à leur ruine, elles
ont armé leurs propres habitās les vns cōtre
les autres, pour executer ce qui eſtoit ordōné
de leur fin. Il n'y a remede, la loy y eſt, il en
faut paſſer par là.   Quand nous voyons, ou
oyons la ruine des autres, voilà vn prejugé
pour nous lors que noſtre terme ſera eſcheu.
Ce qui arriue à vn, peut arriuer à vn chacun:
le coup du premier, menace celuy qui le ſuit.
Scipion, celuy qui ruina Carthage, voyant le
feu dedās, qui deuoroit tāt & tāt de richeſſes
& de ſuperbes edifices, qui conſommoit la
plus puiſſante ville d'Afrique, touché de cō-
paſſion de la fragilité des choſes humaines,
ſe priſt à pleurer le mal qu'il faiſoit : & pro-
nonça deux vers d'Homere, qui ſigni-
fioient,

   Vn iour fatal viendra que la puiſſante Troye,

   Priam & ſes ſujets ſeront tous mis en proye:
entendāt de la ville de Rome ce que le Poëte auoit dict de Troye, Mais il ſe trompa fort
à deuiner.   Car combien de iours & non pas

vn seulement a elle esté mise en proye? combien de fois saccagee? cõbien de fois ruinee?
combien de fois bruslee? & neantmoins elle
s'est releuee du milieu de ses cendres, & obstinee contre son malheur semble auoir lassé
sa mauuaise fortune de trauailler dauantage
à sa ruine. Toutesfois la loy commune nous
apprend qu'il faut qu'elle passe encore comme les autres: & quãd elle eschaperoit quelques siecles, elle n'eschapera pas au moins la
fin des siecles, & l'embrasemét de l'Vniuers.
Platon s'estoit bien alembiqué le cerueau,
pour trouuer des moyens de fonder tellemét
sa republique, qu'elle fust permanéte & per-
durable. Et neantmoins apres que lon luy a
passé pour verité tous ses songes, & que lon
l'a interrogé si au bout de là ceste belle republique pourroit estre rendüe immortelle, il a
ingenûment confessé que non: luy, dy-ie, qui
affermoit le monde estre immortel. Mais
desirant gratifier son ouurage & flater ses
pensees, il introduit les Muses qui viennent
discourir de la duree des estats, & proposent
certaines proportions de nombres, gardant
lesquelles ils se pourroient conseruer longuement florissans: & confessent toutesfois
rondement, que comme tous estats ont leur
naissance & commencement, aussi faut il
qu'ils ayent leur fin. C'est la loy commune

de la nature, sous laquelle il faut flechir, &
suiure volontairement, de peur qu'elle ne
nous entraine violemment : l'obeissance en
est douce, la violence pleine de peine & de
honte. Ce pendant i'enten bien ce que vous
me voulez dire, c'est qu'il vous semble que
nous hastons nous-mesmes nostre ruine, &
que nous auançons de nos mains la fin de ce
pauure Royaume, sans attendre que la vieillesse l'emporte, & que doucement & sans se
debattre il passe comme de la vie à la mort.
Vous vous trompez, ces animaux-là ne meurent point autrement, ils n'ont iamais la fin
douce. Car comme ceux qui meurent de
maladies, dont le siege est és nerfs, ou au cerueau, ont de grandes conuulsions auant que
d'expirer : aussi ont les republiques, qui perissent ordinairement de ce que leurs loix,
qui sont comme leurs nerfs, sont offensees
& violees. Or s'il est ainsi, comme lon dit ordinairemét, que les coups preueus n'apportent pas tant d'estonnement, nous auons, ce
me semble, grande occasion de porter plus
patiemment & auec plus de resolution la
cheute de nostre Estat : veu le long temps
qu'il y a qu'il branle, & les grands indices &
marques apparentes que nous auós eu pieça
de sa ruine. Premierement il est fort vieil,
& si vieil que iamais il ne s'en est veu qui ait

duré si grand âge. Vieillir s'est s'accoustumer à mourir. On demande ordinairement
de ceux qui sont extremement vieux, s'ils viuent encore : il y a plus à s'estonner de leur
vie que de leur mort : quand ils sont morts
on dit, A la fin il s'en est allé : côme si on vouloit dire, il a plus duré qu'on n'eust pensé. Outre son âge, il a eu depuis deux cens
ans de grandes & fascheuses maladies. Les
querelles d'Orleans & de Bourgongne l'ont
mené iusques sur le bord de la fosse. Estant
reuenu de ceste grande cheute, & ayant re-
pris son en-bon-point, il a vescu fort dissolument sous François & Henry second : en
ceste vie desbordee & dissoluë a amassé beaucoup de mauuaises humeurs, & encores plus
de mauuaises mœurs. Sous la ieunesse de nos
derniers Rois, il est vrayement reuenu en enfance, & a entierement changé de comple-
xion. Car depuis que les mœurs des estrangers ont commencé à nous plaire, les nostres
se sont tellement peruerties & corrompuës,
que nous pouuons dire, long temps y a que
nous ne sommes plus François. Il n'y a partie en cest Estat que lon n'ait non seulement
gasté, mais mesmes diffamé d'excés. Car
pour le regard de nostre Noblesse, qui est
la principale colomne de ce Royaume,
celle qui l'a eleué en la grandeur où nous

l'auons veu , & touſiours ſouſtenu , & à laquelle eſt vrayement deüe la gloire que le
nom François a parmy les natiõs lointaines,
lon n'a obmis aucun artifice pour la denaturer & decourager, noyer dans le luxe , la volupté & l'auarice ceſte ancienne generoſité
qu'elle auoit hereditaire de ſes peres ; & luy
faire perdre l'amour &charité qu'elle deuoit
auoir à la grandeur & conſeruatiõ de l'Eſtat.
Quant à l'Egliſe, qui deuoit eſtre la mere de
la pieté , l'exemplaire des bonnes mœurs , le
lien de tous les autres ordres , lon l'a desho-
noree & diffamee tant qu'on a peu, rendant
les plus grandes charges & Prelatures, la re-
compéſe des plus viles, voire ſales miniſteres
de la Cour. Tellement que l'impieté & l'i-
gnorance ſe ſont en beaucoup d'endroits aſ-
ſiſes au thrône de la ſainĉteté & verité, & ré-
du l'ordre odieux par le vice de ceux qui y eſtoient prepoſez . La Iuſtice, qui eſtoit celle
ſeule qui pouuoit encore aucunemét retenir
les autres parties en office, ſi elle euſt eſté ſai-
ne & entiere comme elle deuoit, a eu toute
la face changee:ſa principale authorité a eſté
retiree pardeuers le ſouuerain, poūr eſtre nõ
pas adminiſtree , mais peruertie par courti-
ſans au gré de ceux qui auoient la faueur.
Et pour couronner tant de deſordres, &
combler tout à fait noſtre malheur , ſont
                          ſuruenuës

suruenuës les querelles de la religiō, sur le sujet desquelles se sont dressez partis & factiōs
par quiconque a voulu, qui ont esté aisémét
entretenus par la facilité & legereté de nostre peuple, & par les artifices de nos voisins,
qui cherchoiét à se mettre à couuert dessous
nos ruines. De ces estincelles s'est allumé ce
feu qui nous a quasi deuoré, auquel chacun
est accouru non pas pour l'esteindre, mais
pour en emporter sa piece, comme d'vn
commun embrasement. Se faudra-il estonner si vn vieil estat meurt de telles maladies?
bien plustost se faudroit-il esbahir, s'il en
pouuoit releuer. Adioustez à cela les ancien-
nes predictions, qui auoient esté faictes long
temps y a, de sa desolation ; qui se sont trouuees si veritables à nostre grand mal-heur,
qu'elles en ont acquis gloire à l'art, & foy à
gens que lon auoit tousiours tenus pour pi-
peurs. Ce qui nous monstre bien que les re-
uolutions des grans estats, sont ordonnees
d'enhaut, & signifiees mesmes auparauant
qu'elles aduiennent. Ie dy donques, que
quand ce que vous craignez arriueroit, ce
seroit chose ordinaire, naturelle, & preueuë:
& que partant il la faudroit supporter patiemment, comme nous faisons les vicissitu-
des des saisons, alterations des elemens, &
autres changemens que nous voyons tous

E

les iours en toutes les parties du monde. Ie
ne dy pas pourtant que ce soit chose qui doiue asseurément arriuer, & ne desespere point
encores du salut de ma pauure France, ny de
mon pauure Paris : ains me promets que si la
fin & la ruine en est ineuitable, Dieu differera
à quelque autre saison l'execution de ce qui
en peut estre ordonné. Car encores que les
signes de ceste maladie non seulement con-
tagieuse, mais aussi pestilente, qui a saisi cest
Estat, soient pour la plus-part mortels: si sem-
ble-il maintenant que la nature commence à s'aider, & que les parties nobles monstrent encores de la force & vigueur pour
supporter les remedes. Les peuples qui se
sont laissez esbranler à ce ruineux mouuement par les vents de la crainte & de l'esperance ; crainte de perdre leur religion, & esperance de quelque soulagement, voyent
clairement que par leurs forcenez conseils
ils ont attiré le mal qu'ils fuyoient, & esloigné le bien qu'ils esperoient. Laissons meurir l'humeur, & vous verrez que la nature o-
perera de soy-mesme, & produira de salutaires effets. Puis apres les chefs des peuples
commencent à perdre l'esperance qui les a-
nimoit à ce dessein. Ce rayon de faueur po-
pulaire, qui les a esueillez, est passé comme
vn esclair, & la fortune leur a mostré qu'elle

ne les fauorisoit point tant pour leur bien,
que pour noftre peine. Ils voyent dauátage,
& le voyent euidemment, que les eftrangers,
defquels ils ont penfé eftayer leur grandeur,
nè defirent rien tant que leur ruine, & n'em-
pruntent leurs bras que pour les vfer à faire
leur befongne: n'ayans deliberé de leur faire
autre grace, que celle que le Cyclope d'Homere promettoit à Vlyffe, qui eft de le manger le dernier. Eftimons-nous qu'ils foient fi
inconfiderez à leur propre bien, fi denaturez
à leur propre païs, fi ingrats aux peuples qui
les ont tant aimez, que voyans les chofes en
ceft eftat, ils ne choififfent pluftoft d'obliger
la France en luy rendant la paix & le repos,
& retenans les grades d'honneur grans & fignalez, comme ils les peuuent auoir, que
rendre leur nom & leur memoire odieufe à
iamais, en fe precipitans en l'honteufe ferui-
tude d'vn ambicieux Efpagnol, pour y faire
trebucher auec foy, ceux qui ont depofé en
leur foy leur falut & leur vie? Nón, ie ne croi-
ray iamais qu'ils vueillent fletrir leur renommee d'vn acte fi indigne: & pource veux ie
efperer qu'ils s'accómoderont aux vœux des
peuples, qui les inuitent au repos. Que s'ils
le font, que ne deuons nous efperer? & quád
ils ne le feront, dequoy deuons-nous defefperer? Puis que Dieu a fait naiftre en nos

iours, &fur le temps de ce fatal mouuement,
vn Prince pour fucceder à cefte couronne,
feul capable au monde pour releuer, ou par
la paix, ou par la guerre, le faix de ceft Eftat
panchant. Pour la paix, il a le nom de cefte
grande & Royale famille de fainct Loys, qui
rappelle à fon obeïffance tous les fujets de
ce Royaume, qui ne peuuent efperer d'eftre
gouuernez par plus heureux aufpices, que
de la race de ce grãd Roy, qui a eleué iufques
au Ciel noftre fceptre François, & s'eft eleué
foy mefme là haut par fa pieté, pour eftre
cõme le garde & fainct tutelaire de cetEftat.
Il a vne bonté & cleméce naturelle fi grãde,
qu'elle paffe iufques à l'excez : & le feroit
foupçonner de nonchalance, fi fa vaillance
& generofité, qui reluifent en toutes les parties de fa vie, n'effaçoient ce foupçon. Car
bien que fa fortune plus trauerfe que de
Prince de fon temps, l'ait faict naiftre entre
les armes ciuiles, & parmy les iniures, on ne
fçauroit remarquer vn feul exemple de vengeance, nõ pas qu'il ait faicte, mais feulemẽt
recherchee : eftimant fe venger affez de fes
ennemis en les mefprifant, & leur oftant le
moyen de mal faire : de forte qu'il a rendu
douteux fi c'eft plus d'heur à luy de vaincre
fes ennemis, qu'à eux d'eftre vaincus par luy.
Que fi auec cela Dieu, qui tient les cœurs

desRois en sa main, difpofe le fien à ce qui eft
encores neceffaire à la parfaite vnion de fes
fujets, & pour ce faire le reduife à la creance
de l'Eglife Catholique & religion des Rois
fes predeceffeurs ; qui eft-ce qui pourra empefcher noftre heur & noftre repos? Or auós
nous toute occafion d'efperer ce bien-là, à ce
que lon rapporte du naturel de ce Prince,
qui eft fort capable de raifon, & perfuafible à
ce qu'on luy fait cognoiftre fe deuoir faire.
Nous fçauons ce qu'il en a promis à toute fa
Nobleffe : il a toufiours efté recommandé
pour eftre Prince de foy, & qui ne máque iamais à fa parole : ie m'affeure que nous aurós
en fin de luy pour ce regard ce que nous en
deuons defirer: & qu'il fera par ce moyé tomber les armes des mains de ceux qui difent ne
les auoir prifes que pour ce fujet. Si toutesfois l'obftination de ceux qui cherchent leur
grandeur dans les ruines publiques, le contraint d'effayer par le trenchant de l'efpee
ce que le trenchant de la raifon deuroit faire, quel autre pouuoit fucceder à ceft Eftat
plus capable de reftablir le Royaume, & couurir de l'ombre de fon pauois cefte pauure
couronne affaillie de tous coftez ? Dieu
luy a donné vn cœur plein de vaillance,
vn courage inuincible aux aduerfitez : & de
peur que ce courage fe relachaft par le repos,

il l'a exercé dés fon enfance iufques à prefent par des labeurs & dangers continuels,
auec tel heur neantmoins, que tant de ha-
zardeufes fecouffes ne luy ont efté qu'vne ef-
chole de vertu, & vne moiffon de gloire. Et
femble certainement à voir le progrez de fa
fortune, qu'elle luy ait excité exprez cefte
guerre : & y ait appellé tant de fortes de nations, pour y voir le fpectacle d'vn extreme
valeur, & d'vn extreme bon-heur. Non, non,
croyez que vous n'auez onques remarqué en
la fuite des temps, & cours des fiecles, que les
Eftats foient renuerfez lors que Dieu a enuoyé de tels Princes pour les commander:
bien ont ils efté rudement fecoüez & efbran-
lez, mais puis apres raffermis par la vigueur
de tels chefs. De forte que ie prefume, que
l'alteration & le mouuement que nous fentons, n'eft point de l'extirpation de l'Eftat;
mais feulement vne incifion qui fe fait auec
vn douloureux & rude ferrement, pour au
lieu d'vne branche que Dieu a retranchee,
anter la plus prochaine fur la tige Royale. Et
pource, efpere-je, que Dieu trouuera lors
que nous l'attendrons le moins, quelque
moyen propre de nous fauuer tous : & principalement cefte tant belle & augufte ville, en
laquelle il y a encores bon nombre d'hommes, qui l'inuoquent en pureté de cœur. Si
toutesfois il aduenoit autremét, fi faudroit il

prendre patience. Car ces grans accidens-là
arriuans par la prouidence eternelle, il n'eſt
non plus loiſible que poſſible de s'y oppoſer:
& dy bien dauantage, qu'il n'eſt ny iuſte ny
vtile de s'en faſcher ; eſtant tres-certain que
tout ce qui eſt ordonné de ceſte main ſouueraine, tend à noſtre bien & à ſa gloire. Mais
pource que l'heure de ſouper eſt ſonnee, &
que ce diſcours peut eſtre mieux pourſuiuy
par ceux qui m'eſcoutent que par moy, ie le
leur laiſſeray ſans l'entamer:eſtant raiſonna-
ble que puiſque noſtre miſere eſt commune,
ils contribuent quelque choſe à noſtre commune conſolation. Là finit Muſee, & nous
nous leuaſmes tous auec l'eſprit plus trâquil-
le que nous ne nous eſtions aſſis. Ce n'eſt pas
tout, dy-je lors, ô Muſee : puiſque vous vous
deſchargez de côtinuer le diſcours que vous
auez commencé, il faut que vous choiſiſſiez
quelcun qui le face. Luy baiſant vn bouquet
fané qu'il tenoit en ſa main, le preſente à Orphee: Ie vo⁹ le baille(luy dit-il)pour demain.
I'accepte, reſpôdit Orphee, le bouquet, mais
non pas la charge de me preſenter (côme dit
le prouerbe Romain) au theatre apres Ro-
ſcius. Et là deſſus nous nous ſeparaſmes, ayâs
promis de nous retrouuer là à la meſme heure le lendemain.

FIN DV PREMIER LIVRE.

E iiij

DE LA CONSTANCE ET
CONSOLATION ES CALA-
MITEZ PVBLIQVES.

LIVRE II.

E lendemain incontinent apres dif-
ner il se donna vne allarme à la ville,
pource que nous estions tous quatre
d'vn mesme quartier, nous nous trouuasmes
ensemble au corps de garde: là nous nous en-
tre-regardions auec mesmes pensees, par-
lans des yeux & du visage, & disans en nous-
mesmes, Quelle pitié qu'il faut que nous
nous trouuions icy armez contre nostre propre bien, & pour empescher, par maniere de
dire, nostre bonne fortune d'entrer chez
nous! Car qui est l'homme de bien qui ne
doiue desirer, voire par le pillage de toute la
ville, plustost sortir de ceste extreme misere,
& en deliurer le royaume, que d'immoler
ainsi nos vies à la rage & mechanceté d'vn
petit nombre de seditieux, qui assouuissent

leur cruauté & auarice de noſtre langueur &
pauureté? Quelle fatale laſcheté, que tout
ce peuple, ou au moins la plus-part que nous
voyons icy armé, cognoiſſe ſon mal & en
deſire le remede, & le puiſſe auoir s'il vouloit; n'aye neantmoins le courage ſeulement
de ſe plaindre, & ſupporter ceux qui luy
monſtrent le chemin de ſalut? Tant ce venin
de ſedition a deſuni les volontez, & la crainte que les mauuais ont imprimé aux cœurs
des ſimples, leur a gelé le ſang & aſſoupi les
eſprits! Or nous eſtans accoſtez, Et bien (dy-
je) Orphee, noſtre aſſignation eſt bien chan-
gee, à ce que ie voy: nous ſommes taillez de
n'auoir pas ceſte apreſdinee ſi douce que
celle d'hier. Si ne vous ſera-ce pas excuſe de
ce que vous nous deuez, au côtraire la debte
croiſtra par la demeure: car côme vo⁹ voyez
que nos maux croiſſent, auſſi faut-il que vous
augmétiez vos raiſons. I'ay bien peur (dit-il)
que ceſte iournee ne nous eſcarte, & nous
priue, peut eſtre, pour iamais d'vne ſi douce
& agreable compagnie. Ie vous aſſeure que
ſi la mort m'euſt pris partant hier d'auec
vous, elle m'euſt trouué fort content, &
euſt clos ma vie fort à propos, à mon gré.
Car ie confeſſe que le diſcours de Muſec a-
doucit tellement ma triſteſſe, & calma en
ſorte mon eſprit par le poids de ſes raiſons, &

par le miel de ſes paroles, que ie deſirerois
d'eſtre tous les iours ennuyé, ſi i'eſtois aſſeuré d'eſtre tous les iours ainſi conſolé. Le mal
eſt heureux, quand il ſe guarit auec plaiſir. O
que i'euſſe ſouhaité qu'il euſt pourſuiuy le
propos qu'il auoit entamé, voire à la charge
de perdre le ſouper, voire à la charge de ne
ſouper de l'annee! Ces diſcours-là ne ſont
que tout nectar & ambroſie: c'eſt vne viande
qui eſt auiourd'huy plus neceſſaire à l'eſprit,
que le pain & le vin ne ſont au corps: c'eſt
nourriture & medecine tout enſemble. Ie
vous iure qu'en l'oyant il me ſembloit, que
ceſte belle Helene d'Homere auec la meſme
main, dont elle deroba le cœur des Grecs &
des Troyés, me verſoit en la bouche ce doux
& gracieux Nepenthes, qui endormoit la
douleur des affligez, & leur remettoit le
courage. Il a (dy-je) mis les gages en bonne
main, i'eſpere que ce qu'il a bien cōmencé,
vous l'acheuerez tres-bié. Là deſſus on nous
vint dire que la rumeur eſtoit paſſee, & que
nous nous pouuions retirer. Lors ie les pris
tous trois par le manteau, Il faut venir (dy-je)
où vous promiſtes hier : à nous autres qui
ſommes armez, il eſt permis de nous faire
droit à nous meſmes. Si la loy Romaine permet de trainer en iugement celuy qui n'y
veut pas aller, combien pluſtoſt le droit des

armes? Nous n'y allons pas (dit Linus) nous y
courons. Apres que nous fufmes entrez &
defarmez, & que nous eufmes fait vn tour de
iardin pour reprendre vn peu nos efprits, Ie
vous prie (leur dy-je) reprenons nos places &
faifons prouifion de repos : car à mon aduis
nous aurons prou de loifir d'eftre debout. Et
puis que c'eft à vous, feigneur Orphee, à continuer le difcours, ne vous faites point prier,
& n'vfez point d'excufes: car en vn mõt nous
ne les receurons pas. Apres quelques femblables femonces, Orphee commença ainfi.

C'eft de verité la plus grande & plus certaine confolation, que puiffent prendre &
receuoir les hommes és calamitez publiques
ou particulieres, que de fe perfuader que
tout ce qui leur arriue eft ordonné par cefte
puiffance eternelle, diftribué par cefte fageffe infinie, qui gouuerne le monde auec la
mefme bonté & iuftice qu'elle l'a creé. Car
quand cefte opinion a vne fois pris racine en
l'efprit des hõmes, ie ne fçay pas quels vents
pourroient iamais efbranler leur conftance:
veu que nous deuons croire qu'il ne fort rien
de cefte benigne & gracieufe main, qui ne
tende à noftre bien. Mais combien que cefte
prouidence (que lon peut definir le foin per-
petuel, que Dieu a au gouuernemẽt de tout
ce qu'il a creé) efclaire iournellement en

toutes les parties du monde, & qu'elle paroisse en effects admirables : si est-ce que la plus-part des hommes luy fermét malicieusement les yeux, ou la regardent de trauers, & prennent peine à se tromper soy mesmes, à fin de n'estre point obligez à ceste sage maistresse, qui preside à la naissance & conseruation de tout ce qui se voit en l'Vniuers. A la verité peu s'en est-il trouué, qui ayent osé passer si auant en impieté, que de la nier du tout : & s'il s'en est trouué quelques-vns, ie ne veux point sçauoir leur nom, & veux presupposer qu'ils n'ayent point esté, puis qu'ils en sont si indignes. Bien y en a-il grand nombre, desquels i'ay souuent ouy, & tousiours reietté les opinions, qui aduoüans la puissance & sagesse diuine en la premiere creation du môde, luy en ont osté le gouuernement, apres qu'il a esté creé : les vns l'attribuans à cet ordre, qu'ils appellét Nature, les autres à vne necessité fatale, les autres au hazard & à la fortune. En quoy ils semblent auoir plustost changé le nom, que la puissance de la prouidence. Car en expliquant leur opinion, ils monstrent bien qu'en tous les euenemens de ce monde ils recognoissent quelque chose de grand & diuin, dont ils ne sçauent pas parfaitement la nature : & neantmoins par ie ne sçay quelle ialousie & pre-

ſomption, ils veulét que ce peu qu'ils en ſça-
uent, paſſe pour vne pleine & entiere ſciéce,
& la partie pour le tout : aimans mieux meſ-
cognoiſtre la prouidence, que recognoiſtre
leur ignoráce. Il eſt, à mon aduis, arriué à ces
gens-là ce qui aduiendroit à trois diuerſes
perſonnes, qui venans par trois diuers che-
mins, verroient de loin vne gráde pyramide
de marbre, telle que vous pourriez imaginer
celle des Rois d'Egypte, grauee de trois coſtez de pluſieurs caracteres & lettres hiero-
glyphiques. Chacun d'eux remarqueroit du
commencement la face qui ſeroit de ſon coſté, & s'il n'approchoit plus pres il iugeroit
qu'il n'y auroit que celle-là, & s'en retour-
neroit en opinion d'auoir tout veu : & ainſi
rapporteroient tous diuers aduis d'vne meſme choſe, & aſſeureroient qu'elle eſt telle
qu'eſtoit le coſté d'où chacun d'eux l'auroit
veuë. Mais s'il en approchoient de plus pres,
& qu'ils vinſent à tourner à l'entour, lors
chacun d'eux verroit toutes les trois faces,
cognoiſtroit que toutes trois elles ne font
qu'vn corps, ſeroient bien informez de l'e-
ſtat de la choſe, & en demeureroient en-
tr'eux d'accord. Quand ces gens-cy ſont
venus à contépler ceſte puiſſance ſouueraine, qui côduit & gouuerne l'Vniuers, & qu'ils
l'ont conſideree en ſes effets, chacun d'eux

s'eſt contenté de la regarder de loin, & en
conceuoir ce que la premiere veuë luy en a
repreſenté. Celuy qui auoit apperceu vn ordre & ſuite de cauſes reiglees, qui ſe pouſſent
en eſtre l'vne l'autre, l'a appellé Nature, & a
creu que ceſte Nature faiſoit tout. Celuy qui
auoit veu arriuer pluſieurs choſes qui auoiét
eſté & preueuës & predictes, que lon n'auoit
toutesfois peu euiter, a appellé la puiſſance
qui les produiſoit, Deſtin & fatale neceſſité:
& a iugé que tout dependoit de là. L'autre
qui auoit veu vne infinité d'euenemés, dont
on ne luy pouuoit rendre raiſon, & qui ſem-
bloient arriuer ſans cauſe, a nommé la puiſſance dont tels euenemens procedoient,
Fortune:& a eſtimé que toutes choſes ſe ma-
nioient de ceſte façon. Que ſi chacun d'eux
euſt pris la peine d'approcher de plus pres de
la verité, & rapporter en commun ce qu'il
auoit veu en particulier, peut eſtre euſſent-
ils cogneu au vray quelle eſtoit la figure de
ceſte premiere & ſouueraine puiſſance, de
laquelle deriuent toutes les cauſes & tous les
euenemens du monde. Et compris qu'en
ceſte Nature,en ce Deſtin,en ceſte Fortune
tous aſſemblez, reluit au trauers de l'ignorance humaine ceſte ſage & excellente Prouidence diuine, cogneuë toutesfois plus ſelon la proportion de noſtre foible entende-

ment, que selon son incomprehensible grandeur & maiesté. Car ie ne doute point, qu'en
la creation de l'vniuers Dieu n'ait estably
vne reigle & vne loy certaine, selon laquelle
toutes choses doiuent estre produites, dispo-
sees, & conseruees : laquelle qui voudra appeller Nature, ie n'ay que dire pour l'empescher, pourueu qu'il n'en face point vne essence à part hors de Dieu, à laquelle il pense
qu'il ait commis le gouuernement des choses creées pour se mettre en repos. Au contraire, ceste nature ne peut estre autre chose,
que ceste premiere puissance & vertu, qui
dés le commencement sans sortir de luy,
s'est imprimee en la matiere, & luy a donné
ce mouuement reiglé, par lequel les choses
se conseruent en leur estre, & outre produi-
sent leurs effects. Laquelle puissance est par
luy de iour en iour, & d'heure en heure, de
moment en moment inspiree au monde: lequel elle recree & reforme en le conseruant;
& le refait tous les iours par parties tel qu'elle l'a fait au comencement. Tellement qu'il
semble que Dieu ne l'ait basty, que comme
son officine & boutique pour y ouurer perpetuellement, & y tenir tousiours en action
ceste sienne bonté infinie, qui ne peut durer
sans se communiquer. Bien est-il vray que
comme vn grand architecte il a beaucoup

d'ouuriers fous foy, qu'il employe à ce grand
maniment, non tant par neceffité qu'il en
ait, que pour la decoration de ce fuperbe at-
telier, parade de fa fplendeur & magnificence, pour faire participer fes creatures à vne
de fes plus auguftes & fouueraines puiffances, & les faire produire & quafi creer quelque chofe, auffi bien que luy. Et pour ce par
vne admirable fageffe, il a laiffé vne partie
des chofes baffes & terreftres aucunement
imparfaites, comme pour feruir à l'homme
de matiere & de fujet à plufieurs beaux ouurages : & luy a quant-&-quant donné l'art
de les pouuoir adapter & accommoder. Il
luy a donné les pierres, & ne luy a pas donné
les baftimens, mais bien l'art de les faire : il
luy a donné les mines, & ne luy a pas donné
la monnoye, mais bien l'art de la faire: il luy
a donné le bled, & il ne luy a pas donné le
pain, mais bien l'art de le faire: il luy a donné
les laines, & ne luy a pas dõné les draps, mais
bien l'art de les faire. Bref il femble qu'apres
auoir creé l'homme à fon image, qu'il ait par-
tagé auec luy l'honneur de la creation des
chofes, voire mefmes de la creatiõ de l'homme, ayant voulu qu'il cooperaft à la generation de fa pofterité: & que comme luy fouuerain & premier createur auoit fait l'ame à
fon image; ainfi l'homme comme affocié à fa
gloire,

gloire, feiſt en la generation vn autre corps ſemblable au ſien. Et combien meſmes que Dieu ſe ſoit reſerué la creation de l'ame humaine, comme d'vn grand chef-d'œuure, qui ne peut eſtre elabouré que de ſa propre main : ſi eſt-ce qu'en cela il a auſſi appellé l'homme comme à ſon aide, luy en ayant reſerué l'inſtitution, la diſcipline & poliſſure, pour ſe pouuoir comme vanter d'auoir contribué quelque choſe à ſa propre perfection. Mais il ne faut pas dire ny penſer pour cela, que l'authorité qu'il a donné aux choſes creées, diminue en rien la ſienne. Il ne s'endort pas ſur leur ſoin, & ne ſe repoſe pas ſur leur vigilance : au contraire plus il leur a donné de puiſſance, plus a-il beſoin de les veiller : & plus il a d'ouuriers en beſongne, plus eſt-il neceſſaire qu'il ait non ſeulement l'œil, mais auſſi la main ſur eux, pour reformer ce qu'ils font au contraire du parfait patron, qu'il leur a propoſé, & pour les guider & addreſſer en leurs œuures, leſquelles ſans ſa conduite & aſſiſtance ne peuuent en façon quelconque ſe conſeruer ny maintenir. Ie veux donc dire que quelque grande vertu que nous voyons és choſes creées, quelques grands & reiglez mouuemens que nous recognoiſſions és cauſes ſecondes, nous ne deuons pas eſtimer pour cela que la premiere

F

foit oifiue,& que les autres ne facét rien que
par fon ordonnance. Et moins encore croire que cet ordre & entrefuitte que nous
voyons en toutes chofes, foit la caufe principale & vniuerfelle d'icelles, veu qu'elle
n'en eft que l'effect. Non plus qu'en la mufi-
que l'harmonie n'eft pas la caufe, mais l'effect des accords, produicts par l'operation
de l'art, & fcience du Muficien qui affemble
les tons & les difpofe en bonne confonance.
Or comme c'eft la prouidence qui par ceft
ordre reiglé qu'on appelle Nature, produit &
conferue chaque chofe particuliere felon la
loy generale qui eft en toutes celles de mefme efpece : auffi eft-ce elle, qui outre cet ordre reiglé, qu'on appelle Nature, imprime
quelquesfois aux chofes du monde des qualitez, & y fait interuenir des accidens, qui
font tantoft differents, tantoft contraires à
leur naturel : & puis compaffe les rencontres
des chofes entre elles, pour leur faire produire l'effect qu'elle a ordonné. Tellement que
noüant & ramaffant plufieurs caufes differentes, de la liaifon & tiffure d'icelles tire
non la fin, qui eft naturelle, ou propofee à
chacune d'elles, mais vn euenement par elle
defigné. De forte que comme la Nature fe
confidere principalement en la creation &
production, & entretenement de chaque

chofe en foy felon fon efpece & condition,
& par vne reigle ordinaire & toufiours femblable : le Deftin au contraire apparoift és
euenemens qui procedent de la rencontre
de ces chofes ja creées, qui temperees par
vne reigle incogneuë aux hommes, produi-
fent des effects preordonnez, qui femblent
ineuitables,& ne concernent ny ne s'accommodent pas tant à la nature de chaque chofe, qu'à celle de tout l'Vniuers. Certainement il fembleroit que cefte loy n'euft point
efté neceffaire au monde, fi chaque chofe
euft gardé le premier mouuement que Dieu
luy auoit donné à fa creation. Car ayant infus en chacune la forme & le principe d'agir
les plus parfaits qu'il fe pouuoit defirer, per-
feuerant en cefte condition il s'enfuiuoit,
que leur propre nature euft de foy-mefme
conduit leurs actions à de bons effets lesvnes
enuers les autres : & par confequent au bien
de tout l'Vniuers, & gloire de leur createur.
Mais ou par le vice & imbecillité de la matiere, ou par la delicateffe de leur forme, qui
ne fe pouuoit conferuer, fans adherer perpetuellement à leur createur, elles fe font defi-
gurees & detraquees du chemin que la nature leur auoit tracé. Par exemple les Anges &
les hommes ont efté creez comme les plus
parfaites pieces de l'Vniuers,& Dieu en leur
F ij

creation leur auoit infus vne viue & pure lumiere, pour cõduire leurs actions à bien vfer
des chofes du monde : & par confequent en
produire des effects à fa gloire. Mais comme
és grans baftimens il aduient ordinairemẽt,
que ce dont il arriue pluftoft faute fera d'vn
entablement trop enrichi, ou de quelque ef-
calier fufpendu par grand artifice : pource
que plus l'art rend l'œuure excellent, plus le
rend-il delicat : ainfi ces plus parfaites crea-
tures-là fe font elles les premieres lafchees
& forties hors leur allignement, peruerti &
violé l'ordre & la fin de leur creation. Lequel defordre n'eft pas feulement demeuré
en eux-mefmes, mais pour la grande puiffance auec laquelle ils auoient efté creez, ils
l'ont fait paffer és chofes dont ils ont abufé.
Et qui plus eft, il femble que par leur faute
les autres chofes qui eftoient creées pour
eux, fe foient incontinent changees ou par
vn fecret confentement, ou par vn fecret iugement pour feruir à leur peine.
C'eft pourquoy il a fallu que cet œil tout-
voyant, qui paffe au trauers des fiecles comme le Soleil au trauers de l'air, ayant dés le
commencement preueu cefte confufion, ait
auffi dés lors difpofé le remede, pour arrefter
l'infolence & des Anges & des hommes, &
empefcher qu'ils n'eftendiffent leurs mau-

uaifes actions auffi loin, que leurs mauuaifes volontez. Ce remede a efté cefte loy inuiolable, par laquelle il a pourueu à tous les
euenemens, & a ordonné que les chofes arriueroient comme nous les voyons aduenir,
non du tout felon la puiffance ordinaire des
caufes, mais felon que Dieu les veut faire o-
perer, tantoft bandant, tantoft lafchant leur
force, & quelquefois les faifant ouurer tout
au contraire de leur naturel, & ramenant à
fa volonté ce que les hommes penfent faire à
la leur. Mais me dira quelcun, il femble que
cefte derniere loy foit contraire à la premiere : Dieu eftant immuable en fon effence, le
doit eftre pareillement en fes deffeins. Voulons-nous penfer que luy, à qui toutes chofes
font cogneuës de toute eternité, prenne de
nouueaux aduis ? Le changement qui eft en
cecy n'eft pas en Dieu, mais il eft en fes œuures, lefquelles eftant hors de luy, qui eft feul
immuable, ne pouuoient eftre femblables à
luy, ains fujettes à empirer & definer par le
vice de la matiere, dont elles font côpofees.
Et le remede que Dieu a apporté au mal,
n'eft pas vn nouueau côfeil, fi bien il eft executé depuis la deprauation de la nature, il
n'a pas laiffé d'eftre refolu auparauât mefme
fa creation. Car comme l'ouurier qui monte
vn horloge pour aller vingt & quatre heu-

res, auant que leuer les contre-poids, & luy donner le mouuement, peut preuoir ou que la roüille alentira son cours, ou que quelque estourdi viendra remuer l'eguille, toucher aux roües, & debaucher le balancier, & dés lors pouruoir à ce qu'il faudra faire, pour la radiouster & remettre à son poinct : Ainsi Dieu qui a preueu auant mesmes la creation du monde, ce qui deuoit manquer au gouuernement & entretenement d'iceluy, au mesme instant y a destiné les remedes, lesquels encore qu'ils se presentent à nos yeux par succession de temps, & suitte de siecles, ne laissent pas d'auoir esté preparez de toute eternité. Car tout ainsi qu'il faut que le Poëte ait sa comedie toute preste, auparauāt que personne se presente sur le theatre, & que dés lors que le prologue commence, celuy qui doit ioüer le dernier acte, sçache bien son roollet : aussi des choses qui sont aduenuës, & qui aduiendront icy bas par tant d'annees, la derniere qui doit clorre l'âge du mōde, estoit cogneuë & ordonnee par le Createur auant que la premiere cōmençast d'estre. C'est, ce me semble, ce que vouloit signifier Diarchas en Philostrate, quād il disoit que Dieu auoit engendré le Monde tout à la fois, comme les animaux font leurs petits : nonobstant que comme eux il l'ait enfanté peu à peu, faisant

sortir vne patrie deuant, & l'autre apres. Ce
n'est pas le temps qui est pere & autheur des
choses, il n'en est que le despensier, &, cómo
Tatian remóstroit aux Grecs, l'introducteur
qui les conduit sur le theatre. Ouy, mais dira
quelcun, si de toute eternité les choses ont
esté ordonnees, & que ceste ordonnance ne
puisse estre violee, que deuiendra la liberté
de nostre volonté? faudra-il pas qu'elle soit
serue de ceste loy? & qu'elle soit telle ou telle,
bonne ou mauuaise, selon qu'elle l'aura ordonné? Non. Car ce Destin qui a preordóné
toutes choses, a ordonné que nostre volonté
seroit libre, tellement qu'en nostre volonté
s'il y a quelque necessité, elle n'est autre sinó
qu'elle est necessairemét libre. Et quant à ce
que nos volontez ont esté preueües telles
qu'elles doiuét estre, elles ont esté preueües
pour ce qu'elles deuoiét estre telles, & ne sót
pas telles, pource qu'elles ont esté preueües.
Mais me dira vn autre, dequoy sert nostre volonté, puis que des choses que nous voulons,
il ne s'en fait que ce que Dieu en a ordonné,
& qu'il n'y en a quasi rié en nostre puissance?
Nous ne sçaurions quasi vouloir chose si aisee, quand il ne seroit par maniere de dire,
question que de porter la main à la bouche,
qui ne puisse estre empeschee par vne infinité de rencótres. C'est ce que dit le prouerbe,

Il tombe beaucoup de chofes entre le verre
& les leures. Bien que nous pouuons beaucoup de chofes que nous voulõs, & voulons
beaucoup de chofes que nous pouuons; fi ne
pouuons nous pas dire qu'il y ait aucun euenement pour fi petit qu'il foit, qui depende
entierement de nous. Pour cela toutefois
noftre volõté ne laiffe pas d'eftre libre, pource qu'elle n'eft pas l'action, mais le mouuement à l'action, & ne laiffe pas de nous feruir:
pource qu'encore qu'elle ne foit pas feule
caufe, fi coopere elle auec les autres, qui font
toutes amaffees & accouplees par le deftin à
vn mefme nœu, pour faire vn feul effect.
Quãd elle fe dreffe à la fin qu'elle doit, elle
eft fecondee par le deftin, & fauorifee par la
rencõtre des autres caufes: & ce faifãt cõdui-
te à ce qu'elle s'eft propofé, ou pour le moins
à vne autre fin, que la Prouidence iuge luy
eftre falutaire. Quand au contraire elle s'a-
dreffe à vne mauuaife fin, elle eft par la con-
currence des autres caufes, & force du deftin
emportee à vn effect tout different de fon
deffein, mais pour le moins toufiours à vn
but, dont Dieu malgré elle tire fa gloire
& le bien de l'Vniuers. Car combien que
le deftin ne change point le plus fouuent rien en la nature des caufes, & qu'il
laiffe operer les volontaires volontairemét,

les neceſſaires, neceſſairemēt, les naturelles,
naturellement: ſi eſt-ce que de la meſlange &
aſſemblage de toutes enſéble au poinct, & à
la forme qu'il les fait rencōtrer, il fait ſortir
tels effets que bon luy ſemble: tirant bien
ſouuent de meſmes cauſes de tous contraires effets, comme de meſmes lettres tranſpo-
ſees, nous compoſons des mots tout differés.
Il eſt ſi adroit ouurier, que tout luy ſert à ce
qu'il veut faire. Bien ſouuent que no us penſons reſiſter à ſes conſeils, en nous laiſſant
faire il nous meine où il luy plaiſt: Ne plus
ne moins que ce grand Ciel, qui enuelope
tous les autres, encore qu'il n'empeſche pas
leur cours naturel d'occident en orient, ne
laiſſe pas de les entrainer tous les iours auec
luy d'orient en occident. Soit que nous allions le pas, ou que nous courions, que nous
nous haſtions ou arreſtions, que nous allions
droit ou nous deſtournions, nous arriuons
au giſte auec le deſtin: nous ne le ſçaurions
eſchaper, nous le trouuons en le fuyant, y
tombons en reculant, & l'inuitons taſchant
de l'euiter. Ce deſtin part d'vne puiſſance
trop ſage, & d'vne ſageſſe trop puiſſante
pour y pouuoir reſiſter ou par force, ou par
fineſſe. Or tel & ſi grand qu'il eſt, ce n'eſt
non plus que la Nature, qu'vn des effets de
ceſte ſage Prouidence, qui remplit & gou-

uerne toutes chofes, & qui eſt reſpandüe
par toutes les parties de l'Vniuers, & eſt
quaſi comme ſon ame. Elle conduit toutes
ſes parties auec de ſages & infaillibles conſeils & raiſons tres-certaines, leſquelles bien
ſouuent nous ne comprenons que bien tard,
& quelquesfois point du tout; ou pour eſtre
ſa ſageſſe ſi profonde & ſi inſcrutable, que
nous n'y pouuons penetrer; ou pour eſtre
noſtre negligence & ſtupidité ſi grande, que
nous ne daignons ouurir les yeux pour la
conſiderer. De là aduient que les hommes
imputent au hazard tous les euenemens,
dont ils ne comprennent point les cauſes.
Et de là eſt aduenu que quelques-vns eſtans
ſi abrutis, qu'ils ne remarquoient aucune
cauſe des effets qu'ils voyoient, ils eſtimoiêt
que tout arriuoit par hazard. Ainſi ſe font-ils
faits de leur ignorance & brutalité, vne deeſ-
ſe qu'ils nomment Fortune, & la peignent
les yeux bandez, tournant auec vne roüe les
affaires du monde, pouſſant tout à l'auanture, & iettât ſes preſens & faueurs au hazard,
comme on fait la monnoye neufue aux en-
trees des Rois: ſelon que chacun ſe trouue
pres, il en recueille ce qui en tombe ſur luy.
Mais ie voudrois bien que ceux qui veulent
faire gouuerner le monde à ceſte temeraire aueugle par tant de ſiecles, luy laiſſaſſent

feulement pour vn an gouuerner leurs maifons, ils y trouueroient vn beau mefnage.
Pauures gens! ils voyent bien qu'vne petite
famille ne peut fubfifter vn an fans vne grande prudence, & ils veulent que ce grand
Vniuers, compofé de tant de differentes parties, fubfifte tant de milliers d'annees, fous
la conduite du hazard? Ils ne voudroient
pas auoir baillé vn troupeau de moutons à
vn berger qui euft mauuaife veüe, & ils veulent commettre à vne aueugle temerité, le
gouuernement de tant de legions & d'Anges & d'hommes? Ô ingrate race de gens,
pourquoy dreffez-vous des autels à vos
dieux, fi vos facrileges opinions n'adorent
que la Fortune? pourquoy facrifiez-vous
apres vos victoires, pour remercier celle qui
ne vous a veu, quand elle vous a fauuez, &
ne vous voit quand vous la remerciez? Vous
penfez, peut eftre, que ce fantofme ait les
oreilles meilleures que les yeux. Ce qui a
comblé les hommes de cet erreur, & les a
ainfi pouffez à arracher la reigle & le com-
pas de la main de la prouidence, pour faire
entrechoquer temerairement toutes chofes, & tout tomber au hazard, ç'a efté (à
mon aduis) d'auoir voulu accommoder la
grandeur & puiffance de Dieu à leur infirmité, & n'auoir voulu recognoiftre plus

haute & plus profonde diuinité, que celle
que le premier objeét des chofes prefentoit
àleur fens. La prouidence diuine eft vn abyf-
me de lumiere, dont l'efprit de l'homme ne
peut penetrer le fonds, qu'en tenant longuement l'œil fiché deffus : encore faut-il
ramaffer fa veüe en quelque petit pertuis, &
la conduire, comme par vne mire, de peur
que cefte lueur infinie ne l'efblouïffe &eftei-
gne. Toutesfois pour cognoiftre fimplemét
qu'elle eft, & qu'il n'y a point de fortune, le
moindre & plus foible efprit y peut fuffire.
Carfi peu que nous obferuions la conduito
du monde & de fes parties, nous iugeons
incontinent qu'il n'y a rien icy bas de temeraire ny d'auanturier, que noftre ignorance
& indifcretion , encore ne l'eft-elle que
pour nous : pource que noftre temerité mefmes, & noftre incertitude eft certaine à la
prouidence. Rien de toutes les chofes du
monde ne luy efchape, pour fi petites qu'elles foient. Elle les manie & conduit, tient
& retient au poinét où elles doiuent eftre,
tant pour leur bien particulier, que pour lo
bien de l'Vniuers. Or entre toutes il n'y en
a point, à mon aduis, fur lefquelles elle veille plus attentiuement, que fur les empires &
royaumes, dont elle eft la vraye mere & tutrice. Nous voyons leur origine & leur naif-

sance comme marquees dans le ciel, & intro-
duites çà bas par la reuolutiõ des astres. No⁹
les voyons arriuer auec des mouuemens si
estranges entre les nations, que vous diriez
quasi que c’est la terre qui enfante auec trauail & douleur. Leur croissance se fait auec
des rencontres si estranges, auec des hurts, &
des heurs si remarquables, qu’en nul autre
endroit on ne voit la diuinité auãcer & pro-
mouuoir plus euidemment les succés des affaires, qu’en l’establissement des nouueaux
estats. Souuenez-vous, ie vous prie, de l’aduenement des Iuifs en la Palestine, & con-
templez auec quels miracles vne troupe de
pauures fugitifs a tant debellé de peuples,
tant réuersé de prouinces, tãt ruiné de citez,
pour edifier ceste grãde & superbe Hierusa-
lem, & bastir ce riche & magnifique temple,
auquel seul Dieu a voulu estre serui & adoré
pour vn temps. Venez puis apres à ceste consideration que fait Tite Liue du progrés de
l’empire Romain, comparãt à Rome les peuples, dont elle estoit enuironnee en sa ieunesse, qui estoiét tous plus puissans en richesses, en hommes, en armes, & en toutes commoditez: il s’esbahit comme cent fois elle
n’a esté estoufee au berceau, & comme lon
l’a laissee paruenir à ceste grandeur, autant
enuiee qu’admirée. Mais il sembloit que

Dieu luy preftaft fes mains pour combatre fes ennemis,& luy mift, comme faifoit cefte ftatuë de Fortune à Demetrius, les villes toutes prifes dans le poing. Ie ne me puis ofter de l'entendement, qu'il n'euft choifi cet endroit de la terre comme fatal, pour eftre la tefte de tout le monde, pour affembler fous ce chef l'Europe, l'Afrique, & l'Afie, comme fes membres : & faire decouler de ce chef par toutes les parties de la terre, la grace qu'il auoit preparé de toute eterniré, pour le falut vniuerfel des hommes. Quand ie confidere auffi l'eftabliffement de ce iadis fi braue & floriffant Royaume François, le renom & honneur duquel a paffé de l'occident iufques à l'orient, que ie contemple auec combien d'efmerueillables euenemens, il a efté fondé, eleué & conferué par l'efpace de pres de douze cens ans, & de combien de grandes & eminentes ruines il a efté menacé & garanty : ie penfe que lon ne peut nier que ce ne foit cefte diuine prouidence, qui l'ait gardé & maintenu iufques icy. Et à dire vray, à quoy fe peut-elle plaire dauantage, qu'à voir vn grand nombre d'hommes affemblez, viure fainctement fous de iuftes loix, comme font ordinairement les peuples nouueaux, & obferuer en leur ordre, police, & obeiffance, la

mefme harmonie qui reluit en tout l'V-
niuers? Or comme cefte fage Prouidence ordonne de la naiffance des villes &
des Royaumes, auffi ordonne-elle de leur
fin. Elle n'ordonne rien qui ne foit iufte, par quel droiƌ donques nous en pouuons-nous plaindre? Confiderez, ie vous
prie, la ruine de tous les empires, & de toutes les grandes villes, conferez leur commencement auec leur fin, & vous iugerez
leurs aduenemens dignes d'eftre fauorifez
pour leur vertu, fecondez en leurs entrepri-
fes par cefte fainƌe prouidence : au contraire vous confefferez que leur fin eftoit iufte,
& que leur vice auoit comme forcé la iuftice
diuine de les ruiner. Ie laiffe les premieres
monarchies des Perfes & des Affyriens, qui
fe font plongees, & en fin noyees dans
les delices : les republiques des Grecs, qui
ont efté eftoufees par l'ambition & l'a-
uarice : & vous veux feulement faire tourner les yeux vers les reliques de cefte miferable Hierufalem, & confiderer fi à l'heure
de fa ruine elle n'eftoit pas à charge à la terre, & à reproche au ciel, tant pour auoir efté
le theatre où l'impieté auoit combatu la diuinité, que pour eftre lors vn efgout de tout
vice & mefchanceté. N'a lon pas veu la prouidence marcher pas à pas à la peine de ce

peuple, duquel les fcelerees actions ont eſté
long temps auparauāt prophetiſees, & apres
auoir eſté executees ont eſté menacees, &
les peines qui les attendoient, annoncees?
Et quand le temps eſt venu, toutes choſes ne
ſ'y ſont elles pas diſpoſees, & n'ont-ils pas
eux-meſmes trauaillé de façon à leur ruine,
qu'il n'a pas eſté en la puiſſance de leur ennemy de les ſauuer? Tout a eſté plus clement
enuers eux qu'eux-meſmes, & de tous les
maux qu'ils ont enduré, il n'y en a point eu
de plus cruels, que ceux qu'ils ſe ſont faits. La
meſchanceté a cela de iuſte, qu'elle ſe punit
ordinairement ſoy-meſme, ſe conduit malgré tout le monde au ſupplice, & ſert de
bourreau le plus ſouuent à ſa peine. Paſſons
à la deſtruction de la ville de Rome, & voyõs
quand elle eſt arriuee, & de quelle façon: ce
n'a pas eſté quand les mœurs y eſtoient pures & ſainctes, que ceſte grande legalité, fidelité & magnanimité y floriſſoit telle,
qu'elle a faict dire à Tertullian, que leurs
loix approchoient fort de l'innocence: mais
ç'a eſté quand ils ont eu deſpoüillé toute la
terre de ſes richeſſes, & qu'auec l'or & l'argent de toutes les prouinces, ils en ont tiré tous les vices & toutes les corruptions.
C'a eſté apres que la verité leur a eſté
longuement annoncee, & qu'elle n'a peu

obtenir

obtenu d'eux de les retirer d'vne incestueuse
& sacrilege idolatrie, à la pureté du seruice
de Dieu. Et côment est elle arriuee? par des
moyens miraculeux, & où la prouidence
s'est monstree oculairement. L'on a veu des
nations incogneuës, pouslees par des secrets
mouuemens & occultes inspirations, presque
sans intelligence entre elles, se leuer toutes
entieres de leur siege pour venir les vnes
apres les autres inonder cet Empire. Et en
mesme temps les Empereurs & les suiects,
qui auoient autresfois contenu par la seule
reputation de leur vertu, tous les peuples du
monde sous leur obeissance, si lasches, si
diuisez & mal-aduisez, que vous eussiez dict
proprement que c'estoit la Prouidence qui
enuoyoit des ousterós en vne moisson ja bien
meure, & preste à couper. Mais sans diuertir aux exemples estrangers, examinez quel
estoit l'estat de nostre France, quand la tempeste nous a accueilly, & la façon dont elle
nous a battu. Ie ne veux pas nõ plus que vous
si mal augurer du salut de mon païs, ny
tellement desesperer de la misericorde de
Dieu, que ie pense deuoir estre icy sa totale
ruine. Toutesfois de quelque costé que les
choses tournent, il ne se peut faire que ce ne
soit vn tres-grand, & horrible changement,
plein de misere & desolation. Pouuons-nous

nier que ceste calamité ne nous soit trop iustement arriuee, & que nous ne fussions lors venus à vn tel desordre & si infame deprauation, que nous auions honte de nous-mesmes, & seruions d'argumēt à l'impieté, pour conclure que Dieu, qui tardoit tant à nous punir, n'auoit point de soin des choses humaines? Ie ne veux pas offeser vos oreilles par vn nouueau recit des abominables vices, qui regnoient parmy nous, & estre allegué par la posterité pour tesmoin de la honte de ma nation, & de l'infamie de mon siecle. Ie me contenteray de ce que Musee en a touché en general, & fort retenûmēt, & de ce que vous en sçauez tous en particulier à vostre grand regret, comme ie croy. I'ay seulement enuie d'entrer auec vous en consideration de la façon, dont la Prouidence a vsé pour nous chastier tous les vns par les autres, menant. & conduisant nos actions à fin toute contraire à nos desseins, & faisant seruir tous nos conseils contre nous-mesmes à nostre punitiō. No' sommes icy entre nos amis & tres-fideles, ie croy que ce que nous dirōs ne passera point le sueil de la porte, no' pouuons parler libremēt. Si les moyés & artifices humains pouuoient seruir de remede contre le destin, & l'ordonnance de la Prouidēce, sans doute il sembloit que le defunct

Roy se peut aisément defendre de la ruine qui l'a accablé. Car premierement il n'y a-uoit point d'apparence de se seruir contre luy du pretexte de la religion : veu que non seulement il estoit Catholique, mais mesmes ex-cessif en apparences de deuotions, iusques à mener plustost la vie d'vn moine que d'vn Roy. Tellement que ce que l'opinion de la religion peut en vn estat, estoit en sa faueur, & sembloit beaucoup seruir à sa conserua-tion. De ses sujets les Princes de son sang estoient de son party, tant pour l'obliga-tion qu'ils auoient à sa dignité, que pour estre persuadez que le party, qui se dressoit nouueau en cest Estat, estoit pour les estou-fer. La Noblesse estoit aussi quasi toute à sa deuotion tant pour les mesmes raisons, que pour bien cognoistre que le peuple s'esleuât contre son Prince, voudroit auecque luy op-primer tout ce qui estoit eminent. Le menu peuple de la campagne estoit si recreu des guerres passees, qu'il ne demâdoit que le re-pos : celuy des villes auoit quasi tout son bien entre les mains du Prince, soit à cause des rentes, ou des offices, que chacun auoit ache-té de luy. Il auoit mis aux charges des armes & de la iudicature, tous ceux qui y estoient. Des gens d'Eglise, les Prelats auoient tous esté faits de sa main, & tous ceux qui espe-

roient quelque dignité, ne la pouuoient attendre que de luy : & quant aux plus petits,
il les gratifioit & fauorifoit en tout ce qu'il
pouuoit. Qui euſt iamais penſé qu'vn Roy
fortifié de tous ces moyens-là, euſt deu rien
craindre, meſmes vn remuëment qui eſtoit
la ruine euidente de tous ceux qui y pre-
ſtoient leurs mains ? Et au moins qui ſe fuſt
iamais douté, qu'il euſt peu receuoir l'iniure
qu'il ſouffrit ce iour fatal des baricades, ce
iour de la natiuité de noſtre miſere ? Ie penſe
reſuer toutes & quantes fois que i'y ſonge, &
ne puis croire ce que ma memoire m'en re-
preſente, tant cet euenemét me ſemble hors
de raiſon & de diſcours ! Le Roy eſtoit en ſa
ville capitale, aſſiſté d'vn tres-grand nombre de ſignalez Princes, ſeigneurs & gentils-
hommes : il y auoit ſon Parlement, & ſa iuſtice ordinaire : il tenoit la Baſtille, & auoit
en ſa puiſſance tous les lieux forts de la ville,
l'artillerie & les munitions de guerre : le Pre-
uoſt des marchans, les Eſcheuins, les Colon-
nels & Capitaines de la ville eſtoient tous
ſes officiers & ſeruiteurs obligez & affeƈtiõ-
nez à ſon ſeruice : il auoit outre cela, bien ſix
mille hommes de guerre eſtrangers, diſpoſez comme il auoit voulu : nonobſtant tout
cela vne eſmotion de peuple eleuee ſous vn

faux bruit, luy fit voir son peuple armé contre luy, & sa personne comme assiegee dans
son Louure. C'estoit chose merueilleuse à
qui eust consideré l'humeur de ce peuple
ainsi mutiné. Car de tant d'hommes qui sor-
toient auec les armes, les gens d'honneur, iu-
geoient bien la consequence de ce faict: & la
pluspart mesmes des autres estoient assez
retenus de la reuerence deüe au souuerain:
de façon que qui les eust tous interrogez à
part, il n'y en eust eu que peu ou point, qui
n'eussent desiré que ce trouble ne fust point
aduenu, ou qu'il eust esté desia appaisé. Neantmoins la fureur qui agitoit ce peuple,
eschaufa tellement les esprits, que ceux qui
du commencement craignoient de sortir en
la ruë auec les armes, estoient tous prests le
lendemain d'aller assieger leur Prince souuerain iusques dans son chasteau. De façon
qu'il fut contraint pour se sauuer d'abandonner la ville, & se retirer comme à la fuitte. Encore ce peuple estoit-il si forcené,
qu'il l'eust volontiers poursuiuy. Chose e-
strange, qu'vn peuple qu'il auoit tant chery
& engraissé de la despoüille du reste de ses
sujects, auquel il s'estoit appriuoisé & fa-
miliarisé, voire outre toute decence, qui
auoit plus d'interest que nul autre, à la conseruation du repos public, ait à vn moment
G iij

perdu le respect de la majesté Royale, la sou-
uenance de ses biens-faicts, la crainte des
loix, la reuerence de ses magistrats, pour se
precipiter par vne telle insolence & temerité, à vn abysme de maux & de miseres. Que
veut dire tout cela, sinon qu'il y auoit quelque plus haute puissance, qui manioit ces es-
prits-là, & dónoit mouuemét à ceste seditió,
pour estre le commencement de la peine,
que Dieu auoit preparé au Roy, & à tout
son Royaume? Car ie croy que dés ce iour la
couronne luy tomba de la teste, & à nostre
grand mal-heur & au sien commença à se
briser. Et depuis toutes choses n'ont cessé de
se tourner à nostre ruine, & tous les conseils que ló a pésé prédre pour nostre salut, se
conuertir à nostre misere & calamité, &
de ceux qui en estoient les autheurs. Mais ce
qui est le plus admirable en la suitte de nos
maux, c'est que depuis que Dieu permit que
ce pauure Estat fust dechiré en ces deux
grans partis, il s'en seruit de façon que
vous eussiez dit qu'ils estoient disposez &
dressez pour se donner l'vn apres l'autre
chacun son coup, comme s'ils eussent esté
aux gages de la Iustice diuine, pour seruir à
la punition l'vn de l'autre. Le premier coup
auoit esté celuy, que le Roy auoit receu:
grand certainement, de se voir chassé par ses

sujets de la ville capitale de son Royaume,
de se voir comme banny au milieu de son E-
stat, de se voir despoüillé de son authorité &
de ses commoditez. Il fit pour se reuencher
le coup de Blois, qui fut bien vne grande
playe à ses ennemis, mais ce ne fut pas guari-
son à la sienne. Il estimoit auoir estoufé par
cet acte tout le party contraire, & esteint
dans le sang de ces deux Princes les flam-
beaux de la guerre ciuile: mais tant s'en faut,
il les r'alluma, & debonda par ceste playe
les torrens de sang, qui depuis ont inondé
la France. Car vous sçauez comme aussi-
tost quasi toutes les grandes villes de ce
Royaume se souleuerent, reünirent & con-
iurerent. Vous vous souuenez comme incontinent apres il fut assiegé, & quasi pris
dans Tours. Certainement toutes choses luy
estoient ja si contraires, & la fortune sembloit si fauorable au party de la ligue, que
ceux qui en estoient pensoient auoir tout
gaigné, & se comportoient fort inso lem-
mēt en leur fortune. Mais la bataille de Sen-
lis leur donna incontinent sur les doigts, &
rabatit l'orgueil & l'esperance de ceux qui
estoient partis d'icy, pour aller acheter le pillage de ceste ville-là, que nous tenions desia
côme prise. Apres suiuit le siege de ceste ville
cy, qui nous mit à deux doigts pres de no-

ftre ruïne : & de verité il n'y auoit pas moyen
de l'euiter, quand le fort commença à tourner, & que le Roy fut malheureufement tué
de ce coup efpouuentable, qui finit piteufe-
ment fa vie, & mit vne grande confufion parmy les fiens. Le cœur commença lors à croiftre à la ligue, & nouuelles efperances à reluire aux chefs d'icelle, mefmes lorfque le
Roy qui eft à prefent, fut affiegé dans Die-
pe, & que lon contoit à la place Maubert,
que lon l'ameneroit au premier iour à Paris
prifonnier. Ce bon temps-là ne dura gueres :
car on fut tout efbahy qu'on le veid, & fentit
dans les faux-bourgs de Paris, & peu s'en fal-
lut dans la ville. Cela certainement nous
eftonna fort, mais ne nous fi t pas fages pourtant. La ligue eut incontinent apres vne
puiffante armee, & prift le bois de Vincen-
nes & Pontoife : lon ne fe promettoit rien
moins à Paris, finon qu'on s'en alloit prendre le Roy. Car on penfe icy que donner vne
bataille & la gaigner, ce foit vne mefme
chofe. On leur apprift bien que c'en font
deux : car la ligue donna la bataille, mais elle
y fut bien frotee. Cefte perte fut incontinét fuiuie de celle des villes de Mante, Cor-
beil, & Melun : toutefois l'heur du vainqueur
ne fut pas fi grand, qu'il ne trouuaft à Sens
vne efpine qui en arrefta le cours. Maintenát

voicy Paris assiegé, endurant toutes les pauuretez que l'on sçauroit non pas dire, mais
penser : l'on attend à present icy le secours
des estrangers, qui viendront ruïner le païs,
& s'ils peuuent s'emparer de la Fráce: qu'est-
ce tout cela, sinon vn flux & reflux de misere? vn tour & retour de calamité , qui nous
abysmera à la fin , si Dieu n'a plus de pitié de
nous, que nous n'en auons nous-mesmes?
Qui est-ce qui est si aueugle & de corps &
d'entendement , qui ne void que tout cela
n'est autre chose que la main de Dieu, qui
auec les verges des guerres nous foüette l'vn
apres l'autre à tour de roolle , sans que personne s'en puisse exempter? qui ne iuge clairement qu'il se sert de nostre malice & mes-
chanceté, pour nous punir les vns par les autres? Les Rois, les Princes , & la Noblesse
sont chastiez par le sousleuement des peuples, qui secoüent le joug de l'obeissáce, s'em-
parent de leurs maisons, les font errer & va-
guer çà & là auec leurs familles ruinees &
desolees : sont chastiez par les playes, ausquelles ils sont exposez tous les iours , par
l'effusion de leur sang , dont la campagne est
est toute teinte. Le peuple d'autre costé
est chastié par les gens de guerre , qui le vo-
lent, pillent & rançonnent : les villes sont
prises & reprises , & celles qui se peuuent

garder, mangees de garnifon, foulees de gardes &de couruees, preffees de difette & de famine: & qui pis eft les habitans s'entreuo-lent, s'entrepillent, s'entreman gêt les vns les autres. Quant aux gens d'Eglife, les vices def-quels ont autaut qu'autre chofe, embrafé l'ire de Dieu fur nous, & allumé cefte guerre, qu'ils entretiennêt encore tant qu'ils peuuêt ils font le cómun jouët de tous les autres, & cóme le fujet de l'infoléce & des iniures de la nobleffe, & du tiers Eftat. Ie laiffe à dire que le feruice de Dieu ceffe par tout, que l'impie-té & le blafpheme s'eftablit, qu'il n'y a forte de facrilege & pollution qui ne fe commette dãs les lieux fainéts: nó que ce ne deuft eftre la noftre plus viue & fenfible douleur, & ne-antmoins c'eft dont nous nous plaignons le moins. Mais quant aux biens & commoditez têporelles, pour lefquelles no' no' fómes tãt tourmentez, & auons pour dire vray, excité toutes ces tragedies, comment eft-ce qu'ils y font traiétez? Leurs benefices, leurs terres, & reuenus font occupez, ruinez & bruflez, à la cãpagne, & leurs perfónes fótemprifonnees, rãçónees, & iniuriees par les villes: plus ils ont de dignité & de preeminéce, pl' font ils v..., & tourmétez. Et qui eft encores plus rem ar-quable, c'eft qu'ils fót encores plus mal trait-tez par ceux de la faction qu'ils ont fufcitee,

qu'ils ne sont pas par ceux qu'ils estimét
leurs ennemis. Nul grade, nulle qualité, nul
ordre, nulle saincteté ne les peut defendre
de l'insolence des mutins des villes, ou soldats des armees, ou gentils hommes des
champs. O comme Dieu renuerse les desseins des hommes, & côme il les sçait bien
punir les vns par les autres. Que reste-il plus
pour contenter ceux qui ont douté de la
iustice diuine, sinon de voir qu'encores quelques scelerez qui regnent en paix, & execu-
tent sur les innocens leurs malheureuses volontez, soient chastiez à leur tour? Nous ne
sommes pas à la fin du jeu, ayons patiéce iusques au bout, & nous verrons ce que nous
attendons, nous verrons (dy-ie) que le
mesme peuple qu'ils ont aigry côtre les gens
de bien, pourchassera leur ruine. Car les
peuples esmeus ressemblent à la mer, laquelle tourmentee & tempestee éleue au dessus
de l'eau toutes les ordures qui sont au fonds,
mais peu à peu elle les jette en terre. Nous a-
uôs desia veu l'exéple de quelques vns, l'ambition & l'auarice desquels a esté payee par le
mespris & l'iniure du vulgaire. Il faut esperer
que les autres viendrôt à leur tour, & partici-
perôt aux afflictiôs qu'ils ont procuré à tant
d'honnestes gens. Ce que nous auôs à craindre, c'est que Dieu ne no'vueille tous enclo-
per en vne mesme ruine, comme nous en

fommes fort menacez, & abyfmer tout d'vn
coup tant & tant de mefchantes confcien-
ces qui font parmy nous, ne pouuant autrement venir à bout de les amender. Le remede qui nous refte c'eft de nous profterner de-
uotement deuant fa diuine Majefté, pour
flechir par l'humilité de nos prieres la rigueur de fa iuftice, & obtenir de luy qu'il no°
vueille plus de bien que nous ne nous en
voulons : & que puis qu'en ce que nous auõs
le plus defiré, nous auons trouué noftre mal
en ce que nous auõs le plus craint, elle nous
face par fa toute-puiffance retrouuer noftre
bien. Toutefois fi fon ire perfeuere fur nous,
quelque fortune qui nous attende, il nous la
faut porter patiemment, & auec grande reuerence, comme nous eftant prefentee par
cefte fage & iufte prouidence, la balance de
laquelle ne s'efbranle iamais que par le poids
de la raifon, à laquelle partant il nous faut
conformer nos volontez. Ie comprens bien
ce qui vous pique en ce difcours, c'eft la mefme efpine qui m'a efgratigné autrefois fur ce
mefme chemin. Vous ne pouuez entendré
pourquoy il faut qu'en tels accidens les bons
patiffent auecques les mauuais, les innocens
auec les coulpables. S'il y a prouidence, elle eft iufte : fi elle eft iufte, elle doit recom-
penfer les bons, & punir les mefchans, &

non pas les enueloper en vne mesme affliction. Mais pour vous leuer ce doute de l'e-
sprit, ie vous voudrois bien demáder en quel
endroit de la terre vous auez trouué ceste
innocence que vous plaignez tant , & à
quoy vous la pouuez recognoistre? Nos
fautes & nos pechez s'exercent bien par
nos membres & parties visibles de nostre
corps , mais ils s'engendrent en l'interieur
de nostre ame; c'est la matrice où ils se con-
çoiuent, laquelle ils ne souïllent pas moins
pour n'estre pas enfantez, que s'ils venoient
au iour. Car encore les mauuaises volontez
que nous executons, sont ordinairement sui-
uies d'vn regret, qui les purge aucunement:
mais quant aux meschantes intentions que
nous couuons en nostre esprit, comme la
braise sous la cendre , nous pensons que
pource qu'elles ne sont pas cogneües, elles
ne sont point mauuaises, & ne nous en re-
tirons pas. Si ainsi est que le siege du peché
soit en nostre ame, & que nous n'y puissions
penetrer , comment voulons-nous cognoistre l'innocence d'autruy, veu que nous
sçauons combien de fois nous offensons
Dieu nous mesmes, sans que les autres l'ap-
perçoiuent? Cela n'est point de nostre iuris-
diction, laissons-en cognoistre à celuy qui
est seul iuge des cœurs & volontez des

hommes : & s'il nous faut en cela presumer
quelque chose, suiuons la presomption la
plus raisonnable, presumons pour son iugement, & croyons qu'il est iuste. Comme de
vray il est fort difficile qu'en vn siecle si cor-
rompu, son foudre tombe en lieu où il ne
trouue des coulpables. Les poissons ont
bien ceste proprieté qu'ils naissent & se
nourissent en la mer, sans en tirer la salure,
mais que les hommes puissent naistre, & se
nourir enl'ordure & infectiō de la terre, sans
en estre entachez, s'il n'est impossible, il est
tres-difficile. Mais ie veux bien que vous
trouuiez parmi nousvn bon nombre de personnes sainctes & du tout innocentes, & que
ceux-là soient de ceux qui sont plus affligez
par les miseres publicques : ie veux neantmoins soustenir qu'ils n'ont nulle occasion
de se plaindre, au contraire qu'ils en doiuent
remercier Dieu, comme d'vne grande faueur, & conter ces accidens-là entre les plus
precieux biens qu'ils ont receus de luy. Ceste medecine vous semble amere, à voir la
façon dont vous la goustez ; mais aualez-la,
& vous la sentirez & douce & salutaire, &
vous mettra l'esprit en repos plus que remede dont vous puissiez vser. Ouy, ie dy que ce
que nous appellons miseres & calamitez, ce
sont dons de Dieu, tref-precieux & profita-

bles. Pour vous le perfuader, il vous deuroit
fuffire, que ie vous aye monftré que la caufe
en eft bonne, & qu'elles partent d'vne main
toute bonne, de laquelle, comme d'vne viue fource, deriuent toutes les veines de nos
biens. Mais fi la caufe en eft bonne, la fin en
eft encore meilleure ; & cela vous prouue-
ray-ie aifément : toutesfois auant qu'en venir là, ie veux refpondre à quelques obiections, que ie lis en voftre vifage, que vous
me voulez faire touchant les moyens qui feruent pour paruenir à cefte fin. Les guerres,
me direz-vous, les meuttres, les pillages, les
violemens, & les autres fleaux par lefquels
nous fommes affligez, ne font-ce pas chofes
mauuaifes de foy ? ceux qui les font n'ont-ils
pas deffein de nous mal-faire ? ne defirent-ils
pas noftre dommage? ne tendent-ils pas à noftre ruine? fçauriez-vous appeller maux nos
miferes, fans accufer les vices de ceux qui en
font les inftrumens, & fouïllent leurs mains
en tant de facrileges & de mechãcetez? Pour
efclaircir ce doute, ie defire que vous faciez
diftinction entre les afflictions qui nous arriuent : les vnes ne procedent que des caufes naturelles on fuperieures, comme la
famine, tremblement de terre, pefte, inon-
dations, mortalitez, & autres femblables :
és autres la volonté de l'homme coopere,

comme les tyrannies, les guerres, les meur-
tres, les pillages. Celles-là n'ont sans doute autre dessein que nostre bien : car elles
n'ont autre fin , que celle de celuy qui
les ordonne : celles-cy ont sans doute vne
mauuaise intention, car la volonté des meschans les conduist : mais c'est vn mal, dont
Dieu faict vn bien. Car encores que les
hommes particuliers, dont Dieu se sert en
tels effects, tendent à vne mauuaise fin : toutesfois la derniere fin, à laquelle il les fait a-
boutir, est nostre bien & nostre salut. Comme l'archer addresse la fleche au but que la
fleche ne voit pas : aussi les conduit-il à vn effet qu'ils n'entendent ny ne desirent pas. Ce
que nous ne deuons pas trouuer estrange
és actions de ceste toute-sage Prouidence :
veu mesmes qu'és affaires humaines bien
souuent pour paruenir à vne chose, nous
nous seruons de ce qui tend à vne autre, ou
diuerse, ou contraire. Voila vne armee de
soldats, qui vont tous la teste baissee au combat : les vns sont piquez de querelle, les autres poussez d'vn desir de gloire, les autres in-
citez par vn despit, les autres par l'espoir du
pillage : mais au bout ils se rangét tous à l'intention du general, qui est à la victoire. Les
bons & les meschãs sont en ce mõde à la sol-
de de Dieu, & cõbatent pour sa gloire : quelques

ques-vns comme choifis & inftruits, les autres comme forçats & efclaues. Pourquoy
(me direz-vous) fe fert-il des mefchans, luy
qui eft tout-bon & tout-puiffant ? n'a-il pas
d'autres moyens d'effectuer fes volontez? Il
n'a pas faict les mefchans tels, ils fe font rendus tels d'eux-mefmes : mais puis qu'ils font
tels, il faut qu'ils luy feruent de quelque chofe. Vn grand ouurier ne doit rien laiffer
d'oifif en fon officine. Des chofes les plus
mauuaifes l'art en tire des effets tres-bons &
tres-falutaires. Ie vous diray dauátage, qu'il
y a beaucoup de chofes tres-vtiles, qui ne
pourroient pas fubfifter, f'il n'y auoit quelque chofe mauuaife dedans. Ce celebre me-
dicament (inuention vrayemét diuine) contre les poifons, la Theriaque, a pour fon principal ingredient la Vipere, qui eft l'vn des
plus venimeux de tous les ferpés. Voudriez-
vous reprendre Dieu de ce qu'és afflictions
qu'il nous enuoye, cóme vn medicamét auffi
neceffaire, que falutaire pour la purgation
de nos ames, il y mefle quelque peu de cefte
vipere humaine, qui eft la peruerfe volonté
des mefchans, laquelle il tempere de telle façon par plufieurs autres fucs qu'il y adioufte,
& par le feu de la faincte charité, dont il nous
aime, qu'elle ne nous peut rien apporter
de mauuais que le gouft, qui nous femble

H

vn peu amer, comme font tous les medica-
mens qui ont grande vertu. L'effect fans
doute en eft toufiours bon, & la fin n'eft certainement iamais autre que noftre bien &
profit, foit que nous foyons vertueux, foit
que nous foyons vicieux, foit que nous
foyons innocens, foit que nous foyons coupables. Et premierement quant aux gens
de bien, que peut faire mieux vn pere pour
fes enfans, qui ont à viure en vne prouince expofee à la guerre, que de les nourrir au
trauail, les apprendre à porter le chaud &
le froid, la faim & la foif, les dreffer aux armes, à ne rien craindre, à aller aux coups
comme aux nopces? Ceux qui ont efté eleuez de cefte façon, viuent libres, conferu-
ent leurs biens, acquierent de l'honneur
& de la gloire, & font eftimez heureux: au
contraire ceux qui ont efté tenus delicate-
ment, & ont apoltrony leurs ames par les
delices, font la proye des autres, feruent
humblement au plus fort, endurent toutes
fortes d'iniures, viuent & meurent fans honneur. L'homme entre au monde comme
en vn champ de bataille, où toutes fortes
de maux l'enuironnent: depuis fa naiffance
iufques à fa mort, il n'a autre exercice que
le combat. Vous eftonnez-vous fi ce bon &
fage pere nous veut fouuent exercer, pour

nous endurcir au trauail? point point, il ne
nous flatte pas en sotte mere, qui gaste ses
enfans : mais nous rudoye en sage pere, qui
les manie austerement. Il nous tient continuellement en haleine, & nous exerce non
seulement iusques à la sueur, mais mesmes
iusques au sang. Il sçait bien que le soldat ne
deuiét capitaine qu'en trauaillant, veillant,
patissant, souffrant, endurant, supportant le
iour, la nuict, le froid, le chaud, la pluye, le soleil. Le matelot ne deuient pilote qu'entre
les tempestes & les orages : & l'homme ne deuient vrayement homme, c'est à dire, courageux & constant, qu'entre les aduersitez.
C'est l'affliction qui luy fait cognoistre ce
qu'il a de force : c'est elle qui, comme le fuzil
du caillou, tire de l'homme ceste estincelle
de feu diuin qu'il a au cœur, & fait paroistre
& reluire sa vertu. Il n'y a rien si digne de
l'homme que de surmonter l'aduersité, ny
moyen de la surmonter qu'en la combatant,
ny moyé de la combatre qu'en la rencôtrât.
Voilà la premiere vtilité qu'apporte l'affliction à l'homme de bien, qui n'est pas petite.
Comme ceste-là a quelque trauail adjoint à
soy, celle qui suit a beaucoup de côsolation.
Elle consiste en ce que la calamité luy fait
cognoistre quel conte Dieu fait de luy. Car
il faut estimer qu'il ne nous met aux hazards

& aux dangers, que pour quelque bonne
opinion qu'il a de noſtre vertu, & pour le
deſir qu'il a de nous voir bien faire. Le capitaine ne choiſit pas vn ſoldat de peu, pour
tenter vne penible & hazardeuſe entrepri-
ſe : il trait les plus courageux, & ceux dont
il fait plus de cas, pour leur donner la poin-
te. C'eſt vn iugement d'honneur que de
commettre vne charge faſcheuſe à vn homme. Les Payens meſmes ont faict ce iuge-
ment-là des aduerſitez, & ont eſtimé que
ceux à qui elles arriuoient, eſtoient des plus
chers amis de leurs Dieux : par ces degrez-là
ils font monter Hercules au ciel. Et quant
à nous, mieux inſtruits qu'eux, nous auons
noſtre leçon par eſcrit, qui nous chante que
nous ne ſerons point couronnez, ſi nous ne
combatons. Ne deuons-nous pas eſtimer
que quand nous ſommes inuitez au combat, nous ſommes inuitez à la gloire? Quelle
voix penſez-vous qui peuſt eſtre plus agreable à ceux qui ſe preſentoïét aux jeux Olympiques, que celle de la trompette qui les ap-
pelloit pour entrer en la lice? Ne croyez-
vous pas meſmes qu'en l'ardeur du duel, le
deſir qu'ils auoient de plaire au peuple, &
en remporter vn honorable iugement, leur
oſtoit le ſentiment de la peine, & leur ren-
doit leurs playes douces? Or outre le plai-

fir que nous receuons en noftre ame, pendant que nous fommes occupez à de belles
& genereufes actions, & que par maniere de
dire la conftance eft en œuure & lutte contre l'aduerfité, il nous en demeure encore
vn bien plus grand coup apres, & lors que
nous fommes deliurez, & nous auons trouué le port. Car il n'y a rien fi doux au monde, ny qui contente plus noftre ame, que le
tefmoignage que rend noftre confcience à
la vertu, & la memoire qui nous demeure
d'auoir courageufement combatu l'infortune. Nous nous fentons lors remplis d'vn
indicible contentement, & nous femble
que la fplendeur d'vne vraye & faine gloire
reluit à l'entour de nous, & nous donne
quelque preeminence entre les hommes.
Il fe tire encore vn autre bien de noftre patience, qui ne nous doit pas moins confo-
ler que les precedens. C'eft le fruict que
recueillent ceux qui viennent apres nous de
noftre exemple, qui leur fert comme d'vn
flambeau pour leur efclairer aux belles &
glorieufes actions. Nous deuons à la pofterité la plus-part de nos plus viues affections : & me femble que ceux qui font naiz
à l'honneur, n'ont point de fouhaits plus
ardens ny plus ordinaires, que de pouuoir
facrifier leur vie pour le bien public. De

façon qu'il me semble que les occasions, qui
nous donnent moyen d'instruire les autres à bien faire à nostre imitation, & nous
rendre illustres à l'aduenir par la recommandation de nostre vertu, nous doiuent
estre fort agreables : pource qu'elles nous
sont fort honorables, & profitables à la posterité. Le sang & les sueurs de ceux qui
se comportent vertueusement en leurs calamitez, sont autant de fontaines qui ne ta-
rissent iamais, d'où coulent en l'ame de
ceux qui viuent aux siecles d'au dessous, vn
genereux desir de leur ressembler. Il n'y
a donc point de doute que les gens de bien
ne reçoiuent profit des calamitez qui leur
arriuent, & que le public n'en tire de grandes commoditez. Voyons s'il en est ainsi
de celles qui arriuent aux coupables, qui
sont bien en plus grand nombre que les autres. Ouy certainement. De ceux qui
sont déuoyez du chemin de la vertu, & de
l'obeissance qu'ils doiuent à Dieu (qui est la
vraye & vnique innocence) il y en a de deux
sortes : les vns ne font que commencer à
s'esgarer, les autres sont comme tout perdus : aux vns & aux autres l'affliction est le
salutaire & necessaire remede. Aux premiers elle sert d'vn benin & paternel chastiment : c'est comme les verges dont Dieu

rameine à son deuoir celuy qui se desbau-
che : vsant en nostre endroit de l'office d'vn
sage pere, lequel corrige ses enfans d'autant
plus soigneusement, qu'il les aime cherement : il les chastie en leurs premieres &
plus legeres fautes, de peur que negligees,
elles ne se tournent en habitude, l'habitude en crime, & qu'ils ne tombent entre les
mains de la iustice publique, pour n'auoir
pas souffert la reprehension domestique, &
qu'ils n'endurent vn honteux & cruel sup-
plice, pour n'auoir pas enduré vne paternelle & charitable correction. Ie vous diray plus, que Dieu, comme il est infini-
ment sage, & encores meilleur en nostre
endroit, preuient souuent nos fautes : &
comme il voit nos volontez panchees à mal-
faire, il nous redresse par les aduersitez, comme par vn mors qu'il nous met en bouche,
pour arrester nostre mauuaise inclination,
& domter nos affections par nos afflictions.
Disons verité, combien de fois en nostre
vie la Prouidence nous a-elle surpris en
de mauuaises pensees, & nous donnant
sur les doigts, nous a-elle faict lascher prise ? Combien de mauuaises rencontres a-
uons-nous eües, qui ont parlé à nostre conscience, rabattu nostre orgueil, & nous
ont aduerty que nous estions hommes ? On

H iiij

dit que le grand Roy François (vrayement
grand, car il auoit de grandes vertus & de
grands vices) ayant esté pris prisonnier à la
bataille de Pauie, fut mené en vn Mona-
stere, où la premiere chose qui se presenta à
ses yeux, fut vne inscription qui estoit sur le
portail, de ce verset d'vn Pseaume : Cela va
bien, Seigneur, que vous m'ayez abbaissé,
pour m'apprendre que c'est que de vostre iustice. Vn autre imputera ceste rencontre au
hazard, de moy ie l'estime vn œuure singu-
lier de la Prouidence diuine, qui a fait trouuer ce Prince à cet endroit, apres vne telle
fortune : à fin qu'il veist sa leçon par escrit,
& entendist l'aduertissement que Dieu luy
donnoit, de faire profit de sa calamité, &
moderer ceste vanité, auec laquelle il gastoit
& corrompoit beaucoup de belles vertus
qui estoient en luy. Plus les Princes sont
puissans, plus ils sont veillez de ce souuerain
gouuerneur, qui cognoissant l'importance
de leurs actions à la ruine ou conseruation
des peuples, leur retient ou lasche le cœur
& la main, selon qu'il iuge à propos pour
nostre bien & pour sa gloire. On ne sçauroit mieux dire que l'Escriture : Le cœur des
Rois est en la main de Dieu. Ce sont les
procureurs & administrateurs, qu'il enuoye icy auec puissance fort libre & fort

ample: laquelle toutesfois il sçait bien reuo-
quer ou moderer, quand il luy plaist. Puis
que ce discours m'a ietté à cet exemple, i'y
adiousteray celuy d'vn ieune gentilhomme
François, lequel de nos iours auoit fait gra-
uer ces mots en vn poignal: Ie frape sans respect. Il' aduint qu'en dansant vne volte son
poignal se desgaina, & le bleça si auant en la
cuisse qu'il en cuida mourir. Ie vous laisse à
penser, si ce coup ne parloit pas à luy , & ne
luy reprochoit pas sa temerité? Or soit que
nous considerions les afflictions, qui nous arriuent, ou auant que nous tombiõs en quelque faute , ou apres nos premieres & plus legeres fautes, nous trouuerõs que Dieu nous
traitte tousiours fort indulgemment. Ce ne
sont ordinairement que douces corrections,
semblables à celle des Perses , qui fouëttent
les habits au lieu de ceux qui ont failly. Il ne
s'attaque qu'à nos biens, à nos honneurs, à
quelques haillons comme cela, il nous les
oste quelquesfois pour vn temps, comme on
fait les couteaux & les daguettes aux petits
enfans, de peur qu'ils ne s'en blecent. Voila
quant aux premiers , quant aux autres qui
sont incorrigibles, que le chastiment paternel n'a peu flechir, & auquel Dieu est contraint de se monstrer iuste iuge , & decerner
vne rigoureuse peine ; on ne peut dire que

leur calamité ne foit trefbonne & tres-vtile.
Si nous confiderons la perfonne de celuy
qui l'enuoye, l'immuable loy de fa iuftice e-
ternelle, veut que ce qui ne fe peut amender
foit ofté & retranché de ce monde : fi nous
confiderons l'intereft general de la focieté
humaine, il eft certain qu'elle ne pourroiç
fubfifter, fi les mechans n'eftoient chaftiez&
retenus par la rigueur de la peine, puis que
l'amour de la vertu ne les peut côtenir. Ceux
qui gouuernent des villes ou des bourgades,
iugent que pour les conferuer il faut de neceffité chaftier les coupe-bourfes & larrons
particuliers : & vous ne voudrez pas que celuy qui gouuerne tout le monde, puniffe les
Rois, les Princes, les republiques, & les villes
toutes entieres, defquelles la puiffance &au-
thorité eft exempte des loix ciuiles, & n'a
plus rien par deffus pour la punir que la iuftice diuine, fans laquelle le mal feroit fon progrez par tout, & eftendroit fa corruption par
tous les autres endroits du monde? Or qui
eft-ce qui peut improuuer ce qui profite à
tout le monde, & s'en plaindre en fon particulier? Ce qui nous eft commun auec d'autres, nous l'appellons noftre: vn bien qui appartient à tout l'vniuers, ne l'appellerons
nous pas noftre bien? N'auons nous pas tous
intereft, qu'il arriue des exêples de la iuftice

diuine, qui apprennent aux hommes qu'il y
a vn œil tout-voyant là haut, qui iuge & examine toutes choſes, & qu'on oye la voix des
meſchans entre les ſupplices, qui aduertiſſe
les autres

D'aimer iuſtice, & n'oublier pas Dieu?

C'eſt choſe trop claire & trop aiſee à perſuader aux hommes, qu'il faut que les meſchans ſoient punis. Mais peut eſtre, que ce
qui ſera plus difficile, ſera de leur perſuader
que la calamité meritee, qui leur eſchet pour
peine, eſt pour leur bien & profit. Ce deuroit
bien eſtre ſans doute le premier ſouhait de
l'homme, de ne point meriter la peine: mais
l'ayant meritee, le ſecond doit eſtre de l'a-
quitter viſtement. Car ce que Dieu enuoye
aux hommes en ce monde pour les punir, ne
procede point d'vn eſprit qui leur vueille
nuire, mais ſeulement arreſter le cours de
leur meſchanceté ; & ce faiſant arreſter auſſi
le cours de leur miſere. D'autant que la iuſtice diuine ayant à proportionner la rigueur
des peines à la grandeur des crimes, plus elle
laiſſeroit regner les meſchans, plus elle croi-
ſtroit la meſure de leur tourment. Voulez
vous voir que la peine eſt le bien des meſchans? Souuenez vous de ceux que vous a-
uez veu au ſupplice, qui loüoient la iuſtice &
les loix qui les faiſoient mourir. O que ſaints

sont les foudres, qu'adorent mesmes ceux
qui en sont frapez! Ie vous diray dauantage,
qu'il s'en est veu, qui ayans commis de grans
crimes, estoient tellement trauaillez en leur
esprit, qu'apres auoir esté longuemét cachez,
ils se seroient venus eux-mesmes accuser, &
sous-mettre à la peine, comme à l'expiation
de leur forfaict:estimant le tourment ordonné par les loix, beaucoup plus doux que celuy que leur donnoit leur conscience. S'il se
trouue des coupables, qui reçoiuent en gré
la mort ordonnee par les loix ciuiles pour
leur mesfait,& y trouuent quelque consola-
tion:à combien plus forte raison doiuent-ils
auoir agreable la calamité decernee par la
iustice diuine, laquelle receuë auec vn esprit
patient & doux, s'ils ont encore à viure en ce
siecle, purifie leur ame,& met leur conscience en repos, & s'ils y meurent les deliure des
tourmens eternels? Si nous auons vn mem-
bre pourry, nous allons chez le Chirurgien,
& si nous n'y pouuons aller, nous l'enuoyons
prier de venir pour nous le couper, de peur
qu'il n'infecte & gaste le reste : & ne voulons
nous pas que nostre ame, pour se garentir de
l'ordure & pollution que nostre corps & nos
biens luy apportent, s'en laisse despoüiller
par ce souuerain medecin, qui vient de luy
mesmes à nous, & ne fait rien que pour no-

ſtre bien ? I'apperçoy bien en vos contenances, que de ce diſcours comme d'vn feu peu
clair ſe leue vne fumee, qui vous cuit aux
yeux.C'eſt à mon aduis,vne grande inegali-
té & deproportion qui ſe voit en la punition
des meſchans, qui diminuë la foy de ce que
nous auons dit de la Prouidence. Car nous
voyons ordinairement,que des meſchans les
vns ſont punis, les autres ne le ſont pas : les
vns, qui ont fait beaucoup de meſchãcetez,
endurent peu de peine,les autres au contraire. A ceſte obiection il me pourroit ſuffire de
ce que ie vous ay dit cy deſſus:que la volonté
de Dieu eſt la ſouueraine iuſtice, que puis
qu'il le veut ainſi, il eſt bien. La meſme raiſon, pour laquelle il fait toutes choſes, veut
auſſi que perſonne ne luy en demãde raiſon.
Ses conſeils ſont abyſmes profonds & inſcru-
tables,& où nos yeux, qui à peine voyent ce
qui eſt à nos pieds, ne peuuent penetrer : &
toutesfois ſi nous la voulons ſuiure à taſtons,
nous la trouuerons ſi iuſte, voire ſi liberale,
qu'elle nous rédra raiſon de ce meſme, dont
elle n'en doit point : & trouuerons ſa iuſtice
en la plus-part des choſes qui nous trauaillent, touſiours egale à ſoy-meſme. Et bien
que pour vn temps elle ſe cache, à la fin elle
ſe decouure, & paroiſt de meſme couleur en
vn endroit qu'en l'autre : imitant les riuieres

qui fe perdét en terre en quelques endroits,
mais viennent neantmoins à fe decouurir &
refourcer, quand elles approchét de la mer.
Premierement quant à ce que vous penfez,
qu'il y ait des mefchans impunis, vous vous
trôpez: la peine & la mefchanceté font fœurs
iumelles, qui naiffent enfemble, &ne s'abàn-
donnent point. Le remords de confcience
piquant & aigu, les ennuis mornes & fourds,
les repentances ameres font bourreaux do-
meftiques, qui ne manquent iamais. Ne penfez pas que ce foient fables, ce que les Poëtes
reprefentent des Furies auec des brandons à
la main, qui viénent reueiller les coupables:
c'eft vne image peinte au vif, & tiree apres
le naturel de la paffion, qu'endurent les mefchans tourmentez par leur propre confcience. N'eftimez pas que les douleurs d'vne
rouë, ou d'vn feu, ou de quelque autre humain fupplice, approchent en rien de la cruauté des fureurs qui agitent l'efprit des fce-
lerez. Quelle peine euft-on peu excogiter,
qui euft autant gehenné ce Catule, qui auoit
perfecuté les Iuifs, que faifoit fa confcience,
luy reprefentant en fes fonges vne grande
multitude d'hommes par luy maffacrez, qui
tous hideux & fanglans luy defcouuroient
leurs playes, luy redemádoient leurs enfans
qu'il auoit faict meurtrir, leurs biens qu'il

auoit pillé, & au bout de là le menaçoient &
luy predifoient d'horribles calamitez? Quelle rouë penfez-vous que c'eftoit à Herode,
d'entendre de iour & de nuiƈt les efprits de
fa femme & de fes enfans, qui luy repro-
choient auec iniures fa cruauté, de les auoir
fait malheureufement & inhumainement
affaſiner? Quelles richeſſes, quelles magnifi-
céces, quelles voluptez peuuét reſiouïr ceux
qui font en telles penſees? Toute leur vie
n'eſt-elle pas vn fupplice continuel? Mais ie
veux qu'il s'en trouue, qui euitét en ce monde ces tourmens-là. Quel peuple, pour fi bar-
bare qu'il ait onques efté, a iamais douté
qu'il n'y ait des enfers, qui les attende apres
la mort, & où leurs peines doiuent eftre d'autant plus rigoureufes & horribles, qu'elles
auront efté differees à ce témps-là, & pour e-
ftre acquittees lors qu'ils en feront plus fenfibles? Leur tourment ne commence pas en
cefte vie, de peur qu'il ne finiſſe auec la vie: il
les attend lors qu'ils feront en lieu, où ils les
puiſſent retenir pour iamais. Et cela les mechans le prefentent affez, & en dónent prou
de marques. Car combien en voyons nous,
lefquels auoient femblé auparauant viure a-
uec vne grande fecurité & repos d'efprit, qui
approchans de leur fin ont commencé à fe
defefperer, demener & tourmenter, predi-

fans les miferes qui les attendoient là bas?
Les mechans n'efchapent donc point les
mains de la iuftice diuine:mais quelques-vns
difent, qu'ils font punis trop tard, & que la
Prouidence a tort de les fupporter fi long
temps: car s'ils eftoient chaftiez des premieres fautes, ils ne commettroient pas puis a-
pres les fecondes. Il eft fort aifé de fatisfaire
à cefte curieufe obiection: car quand la Prouidence n'auroit autre occafió d'eftre fi len-
te à punir, que pour nous feruir d'exemple à
ne rien precipiter, quand il eft queftion de
iuger de la vie des hommes, elle auroit affez
de raifon. Pleuft à Dieu que nous feiffions
bien noftre profit de l'inftruction, qu'elle
nous donne en cet endroit: elle qui n'ignore
rien,qui cognoift le fonds de nos penfees,ne
va au iugement qu'à pieds de plomb,que deuons-nous faire, nous qui aux chofes plus
claires ne voyons goutte, & en celles que
nous eftimons les plus certaines fommes ordinairement trompez? Si nous prenions autant de loifir & de foin, pour iuger de la Prouidence, que la Prouidence en prend pour
nous iuger, nous en ferions mieux informez
que nous ne fommes, & trouuerions qu'elle
ne fait rien qu'auec tres-grande iuftice & fageffe. Mais elle a encore vne autre euidente
occafion de cefte tardité:elle veut rendre les
incorrigibles,

incorrigibles, inexcufables, & leur ofter tout
fubjet de dire, qu'ils n'ont pas eu moyen de
s'amender: & aux flexibles elle veut dõnner
loifir de fe recognoiftre, & reuenir au port
de falut. Il s'eft veu beaucoup d'hommes au
monde, defquels fi Dieu euft puny les premieres fautes à la rigueur, il euft eftoufé de
grandes, voire admirables vertus, qui depuis ont fleury en eux. Les premiers & plus
chauds boüillons de la ieuneffe iettent quelquefois leur efcume, qui rend mefmes la
vieilleffe plus pure & plus moderee. Ce que
le Poëte Grec a voulu fignifier, quand il a re-
prefenté Vlyffe, qui l'efpee au poing contrai-
gnift Circé de luy rendre fes compagnons;
& les reftituer à leur premiere forme: car il
dit qu'elle les luy rendit plus beaux & plus
purs qu'ils n'auoient iamais efté, Voulant
nous faire par là entendre, que quand la raifon, qui eft fignifiee par l'efpee, contraint la
volupté, qui eft fignifiee par Circé, de remettre les hommes à leur vray naturel, &
les rendre à leur premiere perfection, ils deuiennent plus beaux que s'ils n'auoient iamais efté foüillez par les delices, & font comme efcurez par la terre & fa lie du monde,
dont ils s'eftoient falis. Voulez-vous encore
vne autre raifon de la tardiue execution des
iugemens de Dieu contre les coupables? c'eft

qu’il n’a pas touſiours ces bourreaux preſts:
il ne punit les mechans que par les mechans:
il attend quelquefois à chaſtier vn tyran iuſques à ce qu’il ſe trouue quelque cruel & aſſeuré meurdrier, pour entreprendre de l’aſ-
ſaſſiner: quelquefois il attend la ſaiſon plus
propre, à fin d’auoir plus de ſpectateurs de ſa
iuſtice, & que l’exemple en ſoit plus ſignalé:
quelquesfois il y veut garder des ſolennitez
& des ceremonies, pour rendre l’acte plus
celebre. Ainſi voulut-il que Ceſar fuſt tué
dans le Senat, duquel il auoit vſurpé l’authorité, & deuant la ſtatuë de Pompee ſon gen-
dre, duquel il auoit ſi ambicieuſement pourſuiuy la ruine. Ainſi voulut il depuis, que
Brutus & Caſſius ſe tuaſſent des meſmes poi-
gnals, dont ils auoiét tué Ceſar. Mais de toutes les obiections qui ſe font contre la Prouidence, celle qui ſemble eſtre plus difficile à
ſoudre, eſt, à mon aduis, que nous voyós bien
ſouuent que les vns font la faute, & les autres
en portent la peine, & comme diſoit le vers
de Solon,

Souuent pour vn meſchant, Dieu perd vne cité:
le pere fait la faute, & le fils ou petit fils en ſera miſerable. Qui voudra auſſi curieuſement
eſplucher les effects de la Prouidence pour
la defendre, comme lon fait pour la deſtrui-
re, la difficulté ſera bien aiſee à reſoudre: &

en ce que lon veut arguer beaucoup d'ini-
quité, on y trouuera beaucoup de fageſſe &
de iuſtice. Car par ceſte façon Dieu aduertit
tous les hommes de veiller pour empeſcher
le màl, & le chaſtier quand il eſt commis : de
peur que ſi lon attend qu'il y mette la main,
il ne ſe prenne auſſi bien à ceux qui l'ont permis, qu'à ceux qui l'ont commis. Que péſez-
vous que la couſtûme qui s'obſeruoit entre
les Romains, de decimer les legions, voire
toutes les armees, qui auoient fuy, donnoit
de courage aux bons ſoldats pour tenir ferme, & mourir pluſtoſt glorieuſement de la
main de l'ennemy, que honteuſement de la
main d'vn bourreau ? Qui eſt-ce qui ne louë
la loy, qui eſt en Turquie, par laquelle les habitans d'vne ville, ou d'vn bourg ſont tenus
de reſpondre du vol, qui a eſté fait dans leur
territoire ? cela les rend ſi diligens à y pouruoir, qu'on n'oit point parler qu'il s'y en
commette. En naiſſant en ce monde, en
nous habituans aux villes & aux païs, nous
contractons vne raiſible ſocieté, & nous o-
bligeons enuers Dieu les vns pour les autres.
Il eſt le vray & premier ſeigneur de la terre,
& de tout ce qu'elle contient: il nous la baille à iouïr à tous en commun, à la charge d'e-
ſtre gens de bié, à peine d'encourir la rigueur
de ſon ire: pourquoy ne ſerons nous pas ſoli-

dairement refponfables des conditions, auf-
quelles il nous a dõné tant de biens? Si nous
auons contracté auec vn marchant d'vne
compagnie, tous fes affociez en font tenus: fi
vne ville ou communauté nous doit quelque chofe, nous faifons executer les particuliers. Si cefte penfee nous fuft fouuent ve-
nuë en l'efprit dés le commencement de nos
remuemens, & que nous nous fuffions propofé, que nous auions à porter indifferem-
ment la peine des infolences, brigandages &
mefchãcetez, que nous auons veu commettre, & que nous auons nourry & fomenté par
noftre indulgence, & (pour parler franchement) par noftre lafcheté, lors que nous les
pouuions aifément eftoufer à leur naiffance:
nous nous fuffions, ou ie me trompe, garen-
tis de tant de maux qui nous tourmentent,
& noftre païs de la ruine qui le menace.
Mais pendant que chacun'a fongé à fauuer
fon particulier, le public a efté abandonné à
ceux qui l'ont voulu dechirer. Nous nous
trouuons maintenant engagez fous fa cheute, & apprenons trop tard que le dire de Solon eft trop vray: Qu'il n'y a iamais ferrure
ny verrou, qui puiffe empefcher que le mal
public n'entre dans les maifons priuees. En
vain celuy penfe il fauuer fa maifon, qui laiffe perdre l'eftat. Il eft bien dit certainement,

Celuy qui trahift fon païs, fe liure foy-mefme. Refpondons vn mot à ceux qui fe plaignent, que les enfans portent la peine des
pechez de leur pere. Ie ne fçay pourquoy ils
le trouuent fi eftrange : veu que les loix ciuiles eftendent iufques aux enfans la peine de
ceux, qui font condamnez pour crime de le-
ze maiefté. Eftimez-vous la maiefté de Dieu
moindre, que celle des Rois & des Princes
du monde? & ne penfez vous pas que la mefme confideration qu'ont eu les legiflateurs,
Dieu ne l'aye auffi, & qu'il ne defire contenir
les mefchans par la crainte de ce qui les peut
dauantage efmouuoir? Tel n'eft pas retenu
par fon propre mal, qui l'eft par celuy qui eft
propofé à fes enfans. Nous fommes beaucoup plus affligez de leur mifere, que de la
noftre. A quoy peut eftre mieux employee
cefte charité paternelle du pere enuers fes
enfans, que pour le lier plus eftroittement à
l'obeïffance & feruice de Dieu, & le coniu-
rer par le bien & par la fortune de fa pofterité, à ne le point irriter. Or puis que toutes les
afflictions que nous endurons, nous arriuent
de la main de la Prouidence, nous arriuent
iuftement, nous arriuent falutairement : encore que bien fouuent nous n'en comprenions pas la caufe, & n'en preuoyons pas la
fin, fi deuons nous nous y accommoder dou-

cement, & honorer par noſtre patience &
humble ſilence, le ſaint iugement de celuy,
qui l'a ainſi ordonné. Car comme és ſacrifices d'Eleuſine, à ce que recite Cleméns
Alex. les nouices & initiez demeuroient
tout du long du ſeruice couchez par terre:
auſſi en ce grand temple du monde, durant
le ſacrifice que nous deuons faire continuellement à la ſapience eternelle, en la contemplation de ſes œuures, nous n'auons poinét
de contenance qui nous ſoit ſi ſeante, que
l'humilité, la recognoiſſance de ſa grandeur
& de noſtre baſſeſſe, de ſa puiſſance & de
noſtre infirmité, de ſa ſageſſe & de noſtre temerité, de ſa bonté & de noſtre peruerſité.
Ployons donc volontairement ſous ſon ordonnance, ſoit que noſtre ville pour ſa vieilleſſe & caducité ait à tomber par terre, & o-
beïr à la loy commune des choſes creées: ſoit
que par le tour & viciſſitude des affaires humaines, l'honneur & la magnificence dont
elle a iouy ſi long temps, doiue eſtre transfe-
ré ailleurs: ſoit que la fin des ſiecles approche, & que la ruine commune, qui doit accabler toutes les parties de la terre, nous eſ-
branle les premiers, & commence chez
nous ce qu'elle doit eſtendre par tout: ou
ſoit (& c'eſt ce que ie crains le plus) que Dieu
vueille punir tout à vn coup tant de trahi-

fons , de perfidies , d'affaffinats , d'empoi-
fonnemens, d'adulteres , d'inceftes , de blaf-
phemes , & d'hypocrifies , que noftre ville a
couué depuis quelques annees , & notam-
ment depuis trente ans en ça , acquiefçons à
fa volonté, fuiuons gayement vn fi fage capitaine , & qui nous aime tant. S'il nous
meine aux coups, il nous meine à la gloire: fi
ce n'eft que par les playes , elles feront honorables: fi c'eft par la mort, elle fera heureufe,
pourueu qu'elle nous arriue en luy obeïf-
fant. Embraffons donc la conftance, &
nous plantons droits fur les pas de noftre
deuoir, tournant toufiours le vifage deuers
l'aduerfité: nous vaincrons eftant furmon-
tez, les coups qui nous fraperont, nous affer-
miront dauantage, nous lafferons & eftonne-
rons le mal par noftre affeurance. Comme ce tant celebre Callimaque, en la bataille de Marathon , qui tout tranfpercé de fle-
ches demeura droit, fouftenu par les traicts
mefmes qui l'auoient tué : & donna tout
mort qu'il eftoit l'efpouuante aux barbares
qui l'eftimoient immortel de ce que tant de
coups ne le pouuoient faire tomber. Les afflictions qui font portees conftamment, &
auec le contre-poids de la raifon , nous entretiennent droits & fermes:&au lieu qu'autrement nous pancherions trop vers la ter-

I iiij

re, nous releuent vers le ciel. Car nous n'a-
uons rien qui nous tefmoigne tant l'immortalité de nos ames, & face refplendir plus
clairement l'efpoir de la vie eternelle, que le
courage que nous donne la conftance : laquelle nous exhortant aux braues & genereufes actions, & à la patience, femble nous
en propofer quant-&-quant la recompenfe, & nous donner vn fecret reffentiment
du lieu où nous la deuons attendre. Qui n'eft
pas en ce miferable & mortel monde, où
tout eft plein de mifere & pauureté, & où
(comme dit le Poëte Grec) la calamité fe
promeine continuellement fur les teftes des
hommes: mais là haut au ciel en vne cité per-
manëte, qui eft le vray & naturel domicile de
l'ame, & le port, où apres les flots & la tourmente de la terre, elle doit furgir & fe repo-
fer eternellement, pleine de refiouiffance &
de contentement, tels que luy peut donner
l'heureux obiect & la fainûe fruition de toutes les beautez & bontez du monde, puifees
en leur pure & premiere fource. Orphee a-
cheua là fon difcours, mais encore qu'il fe
teuft, nous ne laiffions pas d'efcouter, pen-
fans que noftre filence l'inuiteroit à continuer: car nous ne nous pouuions affouuir de
l'ouïr. Il fe leua le premier, & nous apres fort
à regret. Et lors Mufee luy dit, Ie m'atten-

doy, quand vous estes venu à toucher ceste
derniere cõsolation, de l'esperãce que nous
deuõs auoir en l'autre vie, que vous nous re-
citeriez quelque chose des propos que ie
vous ay autrefois ouy côter, que ce bon vieillard, qui tenoit le premier lieu en nostre Senat de France, aux mœurs duquel reluisoit la
legalité Frãçoise, que nous aimiõs tant & ho-
norions tous, tint à ceux qui l'allerent visiter
le iour auparauant qu'il mourut. Il y a tantost huict ans qu'il est mort, & le bon-heur
de la France auec luy. Ie pris si grand plaisir
à ce peu que vous nous en distes lors, que
tousiours depuis i'ay gardé ceste enuie de
vous prier de me les reciter tout au long. Ie
vous ay (respondit-il) dit tout ce que i'en
sçauois : car ie n'arriuay que sur la fin de son
discours. Mais voilà Linus qui fut tout ce
iour-là auec luy, lequel pourra contenter
vostre desir. Cela merite bien vne autre
apres-disnee, reseruez-le à demain.

FIN DV II. LIVRE.

DE LA CONSTANCE ET
CONSOLATION ES CALA-
MITEZ PVBLIQVES.

LIVRE III.

I'AVOIS autresfois tenu comme vn conte de vieille, ce que Homere escrit, Que ceux qui nauigent vers les Lotophages s'affriandent tellement du Loton (qui est vn plaisant & delicieux fruict) qu'ils ne se soucient plus de leur païs, & perdent l'enuie d'y retourner. Mais y repensant ces iours cy, i'ay commencé à soupçonner, que l'autheur de ceste fable a voulu par là, comme par vn mystere de l'ancienne sagesse, faire entendre que les Philosophes qui habitoient en ces quartiers là, entretenoient les hommes qui y arriuoiét de discours si doux & si agreables, qu'ils leur faisoient oublier leurs propres & particulie-res affections, par la contemplation des cho-ses celestes & diuines. Ce que i'ay iugé par

exemple fort faisable: car i'ay trouué mon
esprit tellemét alleché & allegé par les deux
apres-disnees passees, que ie n'auois plus
aucun autre soin ny souhait, que de reuoir
ces honnestes gens-là, & iouïr à cœur saoul
de leur tant douce compagnie, & agreable
consolatiõ. Ie vo' iure qu'apres les auoir ouy,
il me sembloit que i'auois changé de fortune: & que comme Cenee de fille deuint garçon, ainsi de pusillanime & effeminé i'estois
rendu constant & courageux, & de miserable quasi heureux.   Tant a de puissance sur
nous la parole & le discours, animez d'vne
viue raison, à changer nos opinions, & auec
nos opinions nos passions.   Ie croy, que
comme en la musique ceux qui chantent
ont autant, voire plus de plaisir, que ceux
qui escoutent: aussi ces sages personnages-
là auoient remporté de ceste conference le
mesme contentement que moy.   Car ils
reuindrent tous le iour d'apres, mesmes deuant l'heure: de façon que sans beaucoup
de ceremonies, nous nous remismes comme nous estions les iours d'auparauant. Lors
prenant la parole & m'adressant à Linus,
Orphee (luy dy-ie) vous engagea hier à
nous reciter auiourd'huy les derniers propos, que tint auant son decés à ses amis
ce celebre personnage, que nous auons

tant aimé en fa vie, & tant regretté à fa mort.
Ie voy bien que vous venez difpofé pour le
faire : mais vous auriez, ce me femble, trop
bon marché de ne contribuer à cefte compagnie que voftre fimple memoire, nous
meritons bien pour l'amitié dont il vous
plaift nous honorer, que vous nous donniez,
quelque chofe de voftre inuention. A la verité ce difcours qu'Orphee nous a promis de
vous, feroit bien vne belle piece, & qui fe
ioindroit fort proprement à ce qu'il nous a
dit de la Prouidence : toutesfois puis que
ie fuis icy comme vn malade entre les mede-
cins, foyez-moy vn peu indulgens en cela.
Et auant que d'entrer en cefte matiere, donnez-moy, ie vous prie, voftre aduis fur quelques doutes, qui me font entrez en l'efprit
depuis auoir ouy Orphee : & puis vous nous
côtinuerez, f'il vous plaift, ce que nous vous
auions hier demandé. La piece que vous
nous apportez eft fi belle, que ie m'affeure
qu'elle conuiendra bien à quelque endroit
qu'on la vueille appliquer, & peut eftre mefmes trouuerez-vous qu'elle pourra feruir à
la refolution de ce que ie vous veux maintenant propofer. Ie fuis à la verité contraint
de confeffer , que cefte fage Prouidence
gouuerne tout en ce monde, que de fon
ordonnance decoulent les heureux & fini-

ſtres euenemens des affaires, & que rien
n'arriue que iuſtement, meſmes és conuer-
ſions des eſtats, & ruine des villes, & des
royaumes. Mais auſſi il me ſemble, que de
là on peut inferer, que puis que nous ne pouuons empeſcher que ce qui eſt ordonné là
haut n'aduienne ; en vain roidiſſons-nous
les bras contre le torrent, & quand nous
voyons que noſtre Eſtat a pris ſon coup, en
vain preſentons-nous l'eſpaule pour le ſouſtenir, en vain auec tant d'efforts reſiſtons-
nous à ceux qui en ſapent les fondemens, en
vain ſommes-nous empeſchez quel party
nous deuons prendre. Eſt-ce pas & le plus
ſeur, & le plus ſage, de prendre celuy du Deſtin, & ſuiure la Prouidence, quand nous cognoiſſons ſon inclination ? ou en tout cas, ne
no⁹ vaudroit-il pas mieux repoſer, que d'eſtre
continuellemét à monter & remonter ceſte
pierre, qui doit auſſi bien retomber quand
nous l'aurons releuee ? Certainement i'ay
veu les plus ſages de noſtre temps fort empeſchez là deſſus, voyans le party le plus iuſte eſtoufé par le plus fort. Les vns empor-
tez de leur courage, ſe ſont genereuſement
oppoſez à tout ce qui ſ'eſt preſenté d'iniuſte, & comme de propos deliberé ont fait
bris contre la force : les autres ont, comme
font les mariniers, prudemmét louié, quand

ils n'ont peu rien auancer, & euité en relaſ-
chant, les hurts qu'ils ont iugé ne pouuoir
franchir ſans naufrage. Ie deſire ſçauoir
de vous, leſquels nous deuons imiter : & ſi
lors que nous voyons que les contentions
de la vertu contre la violence, ſont inutiles
au public, & dommageables & funeſtes à
noſtre particulier, nous nous deuons entierement retirer des actions publiques, & du
maniement des affaires : ou ſi la vertu doit
meſmes parmy les pl' rudes tempeſtes, tenir
opiniaſtrement ſa route, & ſe laiſſer pluſtoſt
accabler que reculer : ou bien ſ'il y a point
quelque chemin moyen entre vne obſtinee
auſterité, & vne honteuſe ſeruitude, par lequel vne innocéte prudence puiſſe eſchaper
de ces tempeſtes ciuiles, &precipices qui no'
enuironnent de tous coſtez, pour ſeruant au
public, autant que nous'en auons de moyen,
couler ceſte vie mortelle, attendant l'heure
qui nous appellera à ceſte autre immortelle.
A ce que ie voy, dit Linus, ce ſera icy comme és feſtins des Princes, ceux qui traictent
les premiers en ont le meilleur marché, la
deſpenſe croiſt, & la magnificence ſ'augmé-
te pour les derniers. Mais puis que vous venez ſans ſemondre, & que vous me ſurpre-
nez, ie vous traitteray en amis à mon ordinaire, pl' pour ſatisfaire à voſtre voló̈té, que

pour eſperãce que i'aye de manier dignemẽt
vn ſi faſcheux ſujet, ſans m'y eſtre preparé.

I'ay eu autrefois le meſme doute que vous,
& me ſembloit au cõmencemẽt que c'eſtoit
le plus ſage & le plus ſeur de ceder à la violence, & faire comme vous dites, voye au deſtin. Pource que c'eſt peine perduë de ſe
tourmenter apres ce que lon deſeſpere de
pouuoir obtenir. L'eſperance eſt celle ſeule,
qui anime & viuiſie noſtre trauail. D'eſperer
cõtre la Prouidence, ce n'eſt pas ſimple folie,
c'eſt vne double fureur. Mais cõme il aduiẽt
ordinairemẽt, que les choſes que no⁹ voyõs
de loin, nous ſemblent tout autres, que nous
ne les trouuõs quãd nous en approchõs: auſſi
ſondãt & approfondiſſant ceſte propoſition,
qui en ſa premiere apparence me ſembloit
ſage, voire ſain&te & religieuſe, ie l'ay trouuee imprudente, voire impie, & ay cogneu
que ce n'eſt qu'vne molleſſe d'eſprit, qui no⁹
veut retirer du labeur, & du ſoleil, pour nous
mettre au repos & à l'ombre. Ce qu'elle fait
auec des pretextes fort aiſez à deſcouurir à
celuy, qui voudra hardiment tirer le rideau,
pour voir à nud la verité. Pourquoy diſons-
nous qu'il faut tenir les bras croiſez és calamitez publiques, de peur de nous oppoſer
à la prouidence & au deſtin? Il y a Prouidence, il eſt vray: il y a Deſtin, ie le croy, &

ne pouuons empefcher leurs effects. Mais ie vous prie, que fçauons-nous ce que veut faire la Prouidence ? comment pouuons-nous deuiner fes confeils ? D'autant plus qu'elle eft certaine & infaillible en ce qu'elle veut, d'autant plus fommes-nous incertains & ignorans de ce qu'elle veut. Dieu a enuelopé l'aduenir d'vn efpais nuage, impenetrable aux yeux de noftre foible entendement; fagement certes & à propos pour nous. Car l'affeurance que l'homme euft eu des biens qui luy doiuent arriuer, l'euft tenu en telle inquietude, & luy euft hauffé le courage de telle façon, qu'on ne l'euft peu contenir en fon deuoir: & la certitude du mal qui luy doit aduenir, l'euft mis en telle anxieté, & luy euft fleftry le courage de telle forte, que lon ne l'euft fceu refeuer. Puis donques que les chofes futures nous font fi incertaines,& que nos efperances & nos craintes nous trompent egalement, quel pied pouuons-nous prendre pour nous refoudre fur la crainte de l'aduenir à abandonner noftre deuoir prefent? Dieu a refolu,dirons-nous, de ruiner noftre ville,nous en voyons beaucoup de fignes: voylà des mefchans & ambicieux qui renuerfent l'ordre, les loix & la police, ie les laifferay faire : car auffi bien ne gaigneray-ie rien de m'y oppofer. O lafche

lafche & molle voix! Qui eft-ce qui vous a
rendus fi fçauans en peu de temps, & vous a
faict entrer au confeil de Dieu, pour entendre fon deffein? L'incertitude des chofes humaines ne nous a-elle pas encores appris,
côbien celles que nous eftimons les plus fermes, font les plus toft efbranlees & renuerfees? & celles que nous croyós à deux doigts
de leur ruine, redreffees & raffermies tout
d'vn coup? Et neantmoins quand nous ferions tout affeurez de ne pouuoir fauuer noftre païs, le deurions-nous pour cela abandonner? Nous n'abandonnons pas les malades frapez de maladies incurables: ce n'eft
pas peu faire, ce me femble, que de rendre la mort douce à ceux à qui elle eft ineuitable, & leur appliquer des remedes leni-
tifs & palliatifs, quand les autres n'y peuuent
rien profiter. Il y a mefme quelque grace
à bien mourir, & tient-on pour office d'amitié, de fermer les yeux à fes amis, & leur com-
pofer les membres à la mort. Quand nous
ne pourrons faire autre chofe, pourquoy ne
rendrons-nous pas ce dernier deuoir à noftre païs? Et moins donques le deuons-nous
delaiffer és grands remuëmens, feditions
& calamitez publiques: le mal n'eft iamais
fi grand, qu'il faille defefperer du falut.
Mais ce qui eft en tel cas plus difficile à re-

K

soudre, c'eſt à ſçauoir ſi on doit prendre ne-
ceſſairement le plus iuſte party & le ſuiure,
ou ſi lon ſe peut tenir coy en celuy, dans lequel on ſe trouue enuelopé, attendant l'occaſion de moyenner la reconciliation de
tous les deux, & de ramener ceux qui ſe ſont
deuoyez, à la recognoiſſance de leur faute,
& au deſir de leur deuoir.   Car de ſçauoir ſi
lon doit aider ou ſeruir le party que lon co-
gnoiſt iniuſte, cela ne giſt point en deliberation, ſinon parmy ceux qui n'ont ny
vertu ny conſcience.   Ie croy que la loy de
Solon eſtoit pleine de prudence & de ſageſſe, laquelle ordonnoit qu'és diuiſions chacun priſt incontinent party : pource que de
deux factions, y en ayant ordinairement vne
iniuſte, & qui entreprent iniurieuſement ſur
l'autre, le citoyen eſt inexcuſable qui quitte
le party des loix & du ſalut public, pour ſe rédre ſpectateur de la ruine de ſon païs. Mais
i'eſtime que cela ſe doit entendre du commencement des remuëmens, leſquels il eſt
fort aiſé d'eſtoufer à leur naiſſance. Que ſi le
Prince, ou celuy qui gouuerne ſous ſon authorité, laiſſe par ſa negligence, gaigner ce
venin de ſedition, & former vn party ſi fort,
qu'il ſ'empare de l'eſtat, & de la ville où nous
ſommes, & qu'en ſortant nous ne puiſſions
y apporter remede, ains ſeulement teſmoi-

gner noftre volonté enuers le prince, oũ le
public : ie penfe qu'il y a en ce cas beaucoup
de raifons qui nous peuuent excufer d'y demeurer, , ores que nous eftimions iniufte &
feditieufe la faction qui gouuerne. La premiere eft la neceffité, quand nous y fommes
retenus par force : car celle-là n'a point de
loy. La feconde eft vne loy commune des affaires du monde, qui veut que lon cede à la
force, où elle eft eftablie. Comme la vertu
no⁹ cõmande de fouhaiter les chofes bõnes,
ainfi nous confeille-elle de fupporter les autres, qui arriuent malgré nous, & de rabbatre
mefmes quelquesfois de l'amour que nous
auons à l'Eftat, & de ce que nous deuons aux
loix, à fin de ne nous perdre point mal à propos. Et cela qui le pourra trouuer eftrange,
puis que ce feuere & incorruptible Caton
l'a ainfi iugé, lors que partant de Syracufe
pour aller trouuer Pompee, il confeilla aux
Siciliens d'obeir à Cefar, qui f'eftoit rendu
maiftre de l'Italie? La troifiefme, quand
tous nos biens & moyens font au lieu de noftre demeure, & qu'en fortant nous tombe-
rions en vne extreme pauureté : car bien que
la pauureté ne foit pas excufe receuable
pour nous faire faire chofe mefchante, fi
eft-ce que la crainte d'icelle nous doit
aucunement excufer, fi nous ne faifons

K ij

tout ce que la rigueur des loix peut deſirer
de nous. Et ce principalement en ceſte ſaiſon, où les gens de bien ne trouuent faueur
ny ſupport qu'en leur bourſe : & où la pauureté, & ceux qui en ſont touchez, ſont fuïs
de tout le monde comme la peſte . Mais la
plus legitime excuſe ie l'ay eſtimee de ceux,
qui en telles rencontres ſe trouuent attachez aupres des peres & meres vieux, ou va-
letudinaires, ou aupres d'vne femme & d'vn
nombre d'enfans. La pieté & affection naturelle diſpenſe de beaucoup de choſes contre la rigueur des loix ciuiles . Et bien que
la loy die, que pour la querelle du païs nous
ne deuons eſpargner ny pere ny enfans, &
qu'elle ſemble en ce cas, vouloir de propos
deliberé entamer le droit de nature:ſi ſe doit
elle aumoins entendre, quand abandonnât
ceux, auſquels la charité nous lie ſi eſtroit,
nous pouuons ſeruir de quelque choſe, &
faire quelque effect qui profite autant à la
pieté publique, comme il offenſe la dome-
ſtique. Ces conſiderations-là ont retenu,
comme vous voyez, parmy nous beaucoup
d'hôneſtes gens, qui portét auec vn extreme
regret & ennuy, la veüe de ceſte miſerable
confuſion cy , & qui euſſent deſiré plus que
choſe du monde en eſtre hors, ſils euſſent
penſé l'eſtant, pouuoir ſeruir de quelque

chofe au public : mais d'abandonner ceux à
qui ils eftoient neceſſaires icy, pour aller là
n'eſtre qu'à charge au Prince qui les rappel-
loit, ils ont eftimé ne le pas deuoir faire. Or
eſtans enfermez en ce vaiſſeau, comme
nous nous y ſommes trouuez quelques-vns
à leur malheur, tenans des charges publiques, nous auons eſté contraints de diſſimu-
ler beaucoup de choſes piteuſes, à dire vray,
contre les loix de l'eſtat, & le deuoir de nos
offices. Souuent i'ay diſputé en moy-meſ-
mes, ſ'il ne falloit pas, quand telles occaſions ſe preſentoient, ſ'oppoſer courageuſe-
ment au mal, & plaider la cauſe de la iuſtice
auec le hazard de ſa vie. Apres en auoir
veu quelques-vns ſe perdre en le tentant,
i'ay trouué veritable le dire d'vn ancien,
Que le commencement de toutes les vertus c'eſt la Prudence : que c'eſt elle qui,
comme la guide, doit marcher deuant, &
faire ouuerture aux autres, & qu'où elle
n'eſt point, elles demeurent comme aueugles : & d'autant plus qu'elles ſe haſtent &
ſ'efforcent, d'autant pluſtoſt chopent-elles,
ſ'offenſent, & offenſent ceux ſur leſquels elles tombent. Donc en tout ce que nous
entreprenons, apres auoir conſideré ſi la fin
en eſt iuſte, nous deuons examiner les moyés
que nous auons de l'effectuer, & ne nous

pas perdre à credit. Et quand nous n'auons
pas le moyen de faire tout ce que le salut public desireroit de nous, tascher à faire dex-
trement le mieux que nous pouuons. Or
croy-ie qu'en l'estat où nous sommes tombez, il n'a rien resté aux gens de bien, qu'ils
peussent faire pour s'acquitter de ce qu'ils
deuoient à leurs charges, que de rompre par
beaucoup de doux & gracieux moyens,
beaucoup de mauuaises & dangereuses entreprises, & allentir par artifices le cours de
la violence, qu'ils ne pouuoient du tout arrester. Car comme ceux qui se sont prosti-
tuez aux nouueautez, & ont seruy de leur
esprit la passion des autres, sont inexcusables
deuant Dieu, & deuant les hommes: aussi
n'estime-ie pas loüables ceux, qui voyant
la force establie, se sont perdus de gayeté de
cœur. En quelque condition que soit re-
duit nostre païs, il a grand interest d'auoir
des gens de bien, qui se conseruent en reputation de n'estre point contraires au peuple: à fin que l'occasion se presentant de
donner vn bon conseil, ils le puissent faire, & auec vne main gracieuse, & non re-
doutee, & sonder & souder les playes desdif-
sensions ciuiles. Vn chasteau quelquesfois
qui se maintiĕt, donne moyen de recouurer
toute vne prouince: & vn sage & aduisé ci-

toyen se conseruant en credit en sa ville, sera peut estre la semence du repos public.
Car comme la santé reuient au corps malade par le moyen des parties saines, qui gardent entiers les principes de la vie : aussi en
vne ville la paix & la concorde se restablit
par l'esprit modeste & non passionné du bon
citoyen. Il n'est pas croyable combien
d'admirables & salutaires effects ont produit
entre les peuples, les seuls visages de ceux
qui auoient reputation d'estre iustes & entiers, & aimer le bien public : mais il faut
que ce soit auec l'occasiõ. C'est le temps qui
assaisonne les conseils. Il y a vn certain moment aux affaires, lequel si vous ne prenez à
propos, en vain vous tourmentez-vous pour
en penser venir à bout. Ce qui s'obserue
principalement en ceux qui ont à manier
les esprits des peuples aigris. Marc Aurele
le philosophe dict en vn endroit du liure mal
intitulé de sa vie, que les mauuaises opinions
sont des abscés en l'esprit de l'homme. Si
ce sont des abscés, il les faut de necessité
laisser meurir auant que les ouurir : autrement le fer y mettra le feu, & en les enta-
mant on augmentera le mal au lieu de le
guarir. Il faut dire la verité, ce sont estranges
bestes que peuples, c'est vn hazardeux mestier que de les vouloir manier, quand ils ont

vne fois fecoüé le joug des loix, & pris aux
dents le frein de la liberté, ou pluftoft de la
licence. Tous ceux qui fauront experi-
menté vne fois, n'eftimeront rien vne autre la perte de leurs biens, pour euiter vne
telle & fi inconfideree fureur. Mais il y a
des chofes en ce monde, qui ne f'apprennent que par l'experience, qui eft vne chere & dangereufe maiftreffe. Donques celuy qui par neceffité, ou par vn honnefte
deffein de fecourir fon païs, fe fera laiffé enueloper dans vn party illegitime, tout ce
qu'il peut faire c'eft d'obferuer toutes les occafions qui fe prefentent de flechir doucement les volontez de fes concitoyens, à recognoiftre leur bien, & à le defirer. Ce qu'il
pourra aifément faire par vne moderatiõ &
demonftration de ne rechercher que leur
profit, leur coulant la raifon en l'efprit par la
parole, & les ramenât par difcours peu à peu
à ce qui eft iufte. En quoy il faut qu'il imite le
vin, qui du commencement par vn gouft
friand & delicieux, inuite les perfonnes à en
vfer, puis fe meflant parmy leur fang, & ef-
chaufant petit à petit tout le corps, les affou-
pit & fe rend maiftre d'eux. Car en fin il faut
faire eftat, que toutes grandes affaires ne fe
meinent à bout, qu'auec la douceur & la
patience. Dont la Nature nous donne

vne belle inſtruction, produiſant toutes
choſes, pour ſi grandes & excellentes qu'elles ſoient, par vn mouuement inſenſible. Et
cela doit-il principalemét eſſayer à l'endroit
de ceux qui ont plus d'authorité : pource
qu'ils ſont comme fontaines publiques où ſe
puiſent les conſeils qui perdent ou ſauuent
les eſtats : le gouſt que ceux-là prennent ſe
reſpand puis apres aiſément és eſprits des autres. Il profite beaucoup auſſi quand on le
pratique à l'endroit de ceux qui parlent ordinairement au peuple : pource que ce ſont les
canaux par leſquels ſe diſtilent les affectiós,
dont le vulgaire s'abreuue, & dont il eſt puis
apres pouſſé à de bónes ou mauuaiſes actiós.
Mais deux choſes ont empeſché de noſtre
temps les honneſtes gens de les pouuoir a-
border. La premiere, que comme gens nouueaux & non experimentez aux affaires, ils
ſe laiſſoient aiſément imprimer telles opinions, que vouloient ceux qui les auoient les
premiers preuenus : & ſe paiſſoient volontiers de vaines eſperances, ſur leſquelles ils
baſtiſſoient des chimeres en l'air. L'autre,
qu'il leur eſt aduenu ce qu'on dict ordinairement, Que ceux qui pechent par art, pechét
bien plus griefuement : car ils pechent plus
opiniaſtrement, & ſe defendent de la ſcien.-

ce contre la raiſon. Ils ont voulu reduire le
gouuernement politic, qui conſiſte en vne
prudence particuliere, ſoûs des reigles gene-
rales, & en faire vne ſcience vniuerſelle. Et
ainſi appliquant les reigles où il falloit appliquer les exceptions, ils ont peruerty le iugement de toutes choſes. C'eſtoit vn plaiſir
que de les voir diſcourir, ils faiſoient comme
les mauuais mathematiciens, qui preſuppo-
ſant vn angle droit, ou quelque figure autre
qu'elle n'eſt, font là deſſus des demonſtra-
tions neceſſaires de choſes qui ne ſont, & ne
peuuent eſtre du tout. Car en argumentant,
depuis que vous auez accordé quelque choſe de faux, on vous en tire des conſequences
eſtrangement abſurdes. La formule d'argu-
menter de ce temps a eſté, Cela ſert pour la
conſeruation de la religion, il le faut dônc
faire. Or la premiere partie de l'argument,
qui eſtoit ſujette à eſtre niée, & prouuee, &
qui le plus ſouuent n'eſtoit pas ſeulement
douteuſe, mais meſmes euidemment fauſſe,
eſtoit touſiours poſee pour indubitable, &
quelquesfois en faiſoit-on vn article de foy.
Les choſes qui ſe propoſoient, eſtoient de
celles qui ſe deuoiét examiner par vne grande & meure prudence, par l'exemple des effects qu'ont produit ſemblables affaires, &

où il falloit confiderer le temps, les momés,
les volontez des hommes,& mille autres cir-
conftances. Toutesfois ceux qui n'auoient
ny l'experience des chofes paffees, ny la cognoiffance des prefentes, ont efté ceux qui
fe font attribuez l'authorité d'en iuger. A
tous les inconueniens que lon leur a repre-
fenté, à tous les mauuais fuccez que lon leur
a predict qui arriueroient de leurs precipitez
confeils, on n'a eu autre refponfe, finon que
Dieu y pouruoiroit. Comme fi Dieu euft efté
affis là haut expres pour obferuer leurs paffions, & accommoder le refte du monde à
leurs deffeins, & non pas eux pofez çà bas;
pour obferuer la volonté de Dieu par la difpofition des chofes & euenemens des affaires, pour s'y accommoder & paruenir à leur
fin, ou en approcher le plus pres qu'ils pourroient par des moyens faifables & ordinaires. Si toft qu'ils voyoient vn chemin vn peu
long & fafcheux, ils s'attachoient des aifles
de cire, & fe iettoient en l'air pour paruenir
où le defir & la peur les tiroient: auffi eft-il
aduenu, que leurs aifles fe font fonduës au
foleil, & font tombez, & en tombant ont tiré apres eux leurs citoyens en vne mer de
maux & de miferes. Ie ne voudrois pas à la
verité blafmer l'intention de tous, pour en a-
uoir cogneu d'entre-eux qui eftoient tranf-

portez du zele de leur religion: mais ie doute
si deuant Dieu leur volonté leur seruira d'ex-
cuse, d'auoir entrepris chose si importante,
& à laquelle ils n'entendoient rien. Car si les
loix ciuiles condamnent celuy qui s'ingere
de faire vn mestier qu'il ne sçait pas, & le font
respondre de tout le dommage qu'apporte
son imperitie: ceux qui, comme par force,
ont entrepris le gouuernement, & par leur
faute nous ont ietté en tant de dangers, ne
seront-ils point responsables de tãt de morts,
de tant de bruslemens, de tant de pillages, de
tant de violemens, de tant de sacrileges, de
tant de blasphemes, qui sont venus à la suite
de leurs mauuais & inconsiderez conseils?
Ie prie à Dieu qu'il le leur vueille pardon-
ner, mais ils sõt cause de beaucoup de maux:
& nous donnent bien sujet de dire de nostre
Estat, ce qu'vn ancien a dict du sien, La chose publique s'est perduë plus par les remedes,
dont elle a esté pensee, que par son propre
mal. Hé quoy? me direz-vous: les gẽs de bien
se taisoient-ils lors? que ne remonstroient-ils
vertueusement ce qu'ils pensoient estre du
bien public? que ne s'opposoient-ils à toutes
ces indiscretions-là? Helas il n'y a en telles
choses empeschez que ceux qui y sont! Souuent voyant ce miserable gouuernement, &
la perplexité où estoient les gens de bien,

m'eſt-il ſouuenu d'vne hiſtoire, qui eſt arriuee de noſtre temps en ceſte ville. Il aduint
en vne honneſte maiſon, qu'vn Singe que
lon y nourriſſoit par plaiſir, alla prendre vn
petit enfant au berceau, & le porta au feſte
de la couuerture: incontinent qu'on s'en ap-
perceut, le pere & la mere accoururent tout
tranſis, pleurans & ne ſçachans que faire.
Car de crier ou courir apres le Singe, il euſt
laiſſé tomber l'enfant, qui ſe fuſt rompu cent
fois le col : ils attendoient donc ſans mot dire, & regardoient piteuſement les larmes
aux yeux, & tous tremblans de frayeur ce
qui en deuoit aduenir. Il arriua, & ce fut vne
grande grace de Dieu, que le Singe redeſ-
cendit tout doucement, & reporta l'enfant
où il l'auoit pris. Nous auons eu, & auons les
meſmes ſueurs, & auons veu, & voyons encore noſtre Religion & noſtre pauure Eſtat
entre les mains d'eſtranges gens, & merueil-
leuſement eſtourdis, qui s'en ioüent, & les
tiennent pendus en l'air du bout des doigts,
& preſts à les precipiter au moindre eſtonnement. Au moins pleuſt-il à Dieu, mais ie ne
l'oſe eſperer, qu'à la fin il nous fiſſent le tour
du Singe, & nous remiſſent où ils nous ont
pris au commencement. Certainement ie
penſe, que les honneſtes gens ſont fort excu-
ſables, ſi voyant de ſi chers gages entre leurs

mains, le precipice où ils les auoient portez
& leur naturelle imprudence, ils les ont regardé pour vn temps sans mot dire. La premiere faute a esté en ceux qui dés le commencement leur ont permis se saisir & emparer de l'Estat : la seconde, que lon nous
voudroit imputer, n'a esté que la suitte necessaire de l'autre, aussi excusable comme la
premiere est blasmable. Non que ie voulus-
se par là defendre ceux, qui au fort du mal
mesme par vne trop grande crainte se sont
tousiours laissez aller du costé, où ils ont veu
la force & la violence tirer : car ils sont en
partie cause, que nos maux sont deuenus incurables. Et se peuuent auec raison accom-
parer aux fardeaux mobiles, qui sont dans vn
nauire, lesquels roulant tousiours du costé,
dont le vaisseau panche, sont cause quand la
tempeste arriue, de le faire renuerser. Entre trop & peu demeure mesure : il y a difference entre rompre ou ployer. Comme lon
peut faillir par vne obstination & importune seuerité : aussi fault on dangereusement
par vne grande lascheté & supine conniuen-
ce, & par vne façõ de biaiser, par laquelle on
abandonne du tout la iustice sous pretexte
de suiure la prudence. Et pour vous dire librement, i'ay veu vn grand nombre de gens,
qui se sont precipitez par ceste fenestre-là, &

toufiours biaifant fe font en fin trouuez auffi
efloignez du deuoir d'vn bon citoyen, comme ceux qui s'eftoient iettez au mal tout à
coup: & ont defcédu auffi bas degré à degré,
comme les autres qui s'eftoient d'vn plein
fault lancez à la confufion. Il eft fort dange-
reux à ceux, qui n'ont pas la force ou l'adref-
fe de s'arrefter quand ils veulent, de fe commettre à vne droite vallee : il faut que ceux
qui laiffent le grand chemin pour prendre
les deftours, fçachent bien le païs, autrement ils s'efgarent fort aifément. Toutefois
pour ce que cefte prudence, qui cede doucement à ce qu'elle ne peut vaincre, peut
profiter en beaucoup de rencontres, femblables à celles qui nous font arriuees, quád
on en vfe auec iugemét & moderatió: ie vous
diray les bornes que ie luy voudrois planter.
Ce feroit premieremét de ne iamais diffimu-
ler au commencement des remumens, ny
cófentir à chofe iniufte, & qui fuft contre les
loix, pour fi petite qu'elle peuft eftre: au contraire voudroy-je que lon s'y oppofaft, mefmes auec la viue force, tant qu'il y a moyen,
que le hazard eft cómun, & qu'il y a efperáce
& apparence qu'en hazardant, la raifon peut
auoir le deffus. Ceft vn grand erreur, dont
beaucoup de gens font coiffez, de péfer qu'il
ne faut rien hazarder en vn eftat: fouuent

pour ne vouloir rien auanturer pendant que
lon est fort, on se laisse reduire à tel poinct
qu'il faut auanturer foible, & rendre tres-
douteux ce qui ne l'estoit que bien peu. La
fortune, s'il faut ainsi parler, ne veut pas que
nous pensions pouuoir tout asseurer par la
prudence : il y a beaucoup de choses où elle
veut auoir part, & que lon luy doiue la grace de l'euenement. Mais c'est le principal
que de mettre le droit de son costé : & cela
fait, auec toutes les considerations & tous
les auantages que lon peut prendre, tenter le
hazard, & commettre tout à ceste souueraine puissance de Dieu, qui donne aux affaires telle issuë qu'il luy plaist. Si les choses
sont venuës si auant, & passees à si mauuais
termes, que la violence culbute les loix, & la
force l'emporte par dessus la iustice, ie ne
voudrois pour cela iamais consentir à vne
chose iniuste, sinon pour en euiter vne plus
mauuaise, & plus iniuste, qui autrement en
aduiendroit. Or la reigle que ie desirerois
qu'on tint en ce cas, c'est qu'en ceste comparaison de maux, & crainte d'vn pire, nous
n'y contions iamais le nostre particulier,
pour le comparer au public. Car celuy qui
par crainte du mal particulier, dõt on le menace, se rend autheur ou ministre de la calamité publique, n'a rien qui le puisse excuser.
　　　　　　　　　　　　　　　Mais

Mais il faut iuger auec soin & prudence, si le plus grand mal que nous craignons qu'il n'arriue au public, se peut point autrement escheuer: s'il ne se peut, en ce cas côposer a-uec la violence, c'est faire ce qu'on seroit sur mer en la tourmente, & faire iect d'vne par-tie de la marchandise pour tascher de sau uer le reste. Rarement ceux qui gouuernent des estats troublez, sont ils empeschez à choisir de deux biens le meilleur, mais bien souuét à elire de deux maux le moindre; le bon ne s'y iuge tel que par comparaison du pire. C'est pour quoy vne inflexible rigueur ne seroit pas opportune en ces occasions-la, & allu-meroit plustost la fureur d'vn peuple licen-cieux, qu'elle ne l'assoupiroit. Et pourtnat y a-il peut estre lieu lors d'imiter le Soleil qui va bien tousiours de l'Est à l'Ouest, mais en biaisant tantost vers le Nort, tantost vers le Sud, de peur que demeurant ferme sous vne mesme ligne, il ne seiche & brusle ce qu'il ne doit que fomenter, & doucement eschau-fer. Le bon citoyen doit bien auoir pour son but, le salut public & la iustice, dont il de-pend. Mais quand le chemin ordinaire ne l'y peut amener, si faut-il qu'il s'y conduise par celuy qui reste le plus cômode. En vain se se-roit-il proposé la conseruation de son païs, s'il le deuoit perdre par les remedes, par lesquels il les veut sauuer. Car les affaires & les conseils se mesurent principalement par la fin. Voila ce me semble, ce que peut faire vn bon citoyen en public: en particulier, la saison luy donne beaucoup de belles occasions de bien faire. Il a premierement à consoler ses parens, ses amis, ses voisins, & selon que les degrez d'affection le conioignent de plus pres à chacun d'eux, les assister, leur donner courage, le conseiller à la conduite de leurs affaires, les defendre de l'iniure d'autruy, les secourir en leurs necessitez selon qu'il en aura le moyen. Qu'il se leue si matin, & se couche si tard qu'il voudra, la iournee ne sera iamais assez longue pour satisfaire à tous les offices, ausquels la misere d'autruy l'appellera. Qu'il mette la main à quelque endroit qu'il voudra, il y trouuera vne playe à penser, ce piteux & calamiteux temps ne laisse rien de sain ny d'entier. Icy l'appellera le vefuage de sa sœur, de là l'orbité de son frere, de l'autre costé le brigandage fait à son amy, en vn autre endroit la prison de son parent, de deça le danger de son voisin : plustost trouuera-il icy vn lieu vuide d'air, que de mal. Mais sans sortir de sa maison il aura prou de sujet d'employer là vertu, & faire office de bon citoyen. Car qui est celuy-là si heureux, qui n'a esté touché durant ce temps de mille

fortes d'afflictions ? qui n'a point fenty les
dents venimeufes de la calomnie , que les
yeux bigles de l'enuie n'ont point regardé,
que le brigandage public n'a point atteint,
& qu'en tous cas la defolatió du pais n'a def-
pouillé de fes biens , & enuoyé nud comme
vn homme efchapé du naufrage ? C'eft là
qu'il fe faut monftrer homme, & faire paroiftre que la vertu ne cófifte pas en parole, mais
en belles & genereufes refolutions. Il faut
premierement que le bon citoyen porte lors
patiemment fes afflictions, faifant vn bon &
religieux iugement de la Prouidence diuine,
fans laquelle vous auez entédu que rien n'arriue icy bas : & qu'il recognoiffe que fon infortune eft fa part & portion contingente
de la focieté humaine , au mal commun de
laquelle il doit participer volontairement,
comme il a fait, & feroit au bien s'il arriuoit.
Secondement ie defire que cefte patience-
là ne fiege pas feulement en fon cœur , mais
mefmes qu'elle reluife fur fon front, tant
pour porter tefmoignage d'honneur à la
vertu, & monftrer ce qu'elle peut contre le
malheur, que pour feruir d'vn miroir bien
poli, fur lequel fes concitoyés puiffent com-
pofer & compaffer leurs actions, comme fur
vn beau & parfaict patron. C'eft en tout
téps chofe fort loüable & glorieufe, de feruir

aux siens d'exemple de bien-faire: mais c'est chose fort vtile, & fructueuse en vn temps calamiteux & miserable, de leur seruir d'exéple de patiemment endurer. Comme le premier heur est d'euiter le mal, le second est de se porter constamment. Or ne veux-ie pas icy entrer à discourir les raisons, qui nous excitét à ceste constance là, qui nous la persuadent, voire qui nous y forcent, si nous voulons demeurer hommes. Ce que Musee & Orphee en ont dict deuant moy, est plus que suffisant: toutesfois s'il falloit mettre toutes les raisons à la balance, i'estimerois que celle qui est demeuree derriere, & qu'Orphee n'a fait qu'effleurer, emporteroit toutes les autres ensembles. Car ceux qui seront vne fois bien persuadez que la mort n'est que le passage à vne autre plus heureuse vie, ne la craindront plus : que si la mort outre laquelle ne s'estendent ny l'empire de la fortune, ny les menaces des loix, ne les estonne point, que feront les iniures & menaces des hommes, qui ne sont que les mains de la fortune, & les instrumens des loix? Et au contraire ceux qui ne le croiront pas, quels preceptes leur peut-on donner, quelles raisons alleguer, qui les puissent consoler en leurs calamitez ? Car bien que vous leur monstriez que les afflictions nous arriuent de droict commun par la loy de la nature,

& non par l'iniure de ceſte pretenduë fortune, & que rien n'aduient que par l'ordonnance de la Prouidence diuine, cela ne ſou-
de pas la playe qu'ils reçoiuent en leur
cœur, de voir que l'innocence ſoit vn ſujet
de miſere & de tourment.   Si vous ne leur
faictes rien voir de plus loin, que ceſt eſpace qui eſt enfermé entre leur naiſſance &
leur mort, comme entre deux bornes, ie ne
voy point pourquoy ils doiuent quitter les
douceurs du monde , pour enficler leur vie
de ceſte aſpre & amere vertu. Ie ne voy rien
pourquoy l'homme ne ſe doiue couroucer
contre la nature, de l'auoir rendu le plus miſerable & calamiteux animal de tous ceux
que le ſoleil voit; & ſe mocquer de ceſte ver-
tù qui luy-propoſe tãt de peines & de trauaux
ſans aucune recompenſe. Nous auons, diſoit
Platon, deux grans demons, qui nous auancent & nous retirent en nos actions, le loyer
& la peine : or ne voy-ie pas que nous les
puiſſions trouuer en ce monde , où la plus
part du temps les bons ſont affligez , & les
mechãs à leur aiſe. Il faut donc pouſſer plus
auant nos eſperances, & les fair paſſer outre
les bornes de ceſte courte & chetiue vie , &
cognoiſtre que la mort eſt le premier de tous
nos vrais biens, & l'entree de noſtre heur &
felicité. L'hõme n'eſt pas ſeulement mortel,

comme a dict quelcun, à fin qu'il y euft quelque fin à fa mifere, à fin que les bons foient
loüez fans enuie, & les mefchans blafmez
fans crainte, à fin que les richeffes foient
contemnees, comme innutiles apres elle,
mais principallement à fin que les bons foiét
perpetuellement heurcux, & les mefchans
perpetuellemét malheureux. C'eft là la confolation qui adoucift nos trauaux, & nour-
rift noftre patience, de l'efperance, ou pluftoft affeurance d'vne vie fans fin, & fans
borne, qui nous attend quand nous fortons
d'icy, à laquelle pleuft-il à Dieu que nous
penfaffions tous les iours, toutes les heures, &
tous les momens, nous trouuerions en cefte
meditation vn fuffifant reconfort à nos aduerfitez, vne feante moderation en nos
profperitez. Mais helas, nous en reculons le
plus loin que nous pouúons la penfee, & qui
pis eft, beaucoup la decroient du tout:&vou
droient volontiers n'eftre plus apres la mort,
de peur d'eftre comme ils meritent. Ils font
ce qu'ils peuuent, pour faire mourir leur
ame aúec leur corps, & vont emprunter des
raifons chez les Philofophes anciens, pour
combattre & renuerfer l'vnique but, le feul
loyer, & la derniere fin de la philofophie.
Pour moy, i'eftime ces gens-là affez punis par
leur maligne opinion, qui leur rauift d'en-

tre les mains l'vnique esperance, qui adoucit &assaisonne ceste fascheuse &amere vie:
& dirois volontiers, que lon les laissast estre
malheureux, puis qu'ils le veulent estre. Mais
il semble que vous m'ayez imposé la charge
de leur reprocher leur erreur, & les condam-
ner par leurs propres raisons. Car pour autre
sujet ne me pouuez-vous auoir prescrit de
clorre ce discours par le recit des derniers
propos de ce bon vieillard, que pour les con-
uaincre de leur aueuglement par la lumiere
d'vn si bel esprit. Pour vous, ie sçay que
vous ne desirez ny preuue ny esclaircisse-
ment de ce poinct, vous, dy-ie, qui non seulement le croyez, l'affermez, & publiez,
mais en faites quasi la preface & la con-
clusion de tous vos propos, & de toutes vos
actions. Tellement que le discours vous en
seroit inutil &ennuyeux, sinon que vous ayez
accoustumé de vous en seruir, comme les
Egyptiés de leur secletos, &que vous ne vous
puissiez leuer de table sás ouïr parler de l'immortalité de l'ame, non plus qu'eux de la
mort du corps: ou peut-estre, comme la memoire de ce personnage vous est fort chere,
vous desiriez de la rafreschir par la recordatiõ
d'vne si belle fin. Ie rapporteray doncques au
plus pres qu'il me sera possible ce qu'il nous
discourut sur ce sujet, le iour auparauant

L iiij

que Dieu le retira d'icy, comme de deſſous la
ruine de ceſt Eſtat. Ce bon vieillard auoit
paſſé toute ſa vie au Palais, ayant lors atteint
ſoixante & quinze ans. Il auoit veu beaucoup de mouuemens en ce Royaume, qui en
auoient troublé le repos: mais il n'y en auoit
encore point veu qui menaçaſſent la ruine,
& diſſipatiõ de l'eſtat. Le Roy l'ayãt mandé de
ſa maiſon de Celi pour vn affaire de grande
conſequẽce, & qui regardoit les remuemens
qui nous ont depuis tant trauaillez, ayant
par le diſcours de ceſt affaire preueu les miſeres qui nous deuoient accueillir, en con-
ceut vne grande melancolie: de ſorte que ceſte faſcherie donnant atteinte à ſa ſanté ja
debilitee par l'aage, il en tomba malade. Durant ceſte maladie il eſtoit viſité des plus
celebres hommes de la ville: pource que ie
luy eſtois voiſin, & que ie l'aimois & l'hono-
rois fort, i'y allois ſouuent. Le iour auant
qu'il mourut s'eſtant trouué bon nombre de
gens doctes pres de luy, & luy ſe trouuãt plus
coy qu'il n'auoit accouſtumé, ſe meûrent
pluſieurs propos meſmes de la condition des
gens de bien, qui eſtoient appellez au grandes charges, laquelle eſt quaſi touſiours
miſerable, eſtant leur vertu ſalariee d'en-
uies & de faueurs pour les plus douces re-
compenſes, & d'iniures & d'outrages pour les

plus ordinaires. Quelqu'vn vint à dire,
qu'encore la religion, en laquelle nous e-
ſtions nourris, nous dõnoit beaucoup d'auãtage par deſſus les anciens; nous propoſant
le loyer de nos labeurs en l'autre vie, & nous
faiſant cognoiſtre que la meilleure partie de
nous ſuruit noſtre corps , voire que noſtre
corps meſmes ne pourrit que pour germer
& ſe renouueller vn iour en vne plus heureuſe vie, en laquelle la vertu doit receuoir
la courõne qu'elle aura meritee, où les autres
qui n'ont eſté eſclairez que de la ſombre lumiere de nature, n'ont peu penetrer par diſcours, ny eſtendre leurs eſperãces plus auant
que la mort, ny par conſequent auoir autre
conſolation que celle de ce monde , qui eſt
certainement bien petite. Ce bon ſeigneur
leuant la teſte de deſſus le cheuet , & s'ap-
puyãt ſur le coude : Ie me ſuis, dit-il, entre-
tenu vne partie de la nuiĉt ſur ce ſujeĉt , &
apres y auoir bien reſué, i'ay conclu que c'eſt
la plus forte & plus certaine conſolation, que
nous puiſſiõns prendre, que l'aſſeuran ce d'vne
ne ſeconde & plus heureuſe vie. Et bien
que noſtre foy nous la donne, & que l'eſprit
de Dieu nous l'ait ſpecialement reuelee, ſi ne
penſé-ie pas que les Philoſophes anciens l'a-
yent ignoree, & que ce qu'ils on eu de vertu
ait manqué de ceſte conſolation , ſinon

qu’ils l’ayent voulu rejetter, quand la nature de ſa propre main la leur a preſentee : & croy que ſi ie vous pouuois ramener tout ce qui m’en a paſſé ceſte nuict par l’eſprit, que vous le cõfeſſeriez ainſi. Lors ſe diſpoſant de contenance & de parole, comme il auoit accouſtumé quand il vouloit continuer vn propos, nous nous diſpoſames auſſi auec vn grand ſilence à l’ouïr, & il pourſuiuit à plus pres en tels mots.

De toutes les choſes du monde, en la cognoiſſance deſquelles nous pouuõs faillir, il n’y en a point dont l’ignorance ſoit plus pernitieuſe & dommageable, que de l’eſtat de noſtre ame apres ceſte vie caduque & mortelle. Car de là deriue vne flotante anxieté & miſerable iniquietude, qui faict que les hómes ne trouuant rien en ce monde d’heureux, & n’attendant rien apres ce monde de certain, penſent eſtre enuoyez ça bas comme à vn fatal tourment où ils doiuent viure & mourir mal-heureux. Ils haiſſent leur vie, & craignent leur mort : & de peur de tõber en ce qu’ils craignent, ils embraſſent ce qu’ils mépriſent. Comme faiſoit ceſt Vlyſſe dans Homere, qui ſe ſauuant du naufrage accolloit vn figuier ſauuage, non pour ce qu’il l’aimaſt, mais de peur qu’en le laſchant il ne cheuſt dans la Charybde, qu’il voyoit au

deſſous. Au contraire, ceux qui ont abreuué
leur eſprit de ceſte vraye & certaine cognoiſſance, que l'ame n'eſt icy qu'en pelerinage, s'acheminant à vn autre plus heureux
domicile, ne prennent pas le loiſir de ſe
plaindre des eſpines & des ronces qui les eſ-
gratignent en paſſant, ny à cueillir & bou-
queter les fleurs qui s'y preſentent : mais em-
portez d'vne viue ardeur de trouuer vn tel
giſte, ils broſſent au trauers, & negligent
tout ce qu'ils rencontrent, ſinon tant qu'il
leur eſt neceſſaire pour leur voyage. Or ne
croiray-ie iamais que ceſte puiſſance ordinaire de Dieu, que lon appelle cõmunémét nature, qui en toutes autres choſes a eſté tãt fauorable aux hommes, leur ait denié en quelque ſiecle que ce ſoit, la cognoiſſance de ce
qui eſtoit plꝰ neceſſaire pour leur bié, & pour
acquerir la perfection de leur eſtre; pluſtoſt
eſtimeray-ie, que ceux qui ont nié ceſte immortalité, ſoient de ceux que la parole de
Dieu prononcee par ſainct Paul declare
inexcuſables, pour auoir eu les degrez des
choſes viſibles ſuffiſans à monter aux inuiſi-
bles, s'ils n'euſſétmieux aimé s'en ſeruir pour
deſcendre, que pour monter : gés ambicieux
à leur miſere, qui ont oſté la force au diſcours
qui les peut rendre heureux, pour la donner
à celuy qui les veut rendre mal-heureux.

Ie ne voudrois, ce me femble, pour les con-
ueincre que produire contre eux l'opinion
commune de tous lespeuples du monde, lefquels en quelque fiecle qu'ils ayent vefcu,
quelque endroit de la terre qu'ils ayent ha-
bité, quelques mœurs, & quelques couftu-
mes qu'ils ayent obferué, ont eu pour fondement de leurs actions, polices & focietez
ciuiles, cefte creance, que leur ame furuiuoit
leur corps, & n'eftoit point fujete à la mort.
Autrement pour quoy euffent-ils deïfié,
comme ils ont faict, les plus celebres d'entre
eux, inftitué tant d'hônorables ceremonies
en leurs memoires? Les Indiens & les Druy-
des ont efté eftimez entre les anciens payés
les deux plus fages nations, & qui auoiét plus
profondement fouïllé au fein de la nature,
& puifé les plus hauts fecrets de la fapience:
ils cognoiffoient ſi certainement cefte immortalité, qu'ils couroiét à perte d'haleine à
cefte mort corporelle, qui en eft l'entree, &
fe iettoient & precipitoient gayemét à toutes les honnorables occafions, qui les y pouuoiét reporter. Cefte opnion a eu diuers effects en diuers peuples, mais elle a efté en
tous. Et fi par exceptió s'en eft trouué quelques vns, qui ayent creu le contraire, quand
ils ont hanté & frequenté les autres, ils font
reuenus à ceft aduis. Ce qui fait bié cognoi-

ftre; que cefte creance eft nee auec l'homme : partant naturelle , partant droite, &
veritable : car là nature vniuerfelle, & qui
n'eft point corrompuë par noftre vice particulier , ne nous fuggere que de faines & pures opinions. Comme elle n'addreffe noftre
appetit, & celuy des autres animaux, qu'aux
viandes qui font propres à les nourir : auffi
n'encline-elle noftre entendement, finon à
comprendre la verité, & y confentir comme à fon vray obiect & aliment, & laquelle
luy eftant reprefentee, s'applique à luy, comme l'image s'engraine au moule, fur lequel
elle a efté premierement iettee. Mais pource que ces gens-là meprifent pour la plus
part les iugemens populaires, & péfent que
la verité n'habite point parmy le vulgaire:
ains croyent que la nature l'a enfouye bien
profondement en terre, où il la faut trouuer auec la verge diuine de la philofophie,
& la tirer auec les fueurs d'vne profonde &
laborieufe meditation ; faifons retirer les
peuples & les natiós, & leur exhibons feule-
mét ceux qui ont emporté la gloire par tous
les fiecles d'eftre & les plus fages & les plus
fçauans. Pithagoras, Solon, Socrates, Platon, Ariftote, & tant & tant d'autres , que
pour les nommer tous il faudroit autant de
temps, comme il y en a qu'ils ont vefcu, ne

nous ont pas laissé seulement en la memoire des hommes le tesmoignage de ce qu'ils
en ont creu, mais mesmes ils l'ont consigné
en leurs escrits: voire qu'ils ont posé ceste maxime de l'immortalité de l'ame, comme le
centre de la philosophie, auquel venoient
aboutir toutes les autres reigles, & tout ce
que iamais se pouuoit introduire d'honneste
& de salutaire, pour la conseruation de la vie
ciuile, & specialement pour ceste autre partie, apres laquelle ils ont tant trauaillé, qu'ils
appellent la tranquilité de l'ame. S'il y auoit
donques quelque doute en ce fait-là, si est-
ce que le tesmoignage de tels personnages
si concordans en cela, l'auroit esclairci, &
deuroit ramener à ceste opinion ceux qui
font tant de cas d'eux, lesquels se deuroiét
laisser vaincre par l'authorité de ces grans
genies de nature, puis que mesmes en ce faisant ils rendent leur condition meilleure.
Mais industrieux à leur propre mal pour al-
leger l'authorité de ces grans hommes
là, ils disent, qu'ils ne font cas que des
raisons, lesquelles ils veulent separer des
personnes, à fin de les peser toutes pures, &
que la verité ne soit point en ceste question
balancee ou enleuee par le poids du nom ou
renõ de ses autheurs. Et pource veulét-ils as-
sujetir ce discours aux reigles de l'escole, &

demandêt, que lon leur demonſtre ce qu'on
leur veut faire croire. Ils voudroient volontiers, que lon les menaſt quaſi par les ſens
à la cognoiſſance de ce qu'on leur propoſe, ou pour le moins par les maximes qu'on
recueille des ſens, on leur concluſt ce qu'on
leur veut perſuader : trop iniuſtes en cela,
& peu conſiderans la nature de ce qu'ils
traitent. Il faut du diſcours pour cognoiſtre les choſes, dont les formes ſont noyees en
la matiere : il faut lors ſe ſeruir des ſens, &
par le moyen de ce que nous touchons &
voyons venir, comme par degrez, à l'intelligence de ce qui eſt plus eſloigné : mais vouloir comprendre la nature de noſtre ame
de ceſte façon, c'eſt ne la pas vouloir cognoiſtre. Car eſtant ſimple , comme elle eſt, il
faut qu'elle entre toute nuë en noſtre entendement, ayant à remplir toute la place, tout
ce qui l'accompagneroit & l'empeſcheroit.
Es choſes meſmes ſenſibles, dont le ſens eſt
fort aigu , le ſentiment ſ'en fait ſi ſoudain,
qu'il nous fait perdre la cognoiſſance de la
façon dont il ſe fait. Auſſi des choſes intelligibles, celles qui ſont toutes pures occupent
ſi promptement noſtre entendement, que
vous ne pouuez dire ſinon qu'elles ſont, mais
vous ne pouuez dire comment : car elles ne
ſe font pas cognoiſtre par teſmoignages em-

pruntez, elles se manifestent d'elles mesmes,
& sont plus cognües que tout ce qui les veut
recommander. Et pource le vray moyen de
cognoistre la nature de nostre ame, c'est de
l'eleuer par dessus le corps, & la retirer toute
à soy: à fin que reflechie en soy-mesmes, elle
se cognoisse par soy-mesmes. Toutefois s'il y
en a de si opiniastres, qui ne la veulent voir
que noyee dans la chair, & iuger sa grandeur par l'ombre de ses effects, comme ils
font la Lune par l'ombre de la terre : si est-
ce qu'au trauers de ceste sombre & pe-
sante masse qui l'enuelope, elle jette des e-
stincelles, voire des flammes si viues de son
immortalité, qu'il faut que ceux qui la
regardent, confessent ou qu'ils la voyent, ou
qu'ils sont aueuglez. Il voyent que ce rayon
de diuinité enuelopé dans ce petit nuage de
chair, jette sa lumiere d'vn bout à l'autre
du monde : apres auoir mesuré ce qui est fi-
ny passe iusques à l'infiny, comprend les
formes de toutes choses, & s'y trásforme, reçoit les contraires, le feu & l'eau, le chaud
& le froid, sans s'alterer ny corrópre. Comment donc peuuét-ils presupposer quelque
matiere en celle qui a de telles actions, veu
que toute matiere est finie & bornee par
certaines dimensions, ne reçoit rien plus
ample que soy, n'est capable que d'vne seule

forme

forme substantielle, & ne peut contenir en
mesme temps choses contraires? Si elle n'est
point materielle, comme seroit elle mortelle, veu que la mort par leur dire mesme n'est
autre chose que la separation de la matiere
d'auec la forme? & si, comme d'autres, ils la
definissent le bout du mouuement, où le
trouueront-ils en l'ame? Car nous voyons
que la volonté, qui est sa principale partie e-
stant libre, comme ils la recognoissent eux
mesmes, & ayant par consequent en soy le
principe de son mouuement, qui la luy peut
oster? Rien ne se donnant volontairement
fin à soy-mesmes, ce qui se meut à sa volonté
se meuuera tousiours, & par consequent
n'aura point de fin de duree, mais seulement
fin de desir & d'intétion, qui ne se borne que
par l'infinité. Et quant à l'entendement, qui
est l'autre principale partie, ou plustost vertu de l'ame, ne le voyons nous pas sortant de
soy-mesmes, embrasser toutes choses, & puis
reuenir en soy-mesmes; & par ceste conti-
nuelle reflexion, comme par vn mouuement
circulaire, tesmoigner qu'il n'a point de fin?
Ce qu'il tesmoigne encore aussi clairement
par la nature des obiects, qu'il choisit pour
son exercice ordinaire, & par maniere de dire, pour sa nourriture & son aliment. Car il
ne se repaist ne s'entretient sinon de la co-

M

gnoiſſance des choſesvniuerſelles,des idees, & des eſpeces, leſquelles les Philoſophes conſtituent immuables & immortelles. Les ſens, qui ſont inſtrumens corporels meſlez parmy la matiere corruptible, s'arreſtent bien aux choſes particulieres, & conſiderent chaſque obiect, ſelon les qualitez fluantes & periſſables : mais l'entendement contemplant ce qui eſt de la vraye nature & eſſence des choſes, comprend ce qui eſt general & egalement diffus en tous les particuliers & indiuidus,comme vn eſtre ſtable , permanét & immuable. Or faut-il que toutes choſes qui ſont nees pour agir, ſoient proportionnees à leur object : en vain trauailleroit l'ouurier ſur vne matiere plus forte que ſon outil:en vain dóneriez vous à digerer & à comprendre à vne choſe corruptible &mortelle, choſes incorruptibles & immortelles. Et quoy?ce deſir inſatiable d'apprendre, qui eſt naturel à noſtre entendement, ne nous teſmoigne-il pas le ſemblable ? Qui eſt-ce qui a iamais tant veu,tant cogneu,tát appris,à qui la ſcience n'ait rallumé & augmenté le deſir de ſçauoir, au lieu de l'eſteindre & appaiſer? Quand i'aurois (diſoit cet ancien ſage) vn pied dans la foſſe , ſi voudroy-je apprendre. Qu'eſt-ceà dire?C'eſt que l'appetit de noſtre eſtomac ſe peut bien aſſouuir, pource que la

nature l'a proportionné à vne chofe finie,
qui font les viandes neceffaires pour noftre
nourriture:mais celuy de noftre ame fe monftre infatiable en ce monde, pour ce qu'elle
l'a proportionné à la verité eternelle, de laquelle le corps luy empefche la libre iouïffance en cefte vie,ne luy donnant pour la re-
cueillir que le vaiffeau des Danaïdes, qui
n'en peut pas beaucoup receuoir à la fois, &
encores eft percé au fonds de ce miferable
pertuis d'oubliance, par où s'efcoule la plus
part de ce qu'elle en reçoit. Tellement que
toute la vie de l'homme, fi vous confiderez
exactemét les actions de ceux, qui fe gouuernent par la droite raifon, n'eft autre chofe
qu'vn effort & contention de l'ame,laquelle
tafche tant qu'elle peut à reparer cefte fluan-
te mortalité du corps, par la participation
des chofes eternelles, à la iouïffance defquelles elle le rameine le plus qu'elle peut.
Elle voudroit volontiers luy eternifer la vie
n'en pouuant venir à bout par la nature, elle
y employe l'art & l'induftrie, & luy procu-
re par la gloire & par le renom vne continuation de vie en la memoire des hommes. Et pour ceft effect nous la voyons ordinairement iettee & aduancee fur l'aduec-
nir, preuenant de penfee le temps qui fera a-
pres la mort du corps, comme nous faifons

icy le lendemain du iour où nous viuons : &
se pouruoyant de loüange & de gloire, comme de munitions conuenables pour vne vie
heureuse & glorieuse, à laquelle elle aspire.
Il est trop aisé à iuger, que si nostre ame ne
pre-sentoit asseurément son estre aduenir,
elle ne s'empescheroit point de desseins qui
tendissent plus loin que ceste vie corporelle : & pour y paruenir ne voudroit point en
tout cas hazarder si librement ceste vie tem-
porelle, apres laquelle elle n'attendroit plus
rien. Quiconques ayent esté ceux qui ont si
courageusement prodigué leur vie en telles
occasions, (or y en a-il eu infinis en tous les
siecles) & qui se sont par maniere de dire
eux-mesmes immolez sur l'autel de la gloire ; ils ont en mesprisant la mort donné vn
signalé tesmoignage à l'immortalité de leur
ame. Et ne se sçauroit-on imaginer, qu'ils
ayent ainsi librement accourcy leur vie pour
croistre leur honneur, qu'ils n'ayent esté asseurez en eux-mesmes d'en iouïr apres la
vie : ny qu'ils ayent si franchement quitté les
douceurs de ce monde, qu'ils n'ayent eu
quelque bon gage de la recompense qu'ils
en attendoient en l'autre. Quand l'ame se
vient à eleuer sur les aisles d'vn genereux
desir, & qu'elle passe de ceste region obscure,
& nubileuse, qui enuironne la terre, à celle

plus haute, plus pure & plus seraine, qui approche du ciel, elle recognoist en soy-mesmes beaucoup de belles remarques de son
estre, & des traits du grand Ouurier qui l'a
creée à son image, & y a imprimé la figure de
la diuinité. Ce que ie ne dy point seulement
pour l'auoir appris de l'oracle de verité, mais
le dy apres ceux qui ne l'ont appris que du liure de la nature mesme. Car Platon, & beaucoup d'autres deuant luy, & plusieurs autres
apres, discourant de la creation du monde &
de ses parties, ont bien dit que les autres animaux auoient esté creez par les moindres
dieux: qui veut, à mon aduis, dire les Anges,
comme par des causes secondes, lesquelles
pour estre desia aucunement esloignees du
premier estre, ne le leur ont peu communiquer parfaictement. D'autant que ceste
communication n'est qu'vn prest de leur
vertu, separee & des-vnie de la premiere
masse, & par consequent aucunement im-
parfaite. Mais quant à l'ame de l'homme, ils
confessent que Dieu seul l'a creée, & partát
dependant sans moyen de l'estre parfaict, elle participe à sa perfection, & est exempte de
corruption en sa substance, & par cósequent
de mort. Et cela certainement estoit-il bien
raisonnable & conuenable à ce grand Architecte, qu'ayant basty ce bel ouurage du

monde, digne de porter le nom mefme de la beauté, puis qu'il fe retiroit hors de la veuë de fes œuures, il y laiffaft fon image, comme vne ftatuë animée, qui conferuaft, & exigeaft de ceux qui la verroient, l'honneur & la reuerence deuz à ce fouuerain Architecte & feigneur de l'Vniuers. Or faut-il qu'vne image faicte par vn bon maiftre, rapporte quelque chofe à toutes les parties du fujet qu'elle imite: en quoy pourroit-elle imiter l'eternité de Dieu, que par l'immortalité de fon ame? puis qu'elle ne peut eftre de mefme, c'eft à dire, n'auoir point eu de commencement, en quoy luy peut elle reffembler, que de n'auoir point de bout, qui eft à dire, eftre immortelle ? Puis que Dieu auoit côpofé l'Vniuers de deux differentes parties, l'vne intelligible & l'autre fenfible, l'vne corruptible & l'autre incorruptible; il falloit pour les lier & affembler vn entre-deux, qui participaft de la nature de l'vn & de l'autre. L'homme par vn excellét artifice a efté fait la piece du milieu, & pource concurrent en luy les perfections de toutes les deux parties, l'vne intelligible, & l'autre fenfible. Il a par le moyen du corps les plus excellentes qualitez, qui foient és chofes fenfibles & corruptibles : & par le moyen de l'ame les plus excellentes conditions qui foient aux intelligibles & incorru-

ptibles. Et bien que par ce meſlange ce qui
eſt de cœleſte en luy, ſoit deprimé & comme
peſtry auec la terre, & abbaiſſé voire affaiſſé
par le contre-poids de la chair, ſi ne laiſſe-il
pas de monſtrer par vn continuel effort ſa
nature, le lieu de ſon origine, ſon inclination,& la fin de ſon deſir, qui tend certainement touſiours à la diuinité,& à poſſeder dés
ceſte vie preſente les beatitudes que nous
remarquons en Dieu. Certainement il ne
deſireroit iamais ceſte diuinité,& n'y aſpire-
roit pas, s'il ne la comprenoit, & ne la com-
prendroit iamais, ſi ce dont il la comprend
eſtoit mortel, & periſſable. Car quelle proportion y auroit-il de la mortalité à l'immortalité? Or voyons vn peu ce que l'entendement de l'homme en côprend, ce que ſa volonté en deſire, & il faudra, quel qu'il ſoit,
qu'il confeſſe qu'ils ſont immortels. Contemplons, dy-je, vn peu d'icy bas parmy ces
eſpeſſes tenebres du monde, auec nos yeux
de chats-huãs, la lumicre de la diuinité:con-
ſiderons les perfectiós dont elle eſt reueſtuë,
& par leſquelles comme par les veſtemens
nous la recognoiſſons &remarquons,ne verrons nous pas incontinent que ce ſont toutes choſes, apres leſquelles l'homme court
naturellement, & trauaille inceſſamment
à les acquerir, n'a plaiſir qu'à les poſſeder

& iouïr? Dieu est la souueraine bonté. Que
desire l'hôme, à quoy trauaille-il qu'au bien?
si mesme ses affections sont peruerties, &
qu'elles s'adonnent au mal, elles luy dônent
le nom de bien, & protestent qu'elles ne le recherchent sinon entant qu'elles le pensent
estre bien. Ostez à quelque chose que ce soit
le nom de bien, il n'en tiêdra plus conte: tant
de soy-mesmes il recognoist estre nay pour
le bien. De sorte que tout ce qui le veut atti-
rer, en doit auoir ou l'essence, ou l'apparéce.
Dieu est la souueraine sagesse. Qui est l'homme, qui ne vueille estre tenu pour sage, qui
ne fuye la reputation d'estre fol? qui ne se
gouuerne auec le plus de prudence qu'il
peut? qui ne cherche de l'ordre & de la disposition en toutes choses? qui ne se resiouïsse
en soy-mesmes, quand il le peut trouuer? qui
ne louë, n'estime & n'admire ceux qui abon-
dent en ceste sagesse, comme approchans
plus pres de l'excelléte fin, à laquelle l'homme est né? Dieu est la souueraine puissance.
Que souhaite l'homme d'auantage que l'authorité & le commandement? Chacun aspire naturellement à commander: & ceux qui
le sçauent bien faire, sont honorez entre les
hommes, côme vne espece de demy-dieux,
enuoyez çà bas pour la conseruation & dire-
ction du monde inferieur. Dieu est la souue-

raide verité. A quoy est bãdé l'entédemẽt de l'hõme qu'au vray? à quoy se plaist-il, à quoy acquiesco-il, sinõ à la cognoissance de ce qui est vrayement? Le faux mesmes n'y est receu que sous le nom de vray, & n'y a personne si mal-né au monde, qui ne se fasche d'errer, d'ignorer, d'estre trompé: & au contraire, qui ne sente du plaisir & du contentement à sçauoir & apprendre. Et certainement on peut dire, que la verité est la forme de nostre entendement: car il n'entend & ne cognoist que tant qu'elle est en luy. Dieu est tout, & tout est en Dieu: l'homme desire estre par tout, s'il n'y peut porter son corps, il y porte son esprit. Entant qu'il peut il met tout en soy, & se remplit des formes & des idees de toutes choses. Dieu est autheur de tout, & se plaist à faire tout: l'homme n'a point de plus grand plaisir en ce monde, qu'à produire beaucoup de choses, & n'y a rien qui le resiouïsse tant que ce qui sort de luy, soient enfans, soient ouurages, soient inuentions. Dieu est tousiours: & l'homme ne craint rien tant que de finir, & ne souhaite rien tant que de perpetuer son estre: il cherche à le faire par la conseruation de sa vie, n'en pouuant venir à bout par là, il l'essaye par la continuation de sa posterité; & iugeant encore ce moyen-là trop debile, il le tente par l'acquisition d'vne grande & glorieuse renommee. Dieu administre tout iustement: l'homme aime, reuere & recherche la iustice, comme le seur & seul lien de la vie & societé ciuile. C'est vn grand cas, comme l'amour en est naturel à l'homme: ceux mesmes qui corrompus ne la veulent pas pour soy, l'honorent en autruy. Dieu en son gouuernement perseuere tousiours en vn mesme dessein: & l'homme en ce qu'il entreprend en veut venir à bout, il ne se laisse vaincre ny par difficulté, ny par trauail. C'est chose estrange de ce qu'endurent les hommes, pour conduire à fin leurs entreprises. Dieu vit vne vie abondante, opulente, & plaisante: l'opulence & le plaisir sont les souhaits ordinaires des hommes. Dieu se contemple soy-mesmes, & s'admire: l'homme se considere soy-mesmes, s'esmerueille de son excellence, se prise plus que toutes les autres creatures, & met toute son estude à se parer & honorer, & faire paroistre ce qui est d'excellent en luy. Bref vous ne sçauriez rien imaginer en ce grand & souuerain Createur, dont vous ne recognoissiez l'homme estrangement desireux, & ne voyez que ses mouuemens bandez à l'acquerir, & à s'vnir & conformer autant qu'il peut, à ceste aisnee & incomprehensible diuinité. Ce qui a faict

escrier auec estonnement l'ancien Zo-
roastre,

O homme, que tu es vn tres-hardy ouurage!

Comme ne pouuant comprendre qu'en
ce bas & mortel monde, parmy la fange &
l'ordure il se peust trouuer vne si puissante
nature, qui s'esleuast iusques par dessus les
cieux, & par la cognoissance de tant de choses, & imitation des actions diuines, quasi se
deifiast soy-mesmes en ceste vie. Mais il deuoit auoir appris d'vn plus ancien que luy,
que ce qui se réd si esmerueillable en l'homme, n'est rien qui tienne de la terre, ny de
ceste basse & corruptible demeure : c'est
vne diuinité comme bannie & exilee pour
vn temps du ciel son vray domicile, qui vague & erre çà bas dans nostre corps, fait cô-
tinuellement son effort pour paruenir à son
vray sejour, & se relancer à ceste heureuse
& celeste habitation, de laquelle selon qu'elle s'approche plus pres, plus diuine se mon-
stre-elle. Pourquoy penseriez-vous, ie vous
prie, qu'és derniers iours de nostre vie en
ceste agonie & lutte, que l'ame fait auec le
corps, nostre esprit ait plus de force & de
vigueur, ordonne plus prudemment &
plus sainctement de toutes choses, preu-
oye plus certainement l'aduenir, le pre-
dise & prophetise, sinon pource qu'il com-

mence à se rapprocher de son origine, à se
rejoindre à cest estre immortel, & participer
à la verité eternelle. N'obseruez-vous pas
que les pierres qui tombent d'enhaut, plus
elles s'approchent de la terre, & plus elles
descendent viste: le feu au contraire qui mô-
te vers le ciel, plus il est eleué, & plus il haste
son vol : pource que naturellement chaque
chose plus elle se sent pres de son repos, & de
ce qu'elle desire, & plus s'y meut-elle &
pousse-elle vigoureusement. Ainsi nostre
ame estant sur le poinct comme de ren-
trer en sa sphere, & se reioindre à la diuinité, se monstre plus diuine, rauiue ses forces, & redouble sa vertu. Or ce qui a tant de
diuinité, & tend perpetuellement à la sour-
ce de la diuinité, qui doutera qu'il ne soit immortel ? Donc l'immortalité de l'ame reluit
en toutes ses actions. Mais quand autre
chose ne la tesmoigneroit, la Prouidence diuine la monstreroit euidemment. Car puis
qu'il y a Prouidence, dequoy ie croy que
ceux qui ont des yeux, quand bien ils n'au-
roient point d'entendement, ne peuuent
douter, il faut qu'il y ait vne iustice au monde : s'il y a iustice, il faut que les bons soient
recompensez, & les mechans punis. Ils ne
le sont pas tousiours en ceste vie, où nous
voyons souuent les gens de bien viure en

pauureté, & mourir en peine : & au contraire les mechans viure en delices, & mourir en repos. Il faut donques que les ames
viuent apres le corps, pour receuoir le loyer
ou la punitiõ de leurs bonnes ou mauuaiſes
actions. Les mechans veulent eſtoufer par
diſcours le reſſentiment que l'homme a de
l'immortalité de ſon ame, mais ils ne peuuét
par effect. C'eſt vn rayon de lumiere, que
la nature a allumé en noſtre cœur, qui ſert
de fanal à la vertu, pour la guider parmy ces
tenebres mortelles ; & de flambeau furial à
la meſchanceté, pour anticiper ſes meritez
tourmens. Nous autres Chreſtiens ſommes
à la verité en cela principalement bien plus
heureux que les payens, que Dieu ne ſeſt
pas contenté de ce que nous pouuions apprendre de l'immortalité de nos ames, par
le liure commun de la nature, & à l'aide de
noſtre foible raiſon : mais nous en a voulu
luy-meſmes confirmer le teſmoignage par
ſa propre parole, & enflammer en vne claire & pleine lumiere les premieres eſtincelles de ceſte eſperance naturelle. O bonté
diuine, vous auez preſenté aux autres la verité comme voilee & enuelopee, mais pour
nous vous l'auez fait deſcendre du ciel toute
nuë, & decouler en nos eſprits par les ca-
naux de voſtre ſaincte parole. Heureuſe

& admirable parole, qui nous ſuggere en vn moment tout ce que les veilles de tant d'annees ont peu acquerir de plº beau aux eſprits des plus ſçauans philoſophes. Parfaite ſcience, qui ne laiſſe plus lieu de douter apres ſes preceptes : excellente diſcipline, dont les reigles ſont tous principes, qui ſe perſuadent ſoy-meſmes. D'elle nous apprenõs que nos ames ſont creées & parties de vos mains, & decoulees en nos corps pour les couduire & gouuerner. Que nous ſommes colloquez icy comme en vn magnifique temple, pour y contempler voſtre toute-puiſſance, reuerer voſtre infinie bonté, entendre voſtre ſaincte volonté, & y obeïr. Que ceſte vie n'eſt que l'apprentiſſage de nos ames, leſquelles apres le temps & les labeurs qui leur ſont ordonnez, doiuent eſtre leuees de garde, miſes en liberté, & renduës au repos eternel, où elles trouueront dequoy aſſouuir ce deſir de diuinité, dont elles ont eſlancé icy les premieres pointes au trauers de ceſte peſante & empeſchante chair. D'elle apprenons-nous dauantage, que non ſeulement nos ames apres ceſte vie en trouuent vne autre plus heureuſe: mais nos corps meſmes pourriſſans icy comme le grain dans la terre, germeront en nouueau fruict, & ſe renouuelleront en eſtat de gloire & de perfection. Pour cela la Diuinité descendant du ciel, s'est derechef meslee parmy la chair, pour remouler & repaistrir nostre humanité, difformee & desiguree par le peché : s'est rejointe auec nous, pour nous pouuoir retirer auec elle : s'est humiliee, à fin de nous exalter : a viuifié son humanité apres la mort, pour viuifier en nous l'esperance de ceste glorieuse resurrection, dont elle a voulu estre les primices, & par laquelle nous serons introduits en l'heritage de gloire, receuans & en l'ame & au corps la splendeur incomprehensible de la lumiere eternelle. Mais le passage pour arriuer là c'est la mort. Mort desirable, puis qu'elle nous fait changer de vie auec tant de profit. Mort, non mort, puis que c'est le commencement de la vraye vie, & que nous ne sommes dans ce corps, que comme le poussin dans la coque, qu'il faut casser pour esclorre, ou comme l'enfant dans la matrice, qu'il faut quitter pour venir au iour. Laissons la craindre à ceux qui pensent que tout perit auec le corps, ou à ceux qui attendent apres elle la peine de leurs meschancetez. Et puis que nous auons tant de tesmoignages & si certains gages de nostre vie future, & sommes asseurez que mourans icy en la crainte de Dieu, en la foy de son Fils bien-aimé, & confiance de sa bonté, nous deuons reuiure là haut, & entrer en gloire auec luy au thrône de sa diuinité, passons allegrement, & deposons librement le fardeau qui nous empesche & arreste, comme nous ferions des habits profanes à l'entree d'vn sainct temple. Quant à moy, mes amis, ie me sens tantost arriué à ce port, auec vne grande consolation de mes afflictions passees, & pre-sentiment de la felicité que i'attens. I'ay flotté au monde en de grandes & dangereuses tourmentes, elles ont agité mon ame, mais elles ne l'ont peu, graces à Dieu, renuerser. Ie sçay bien que la condition de l'infirmité humaine m'a, comme elle fait tous les autres, fort esloigné de la perfection que Dieu desire en nous: mais pour le moins ne m'a-elle iamais fait perdre la ferme & constante volonté d'auácer son honneur & sa gloire, ny rien rabatre de l'affectió qu'vn bon citoyen doit à son païs. Ma consciéce me réd ce tesmoignage, & ce tesmoignage me rend la mort douce &agreable. Ie voudrois bien à mon dernier souspir faire encor quelque seruice au public, mais n'en ayant outre moyen, ie me retourneray vers vous, qui estes de mes meilleurs amis & des siens, & pour le dernier office que ie puis rendre à vne si saincte amitié, ie vous coniureray, que puis que vous demeurez icy pour

clorre

clorre la fin d'vn miferable fiecle, vous affer-
miffiez vos efprits par belles & conftantes
refolutions, afin de fouftenir courageufemēt
les efforts de la tempefte qui menace cet E-
ftat, & vos fortunes particulieres. Car tous
les âges paffez ont peu veu de miferes & calamitez, que vo⁹ ne deuiez voir en vos iours.
Le dedans, le dehors de ce Royaume, les
grands & les petits, font tous comme furieufement pouffez à fa ruïne & defolation. Vous
ferez tout eftonnez vn de ces iours quand
vous verrez les loix renuerfees, le gouuernement changé, tout mis en confufion, ceux
qui gouuerneront auec deffein de fe perdre
eux & leur païs, & qu'il ne fera pas permis
aux gens de bien d'ouurir la bouche & donner vn bon & falutaire confeil. Souuenez-
vous lors que vous eftes hômes, & que vous
eftes François. Que voftre courage ne s'en-
fuye pas auec voftre bon-heur. Fichez-vous
au droiæct & à la raifon, & fi la vague a à vous
emporter, qu'elle vous accable le timon encore en la main. Voicy le téps qu'il faut pre-
fenter l'eftomac à la fortune pour la defenfe
de l'eftat, & couurir de fon corps celuy de fa
patrie. Sans doute cefte ruïne ne fe peut euiter fans vn grand & genereux courage de
ceux qui s'y oppoferont, ce que tous les gens
d'honneur à mon aduis doiuent faire. Vous

N

sçaurez biẽ toutefois temperer par prudence, ce qu'vne obstinee austerité ne feroit
qu'aigrir & empirer, & suiure le destin sans
abandonner la vertu. Vous courrez en bien
faisant de grands hazards, & souffrirez beaucoup d'iniures: mais que vous peut-il arriuer
de si estrange ou horrible, que l'esperance du
souuerain bien auquel ie vous vay deuancer,
n'adoucisse? Voila quasi les mesmes propos
que nous tint ce grand & sage personnage.
Ie vous les ay recitez à regret, sçachant bien
que l'imbecillité de ma memoire & rudesse
de ma langue, feroient beaucoup perdre du
poids de ses raisons, & de la grace de son discours. Que si vous l'eussiez ouï luy mesme a-
uec sa douce & agreable façon, il eust en-
flammé en vostre ame vn si vif & ardant desir de la beatitude eternelle, qu'il n'y a affliction au monde, dont il ne vous eust esteint
le sentiment.

    Là Linus finit son propos, & moy tout res-
ioui & consolé, Il faut bien, luy dy-ie, que ce
discours fust beau, veu que vous qui en tous
autres me rendez fort satisfait, m'auez sem-
blé au recit de cestuy-cy vous surmonter
vous mesmes. Ie croy que l'air & la souue-
nance de ce grand personnage-là, qui vous
est encore fresche & presente pour l'hôneur
& l'amitié que vous luy auez portee, animoit

voſtre langue, & inſpiroit en vous quelque
choſe de plus qu'humain. Pleuſt à Dieu que
ce propos peuſt continuer auſſi long temps
que nos miſeres, ie m'aſſeure que tant que
i'aurois les aureilles pleines de tels diſcours,
i'aurois l'eſprit vuide d'ennuis. Ie vous iure
que depuis le temps que ceſte calamité nous
a accueilly, ie n'ay rien rencontré qui m'ait
rendu ceſte vie plus ſupportable, que ce que
i'ay entendu de vous trois, ces trois derniers
iours icy, mais principalement ce iourd'huy.
Lon dit que Ptolomee fut contraint de defendre à Egeſias Cyrenien, de plus diſcourir
en public de l'immortalité de l'ame : parce
que la pluſpart de ceux qui l'oyoient, s'auan-
çoient la mort de leur main. Cela me faiɩ
croire qu'il eſtoit mal inſtruit du ſujet qu'il
traitoit. Car i'eſtime qu'il n'y a rien au monde, qui nous donne plus de courage à endurer patiemment nos miſeres, que les raiſons
que i'ay maintenant appris de vous : qui en
peu de mots nous auez repreſenté quelle eſt
la cauſe & la fin de nos afflictions, & quelle
recompenſe trouue noſtre patience, quand
nous y pouuons perſeuerer iuſques au bout.
C'eſt pourquoy ie deſirerois pour la conſolation de mon pauure païs affligé, qu'au contraire de ce que lon feit à Egeſias, lon vous
conttraigniſt tous trois de continuer tous

les iours en public vn semblable discours.
Mais pour ce que c'est chose que ie ne puis
esperer, i'ay bien deliberé de conseruer soigneusemét en ma memoire tout ce que i'en
ay appris de vous : & à mon premier loisir (si
tant est que nos infortunees estudes en puissent obtenir quelcun) le consigner en la foy
des lettres, pour le laisser à la posterité. Afin
d'instruire en semblables aduentures, ceux
qui viendront apres nous, & par mesme
moyen leur rendre tesmoignage qu'en vn
siecle tres-corrompu, & entre des hommes
estrangement denaturez, nous auons vescu
auec vne grande compassion de la misere
publique, & encore plus grand desir de la
pouuoir soulager.

Fin de la Constance et Consolation.